本丛书为云南大学
"双一流"建设民族学一流学科建设项目成果

编委会

主　　任：林文勋
副主任：何　明　关　凯　赵春盛　李志农　李晓斌
委　　员（按姓氏笔划为序）：
马居里　马翀炜　马雪峰　马腾岳　王文光
王越平　牛　阁　龙晓燕　朱　敏　朱凌飞
庄孔韶　李永祥　李伟华　李丽双　何　俊
张　亮　张　赟　张海超　张锦鹏　陈庆德
陈学礼　周建新　郑　宇　赵海娟　高志英
谢夏珩

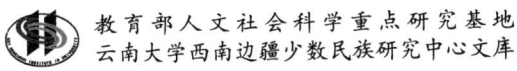

教育部人文社会科学重点研究基地
云南大学西南边疆少数民族研究中心文库

新民族志实验丛书·第二辑
主编 何明

一五一十

石林县圭山镇大糯黑村撒尼村民日志

陈学礼 编著

毕林 李琳 记录

张唱 勾涛 郭冬月 李云芬
汪玫珺 李爱楠 刘佳雨 黄玫瑰　整理

学苑出版社

图书在版编目（CIP）数据

一五一十：石林县圭山镇大糯黑村撒尼村民日志 / 陈学礼编著；毕林, 李琳记录 . -- 北京：学苑出版社, 2019.12
ISBN 978-7-5077-5881-8

Ⅰ. ①一… Ⅱ. ①陈… ②毕… ③李… Ⅲ. ①乡村—概况—石林彝族自治县 Ⅳ. ① K927.45

中国版本图书馆 CIP 数据核字 (2019) 第 282216 号

责任编辑：战葆红
出版发行：学苑出版社
社　　址：北京市丰台区南方庄 2 号院 1 号楼
邮政编码：100079
网　　址：www.book001.com
电子信箱：xueyuanpress@163.com
联系电话：010-67601101（营销部）　010-67603091（总编室）
印 刷 厂：河北赛文印刷有限公司
开本尺寸：710×1000　1/16
字　　数：256 千字
印　　张：18.5
版　　次：2019 年 12 月第 1 版
印　　次：2019 年 12 月第 1 次印刷
定　　价：68.00 元

总序

"他者的倾诉":还话语权予文化持有者
——"村民日志"的民族志实验意义解读

何 明

5年前,我们在云南大学"211工程""十五"民族学重点学科建设方案中提出了设置"云南少数民族村寨跟踪调查与小康社会建设示范基地"项目。这是一项综合性的项目,既涉及民族学／文化人类学的理论研究,也涉及运用应用人类学"互动作业"方法及其他学科的方法以促进少数民族农村的社会主义小康社会建设和新农村建设等应用性研究,以及引进智力、项目、资金等发展实践运作问题;此外,还涉及人才培养、教学改革、民族学／文化人类学基础设施建设等内容。其中,在民族学／文化人类学理论研究中的一项具有探索性意义的工作便是:10个调查基地在当地各聘请若干名"村民日志"记录员,对本村每天发生的事情进行观察与记录,从中国少数民族农村的社会文化实际出发,把国际文化人类学界近20年来争论不休、模式各异的民族志书写问题在中国少数民族农村进行实验,让研究对象即文化持有者成为民族志的作者,运用"主位"(emic)方法,从"本文化"内部视角对自己民族和村寨的社会文化进行叙述与评论,以求在当代国际文化人类学的学术平台上进行中国民族志和文化人类学的"本土化"创新,促进具有时代特征和中国特色的文化人类学建设。

一、民族志:文化人类学知识生产的结晶和学术创新的核心

民族志(ethnography)和田野工作(fieldwork),是现代文化人类学具有区别性意义的重要特征。在文化人类学领域,这两项工作一般被视为古典人类学与现代人类学的分野。前者被称为"摇椅上的人类学"或"书斋里的人类学"——学者们不从事系统的田野工作,其学术成果也不是通过民族志的方式表达,学术研究和理论建构的资料来源大都是旅行家、传教士、殖民者、船员等曾目睹过异文化的人士所撰写的文字资料和历史档案文献,人类学家们不进行系统的田野调查,不撰写系统的民族志。从19世纪末起,文化人类学开始从古典向现代转型,其标志便是英国动物学家兼人类学家哈登(Alfred Cort Haddon)在1898—1899年两次率领剑桥大学的考察队赴托雷斯海峡进行田野调查并完成了6卷本的调查报告。其后在功能主义人类学的代表性人物马林诺夫斯基(B. K. Malinowski)和拉德克利夫-布朗(Alfred Reginald Radcliffe-Brown)的倡导与实践下,田野工作和民族志成为现代人类学所必不可少的两项核心性工作,并成为现代人类学的基本学术范式。其主要创新之处在于,"它将先前主要由业余学者或其他人员在非西方社会中进行的资料搜集活动以及由从事学术理论研究的专业人类学者在摇椅上进行的理论建构和分析活动结合成一个整体化的学术与职业实践"[①]。在现代学科体系中,田野调查和民族志通常被视为文化人类学区别于其他学科的学术方法特质,尽管社会学、考古学等学科也进行田野调查,但终究没有像文化人类学那样把田野调查和民族志当作不可或缺

---

① [美]乔治·E.马尔库斯、米开尔·M.J.费彻尔:《作为文化批评的人类学》,王铭铭、蓝达居译,北京:生活·读书·新知三联书店1998年版,第39页。

的学术实践,也未能像文化人类学那样建构如此系统的田野调查范式和完成如此之多的民族志经典文本。

田野工作与民族志之间具有非常紧密的信赖关系和错综复杂的内在联系。从工作程序的表层上看,田野工作在前、民族志在后,民族志是对田野工作的调查过程和内容的记述,由此便形成了田野工作和民族志之间是因果关系,没有田野工作也就没有民族志的普遍认识。但事情远不是如此简单。若从认识论层面探究民族志作者的学术行动逻辑,那么就会发现,人类学家的意识绝不是一块由调查对象的文化任意书写的"白板",民族志与其所书写的文化之间更不是简单的反映与被反映之类的线性关系。事实上,人类学家在进入田野之前早已形成了特定的学术范式或称"理论预设"。已故著名人类学家费孝通先生在总结自己对花蓝瑶和江村的两次调查时深刻地指出:"在实地调查时没有理论作导线,所得的材料是零星的,没有意义的。我虽然在这一堆材料中,片断地缀成一书,但全书并没有一贯的理论,不能把所有的事实全部组成在一个主题之下,这是件无可讳言的缺点。"① 事实上,人类学家选择何处作调查点、调查什么、怎么调查、如何解释等,均受其学术目标和理论范式的限定与影响。他或她是带着业已形成的术语、概念、范式进入田野,并按这些因素所框定的思维和视角进行体验、观察研究对象,或有意识地或无意识地对研究对象进行有选择性地关注与调查。也就是说,人类学家开始田野工作之前已经有了一个民族志写作的基本性的框架,这一框架或多或少、或强或弱地影响与左右着田野工作及其重点和方法。田野工作与民族志的关系是相互渗透、互为因果的。

民族志是文化人类学学术实践的核心产品。作为学者,人类学家的社会角色是知识生产者,其基本职责是对鲜为人知的异文化体系和人们所熟知的本文化体系进行描述、阐释与反思并将其公诸于学界和社会,

---

① 费孝通、张之毅:《云南三村》,天津:天津人民出版社1990年版,第12页。

也就是说，民族志是文化人类学知识生产的产品和结晶。田野工作因具有明显的私人性而无法直接诉诸公众，也无法让社会所共享，因而，从这一意义上看，田野工作是手段，民族志才是目的。纯思性的分析作品或称为"写文化之后"的工作，尽管也是文化人类学的重要组成部分，但其所分析的对象大都离不开民族志，或进一步分析民族志所叙述的文化，或以民族志为对象评论田野工作的方法，或探讨民族志撰写问题，从而使民族志成为文化人类学的理论研究的基础文本和主要对象。

民族志的创新是文化人类学学术创新的基础和关键。学术创新的一般进程大体是：发端于理论和方法的反思，运用于学术的研究过程，体现于学术研究的成果。文化人类学的理论方法反思的结果最终要通过田野工作的试验并体现于民族志的撰写，即"文化书写"的学术实践之中，而且不断创新的理论和方法只有转化为民族志撰写的实践，文化人类学才完成了学术范式的转换与创新，也才在实质意义上实现了学科的进步与发展。

费孝通先生的《江村经济》和林耀华先生的《金翼》是中国人类学在 20 世纪 40 年代学术创新最具标志性的成果，并有力地促进了中国人类学的进步与发展。这两部民族志受到当时国际人类学界最权威的人类学家的高度重视与全力推荐，被国内外许多高校列为人类学专业的必读书，至今仍然被人类学界公认为民族志的经典著作。之所以如此，主要在于它们具有前沿性和创新性等特征，是在国际人类学界较早进行"本文化"研究时的代表性成果。当时在国际人类学界盛行以"异文化"为研究对象的条件下，费先生和林先生大胆地把"本文化"作为研究对象，并分别将自己的家乡作为田野调查点，而且在一定程度上探索并实践了近 30 年之后由美国人类学家哈里斯（Marvin Harris）概括出的"主位"的研究方法。可以说，这两本民族志为国际人类学界关于研究对象由"异文化"向"本文化"回归，关于民族志书写的"主位"(emic) 和"客位"(etic) 区分的理论方法创新做出了有益的探索和重要的贡献。

《江村经济》和《金翼》两部经典民族志的成功案例，充分说明：民族志是文化人类学学术研究最核心的成果，民族志的创新在文化人类学学科创新中具有决定性的意义。

二、"更彻底地让研究对象发出自己的声音"：以当代国际人类学界"文化书写"问题为平台的实验

不同的时代有不同的学术创新平台。我们与西方人类学家同处于21世纪，共同享有人类智慧所创造的物质和精神产品，共同分享着当代思潮和知识体系等学术资源所搭建的学术交流、对话与创新平台。作为中国当代人类学工作者，我们只有关注与融入当代学术思潮，掌握与运用当前国际学术界的话语模式解读与回答中国社会文化问题，才能够登上当代学术舞台进行中国学术的"展演"，才能建构具有时代特征、中国特色的学术体系，也才能为当代社会文化背景下的知识生产贡献中国文化的智慧。

20世纪后半叶以来，当代思潮对被现代科学和学术奉为"圭臬"的"真实""客观""实证"等原则提出质疑与挑战，"主体""意义""语言"等问题受到各学科的普遍关注并成为讨论的焦点，出现了人文和社会科学各个学科的语言学转向态势。胡塞尔（Edmend Husserl）现象学哲学将人们的注意力从独立于人的意志之外的"客体"世界引向"意义"世界，结构主义理论认为这一"意义"世界与语言体系具有同构性而不是独立于语言体系之外，福柯（Michel Foucault）和德里达（Jacques Derrida）的解构主义则提出语言体系本身是不稳定的，语言在表意状物时具有"局限性"并形成意义的"延宕"，由此便引发了"叙述危机"或"表征危机"等的认识论危机和人文社会科学学科的"语言学的转向"。[①]

[①] 盛宁：《人文困惑与反思——西方后现代主义思潮批判》，北京：生活·读书·新知三联书店1997年版，第39—57页。

其将语言学理论模式作为认知范式，对已有理论和认识重新进行审视，颠覆总体性和同一性，强调多元化、相对主义和差异性，"它是怀疑论的、开放的、相对主义的和多元论的，赞美分裂而不是协调，破碎而不是整体，异质而不是单一。它把自我看作是多面的、流动的、临时的和没有任何实质性整一的"①。

在当代哲学思想、社会思潮和学术背景的影响下，文化人类学开始对20世纪初以来形成的学科范式和知识体系进行反思，具有浓厚的科学主义、实证主义倾向的功能主义等学术思想和以田野工作、民族志撰写为核心的学术范式被放到了"学术反思天平"上重新估量，形成了一股强劲的反思与解构的学术思潮。反思人类学对以功能主义为理论基础的传统民族志提出批评和挑战，认为其具有明显的局限性和不可靠性。其中最核心的问题是"在实证主义社会科学的霸权支配下，民族志的核心实践曾被掩饰和伪装"②，文化书写者遮蔽了所书写的文化和文化持有者的声音。传统民族志并非如其书写者所标榜的那样，是"异文化"的"客观""真实"的叙述，而是西方人类学家从自己的意识形态和学术目的出发重新建构出来的文化，是"被某些支配性的框架所控制和表述"③的文本。自20世纪初以来，西方人类学的田野工作大都在西方的殖民地进行，人类学家的西方文化与非西方文化在殖民主义的时代背景下碰撞，殖民主义等西方意识形态不可避免地影响甚至控制着田野调查和民族志的撰写，有人直接指责马林诺夫斯基的人生和学术与西方向非西方的文化渗透有着非常密切的关联性。④同时，民族志往往为人类学家的学术目的服务，如从功能主义理论出发的田野调查和形成的民族志，"习

---

① ［英］伊格尔顿：《后现代主义的幻象》，华明译，北京：商务印书馆2000年版，第2页。
② ［美］乔治·E.马尔库斯、米开尔·M.J.费彻尔：《作为文化批评的人类学》，王铭铭、蓝达居译，北京：生活·读书·新知三联书店1998年版，第49页。
③ ［美］爱德华·W.萨义德：《东方学》，王宇根译，北京：生活·读书·新知三联书店1999年版，第50页。
④ ［美］Asad, Talal. *Anthropology and the Colonial Encounter*. London: Ithaca Press, 1973.

俗只是拜物教化了的功利"[1]。与此相对应的是，这些民族志为了突出所谓的"客观性"和"真实性"，大都采取了似乎是"价值无涉"的第三人称的书写方式，但从更深层次上看，则是剥夺了文化持有者的话语权以及自我、情感、世界观等的表达，实际上是人类学家借其研究对象的"自白"而阐述其思想观点的"任意裁剪"。除此之外，民族志在书写上也存在着日益僵化和程式化的问题，"它们的描述形成固定的连续性程序（生态学、经济、亲属制度、政治组织和宗教信仰），对调查者角色不再重视，死板地将制度的概念切割为泛文化比较的类型学窠臼"[2]。

为了克服传统民族志的缺陷，摆脱人类学的困境，当代国际人类学进入了"一个人文学科的实验时代"。西方人类学家们进行了多种形式的探索与各种实验，冠以各种名称、形式各异的民族志纷纷涌现出来，诸如"心理动力学民族志"（psychodynamic ethnographies）、新现实主义民族志（realistic ethnographies）、现代主义民族志（modernist ethnographies）等等，有的倡导采用"主位"（emic）的方法，有的运用人类学家与研究对象之间对话"并置"（juxtaposition）的方式，有的干脆邀请研究对象参与民族志的写作。尽管名目繁多、意见不一，但"这一实验趋势的任务就在于：跨越现存民族志文体的局限，描绘出更全面、更丰富的异文化经验图景"[3]，"更注重对他们赋予研究对象以意义的过程的反思，并更彻底地让研究对象能发出自己的声音"[4]。

我们如何进行属于中国文化的新民族志实验？我们的民族志如何"跨越现存民族志文体的局限"？怎样才能"更彻底地让研究对象能发出

---

[1] M·萨林斯：《文化与实践理性》，赵丙祥译，上海：上海人民出版社2002年版，第4页。

[2] [美]乔治·E.马尔库斯、米开尔·M.J.费彻尔：《作为文化批评的人类学》，王铭铭、蓝达居译，北京：生活·读书·新知三联书店1998年版，第50页。

[3] [美]乔治·E.马尔库斯、米开尔·M.J.费彻尔：《作为文化批评的人类学》，王铭铭、蓝达居译，北京：生活·读书·新知三联书店1998年版，第69页。

[4] [美]约翰·R.霍克、玛丽·乔·尼兹：《文化：社会学的视野》，周晓虹、徐彬译，北京：商务印书馆2002年版，第402—403页。

自己的声音"？经过反复思考与学术实践，我们选择了"村民日志"这一书写路径，目的是探讨一种让文化持有者的主体性从主流文化的"话语霸权"束缚下突围出来而从其文化内部的"主位"视角自主地叙述自己的社会文化与表达"自我"的模式，以求"描绘出更全面、更丰富的异文化经验图景"。

首先，文化持有者真正成为文化书写的主人，他们所做的日志是严格意义上的"主位"观察与描述的结果。自马林诺夫斯基提出"钻进土著人的心里"的田野准则之后，人类学家们在"钻进"的问题上进行了不懈的努力。至20世纪60年代，康克林（H．C．Conklin）、弗莱特（Charles O．Frake）等人在其"新民族志"（new ethnography）中极力倡导"主位"观察与描述的方法。其后，格尔兹（Clifford Geetz）及其弟子克利福德（James Clifford）等人发起的实验民族志（experimental ethnography）则提出了把原本被排除在外的合作研究者、田野居民等与民族志相关的人物也纳入民族志作者并让其语言直接进入文本的书写方法，即所谓"多音位"（polyphonic）模式。目前，上述学术实践的真实度、有效性、干扰性等问题仍然未能得到令人信服的解决，其深层根源则是研究者的主体性与研究对象的主体性之间的矛盾无论如何都难以弥合。两千多年前中国思想家庄子提出的"濠上之辨"难题始终无法破解，才出"浅描"的泥潭又入"过度阐释"的沼泽，才让文化持有者发出了自己的"声音"，而学者所属的社会无法理解的"嘘声"即起，按照马林诺夫斯基的金科玉律"钻进土著人的心里"后便发现，原来"钻进土著人的心里"的是带着坚固的西方社会文化结构"前置"的人类学家。而"村民日志"的作者是生长于斯的"土著"，是村寨社会文化的参与者和行动者，以他们的眼睛和头脑观察本村每天的日常生活，以他们的思维和语言表达对本村发生的大大小小事件的评价与感受，这才是严格意义上的"主位"方法，才能真正"从内部提供有关异文化的解说"，因而对记录者来说，"村民日志"是对"本文化"的记录与反思。

其次,"村民日志"的记录者连续性地归属于他／她所叙述的社会,因而他／她的视域与其叙述对象所包括的视域是高度重叠与融合的。在"本文化"研究中,人类学家尽管属于"本文化",但因其境遇使他／她与"本文化"之间产生了或深或浅的"历史时间间距",从而降低了研究者视域与研究对象所包含的视阈之间的重叠度或融合度。费孝通先生对自己在家乡的田野调查体验的反思充分地证明了这一点,他说:"我是这个县里长大的人,说着当地口音,我的姐姐又多年在村子里教老家育蚕制丝,我和当地居民的关系应当说是不该有什么隔阂的了。但是实际上却并不是这样简单。当时中国社会里存在着利益矛盾的阶级,而那一段时期也正是阶段矛盾激烈的时期。我自己是这个社会结构里的一个成员,在我自己的观点上以及在和当地居民的社会关系上,也就产生事实上的局限性。这种局限性表现在我对于所要观察的事实和我所接触的人物的优先选择上。尽管事先曾注意要避免主观的偏执,事后检查这种局限性还是存在的。"[①]"村民日志"的记录者不仅在文化认同上归属于本村的社会文化,而且境遇使他／她在实践和时间上连续性地归属于本村的社会文化,不存在"历史时间间距"所形成的视阈间隔,其视阈与所叙述的社会文化包含视阈是天然契合的与高度重叠的,因而"视阈融合"度不仅要高于"外来者",而且高于属于本文化的学者。

再次,"村民日志"的叙述场域是自然而常态的,记录者的心态与通常田野工作的"报道人"大相径庭。"报道人"是人类学田野调查时不可或缺的角色,他们的"报道"场域与其日常生活具有明显的差异,属于非常态性的——面对陌生的"外来者",围绕着研究者的询问话题进行"搜肠刮肚"的作答甚至"编造故事"。为了解决这一问题,实验民族志的一种做法是将人类学家与报道人之间的谈话过程呈现出来。然而,所呈现的仍然是非常态场域下的谈话——人类学家因拥有民族志的最终书

---

① 费孝通:《迈向人民的人类学》,《费孝通选集》,北京:海峡文艺出版社1996年版,第312—313页。

写权而不可回避地产生一定程度的"话语霸权",从而对文化持有者的话语表达产生干扰或渗入。"村民日志"则规避了这一问题,记录者的叙说话题是自主性的,叙说场域是常态的——在自己家中并无"他者",做到了"想说就说""想说什么就说什么""想怎么说就怎么说"。

由此,文化持有者的关注视角、价值观念、情感模式等主体性在"村民日志"中得到了逼真而完整的表达。如果从汉语表达和学术话语的角度看,10个村寨的日志则给人以非常明显的"参差不齐"之感。但这种"参差不齐"却含有一般语用所没有的含义,不仅呈现出10个村寨文化的差异性,而且"彰显"出许多实验民族志所追求而难以企及的不同民族、不同村寨文化的"认知图式"的差异。日志所记述的内容大多是饮食、生产等琐碎而重复的生计活动,似乎是"无关宏旨""不得要领"的唠叨,但这却是记录者基于他／她的立场对村中所发生的事件按照他／她所认定的重要性进行过筛选排序而记录下来的,是记录者及其所属文化对社会活动的选择,这恰恰体现出其关注视角、价值取向的特殊性。日志的语言表达既无文学作品的生动形象,也无学术论著的严谨高深,大多"平淡无奇""枯燥乏味",且各本日志在描述的详略、反思的深浅甚至语言的顺滞等方面均有较大差异,但却体现出各民族、各村寨文化的感知能力、表达能力、反思能力的差异,即其"镜像"识别的独特性和差异性。因而,尽管"村民日志"有悖于一般正式出版的文本,甚至与已有的民族志文本也大相径庭,但其内含的"张力"和所表达的意义的"深刻性",远非一般民族志所能企及,也正是许多实验民族志所追求的目标。

当然,来自"异文化"的学者的影响并不是说排除无遗,但我们所做的仅仅是:第一,选择"他"或"她"记录,提出了举例式的记录内容引导;第二,根据"于研究对象无害"的社会研究伦理原则,对于日志中可能会危及所描述的对象和记录人的正常生活的少量内容做了删节。

三、用汉语叙述：基于中国少数民族与汉族的文化关系的本土化实验

近年来，中国文化人类学的"本土化"的呼声渐强，且有对汉人社会研究的一些探索，但对于少数民族社会的研究，大都止于"需要本土化"之类的"舆论动员"，少有"如何本土化"方面的"指点迷津"，更缺乏"以身试法"的"躬身实践"。尽管这是一个相当复杂的问题，在此不做专门的探讨，但可以从中国文化人类学20世纪30～40年代的学科发展史中获得如下初步的启示，这就是：中国文化人类学"本土化"学术实践的核心是民族志的"本土化"，而民族志实现"本土化"的基本前提是，选择适合中国社会文化实际的途径，将国际文化人类学前沿性理论方法用于中国社会文化的田野调查与民族志书写的实验，以参与到当前国际文化人类学前沿性问题的探讨，并在当前国际学术前沿的平台上进行理论和方法的创新。

前文述及的费孝通先生的《江村经济》和林耀华先生的《金翼》两本经典民族志，不仅是学术创新的典型案例，同时也是中国文化人类学"本土化"的成功典范。两位人类学家以当时被国际人类学界所公认的理论和方法为学科平台，以具有悠久历史文化传统的中国社会文化为研究对象，并从中国社会文化的实际出发，分别选择了在西方工业文化影响之下的农村生活变迁和家族制度这两个最具中国社会文化特色并在中国社会文化中占据重要地位的问题进行调查研究，从本土文化的眼光和中国文化的表达方式进行民族志书写。诚如马林诺夫斯基所说："我敢预言费孝通博士的《中国农民的生活》（即《江村经济》）一书将被认为是人类学实地调查研究和理论工作发展中的一个里程碑。此书有一些杰出的优点，每一点都标志着一个新的发展。此书让我们注意的并不是一个小小的微不足道的部落，而是世界上一个最伟大的国家。作者并不是

一个外来人,在异国的土地上猎奇而写作的;此书的内容包含着一个公民对自己的人民进行观察的结果。这是一个土生土长的人在本乡人民中间进行工作的成果。如果说人贵有自知之明的话,那么,一个民族研究自己民族的人类学当然是最艰巨的,同样,这也是一个实地调查工作者的最珍贵的成就。"①弗思对《金翼》也做出了类似的评论,他说:"作者(指林耀华——引者注)似乎是身临其境,不论是在药铺、在闺中、还是在土匪山老巢,他都能真实地告诉我们每个人物的言行举止,甚至能探寻他们的心灵深处,解释他们当时的动机和昔日的感情。……他写的是他的故乡,他从童年开始直至成年相识的人们。倘若他并不是一直与他们朝夕相处,至少他也是经常处于相同的环境。"②因而,尽管这两部民族志都先以英文版在国外出版,但无论是研究的对象和主题还是文化书写的视角和表达方式都是"本土化"的。

自《江村经济》和《金翼》问世以来,国际人类学发生了巨大的变化,当年被视为最先进、最科学的理论方法受到了反复的证实与证伪、肯定与否定的挑战,并从中发展、变异、衍生、创造出流派众多且取向相异的当代文化人类学理论和方法。中国人类学自20世纪80年代恢复发展以后,一批年轻人类学家尤其是曾留学欧美的人类学家进行了当代国际人类学的大量译介工作,这对于中国人类学的理论方法创新是非常必要的和不可或缺的。但这还是远远不够的,理论译介仅仅只是手段,目的是进行"本土化"创新,是将其作为背景、视野或工具对中国社会文化的事实和经验进行调查研究,撰写出具有时代特征、中国特色的民族志,解释与回答现代化进程中和全球化背景下的中国社会文化的理论和现实问题。因此,沿着费、林二位先生开辟的道路,站在当下国际人类学的

---

① [英]马林诺夫斯基:《江村经济·序》,费孝通:《江村经济》,北京:商务印书馆2001年版,第13页。

② [英]弗思:《金翼·英文版导言》,林耀华:《金翼》,北京:生活·读书·新知三联书店1989年版,第1—5页。

平台上，进行现时代的中国文化人类学理论方法创新，撰写出"本土化"的当代中国新民族志，这是时代赋予我们的职责和任务，也是当代学术背景下中国人类学学术创新的关键环节之一。

在当前国际人类学界关于民族志书写问题的研讨中，研究者与研究对象的关系是一个关键性的问题。因而，研究中国少数民族社会的民族志，要解决的一个首要问题是中国的人类学工作者即以汉文化为主导文化的研究者与研究对象即少数民族之间的关系有什么特征？以汉文化为前置文化结构的学者视角下的少数民族文化和西方人类学家视角下的非洲文化、印第安文化等，都可以称为"异文化"，但其"异"的程度和本质却是截然不同的。前者之"异"，是同一种文化之内的不同文化类型的差异或同一种文化类型之中不同文化分支的差异，即中华民族"一体格局"文化中的"多元"的差异；后者之"异"，是基本上没有实质性关联的两种文化之间的差异。费孝通先生提出的"中华民族的多元一体格局"命题，是理解与把握中华民族中各民族文化之间关系的关键词。一方面，中华民族的起源是多元的，各文化区、各民族以及各民族内部各支系之间的文化也是多元的，正是这种多样性、多元化的文化构成了色彩斑斓、博大精深的中华民族文化。另一方面，从新石器时期起，中华大地上的各文化区、各族群文化之间传播、接触、交流与融合的文化互动便开始了。从春秋战国时期起，各族之间的交流与融合进入频繁而密切的阶段。在汉族形成以后的两千年漫长历史中，其他族群融入汉族的所谓"汉化"和汉族融入少数民族的所谓"夷化"的"民族流动"从未停止过。在这种民族流动过程中，逐渐形成了一个凝聚多元文化的核心——汉族及其文化通过"一个点线结合，东密西疏的网络"[①]传播与融入各少数民族及其文化之中，从而构建起由区域性到全国性、由弱到强的多元一体格局。由此可见，在中国，以汉文化为基础的学者和作为研

---

① 费孝通：《中华民族的多元一体格局》，《费孝通选集》，北京：海峡文艺出版社1996年版，第350页。

究对象的少数民族之间的关系，是"一体"之内的"多元"的差异，两种文化之间存在着悠久、密切、深刻的内在联系，而且研究对象即少数民族文化中吸纳了汉文化的诸多因素，从而使中国人类学者与其研究对象之间保持着远非西方学者所能具备的亲密关系和沟通条件。

作为中国文化重要组成部分和中华民族交流沟通的最重要的工具，以汉文化为基础的汉语及其书写符号系统汉字早已为多数少数民族所接纳，除了大多数回族把汉语作为母语之外，许多少数民族还把汉字作为重要的甚至是唯一的书面记录与表达符号。随着近代以来民族—国家的形成、文化教育和现代传媒的推广，汉语在少数民族中程度不同地得到普及，绝大部分少数民族农村都有人能够使用汉语交流、运用汉字进行书面叙述表达。中国少数民族语言文化的这一特征，为村民们运用汉语记录成为可能，也使运用"村民日志"的模式描述中国少数民族社会文化的民族志实验具有了中国特色；同时，为了使之能够为更为广泛的群体所阅读，运用汉语记录也是一种别无他途的选择。

不可也不必隐讳的是，10本日志之间存在着文化书写和言语表达的明显差异。从表层上看，这一差异所呈现的是不同民族、不同村民运用汉语进行言说与表达的能力的差异，从而显示出不同民族、不同村民受汉文化影响程度的差异；从深层上看，在少数民族村民运用汉语记录的过程中，作为叙述的符号和传播中介，汉语及其特有的无意识结构和术语等被法国精神分析学家拉康（Jacques Lacan）称为交流对话的"第三参与者"因素，无疑参与到日志的文化叙述的建构之中了。但无论前者还是后者，其本身就具有学术研究的价值。美国语言学家、人类学家萨丕尔认为："言语这一人类活动，从一个社会集体到另一个社会集体，它的差别是无限度可说的，因为它纯然是一个集体的历史遗产，是长期相沿的社会习惯的产物。言语之有差别正如一切有创造性的事业都有差别，也许不是那么有意识的，但是正像不同民族之间，宗教、信仰、习俗、艺术都有差别一样。走路是一种机体的、本能性的功能（当然它不是一种本能);言语是一种非本能性的、获得的、'文化的'功能。"①因此,"村民日志"除了其所叙述的内容可以作为研究对象之外,文本本身亦可置于当代实验民族志研讨的学术背景下作为一种"社会事实"进行解读。

四、对话:多维交复话语张力的实验

"对话"是现代主义民族志的重要文本策略,"学者们认识到,在民族志里所要表述的经验,必须是发生于民族志作者与报道人之间的对话"②。为此,我们在"充分给予被研究者表达自己意见的空间"的同时,还采用了"充分对话"的文本策略。

《新民族志实验丛书》和《少数民族村落社会文化研究丛书》两套丛书的安排,是根据"充分对话"原则设计的。其中,既有同一文本内的"局内人"(insiders)与"局外人"(outsiders)之间的对话,又有不同文本的"局内人"与"局外人"的对话,而且在有的"村民日志"中还有"局内人"中不同性别、角色之间的对话。首先是"村民日志"同一文本中的"局内人"与"局外人"之间的对话,日志的主体部分是村民即"局内人"表达自己意见的空间,而"前言"及"村寨概况"则是研究者即"局外人"对研究对象基本概貌的解读。其次是两套丛书之间构成的对话,《新民族志实验丛书》的作者主要为村寨文化"局内人",而《少数民族村落社会文化研究丛书》的作者则是作为"局外人"的研究者,两者在同一时空内对同一对象做出的不同解读本身就是一种对话,这一对话事实上还具有留给读者进行分析的"张力"。最后是不同社会角色的"局内人"的对话,即在本课题设计时要求各个调查点选择2—3名性别、身份不同的记录者进行"村民日志"的记录工作,使同一本"村

---

① [美]爱德华·萨丕尔:《语言论》,陆卓元译,北京:商务印书馆2005年版,第4页。
② [美]乔治·E.马尔库斯、米开尔·M.J.费彻尔:《作为文化批评的人类学》,王铭铭、蓝达居译,北京:生活·读书·新知三联书店1998年版,第101页。

民日志"中出现同一村寨中不同社会角色之间的对话,但因有的记录者因患病、外出等各种复杂的原因未能坚持记录,从而使这一设计意图未能在全部"村民日志"中得到落实,出现有的日志由两位或两位以上记录者完成,有的日志则完全由一位记录者完成的情况。

正如美国人类学家马尔库斯和费彻尔所言:"在这样一个时代,我们承担着一种风险,即,我们既可能拥有巨大的潜能,也可能因走进死胡同而无能为力。"[①]我们"新民族志实验"的命运究竟是前者还是后者,只有让时间告知。

2020 年 5 月 6 日午夜

草于白沙河畔寓所

---

① [美]乔治·E.马尔库斯、米开尔·M.J.费彻尔:《作为文化批评的人类学》,王铭铭、蓝达居译,北京:生活·读书·新知三联书店1998年版,第11页。

目 录

序 村民日志中的大糯黑村 /1

2010年村民日志 /1

2015年村民日志 /111

序

村民日志中的大糯黑村

大糯黑村的村民日志有两部分，一部分是毕林记录的，记录于 2010 年 3 月 20 日至 10 月 24 日；一部分是李琳记录的，记录于 2015 年 1 月 1 日至 12 月 22 日。2004 年至 2008 年，大糯黑田野调查基地由王玲老师负责，其日志由王光珍和李琳两人同时记录，每天都记录。2008 年出版的村民日志《枕石撒尼》，是云南大学当时所有村民日志中最厚的一本。本次即将出版的村民日志，是我 2008 年接手大糯黑田野调查基地以来，由毕林和李琳完成的。云南大学少数民族田野调查基地的总负责人何明教授，要每个基地的负责人写一点关于村寨的基本情况介绍，我还真不知如何下笔。在《枕石撒尼》中，王玲老师基于非常扎实的田野调查，写过大糯黑村的历史变迁和基本状况，我自觉无法写到比她所写更加清楚的地步。鉴于此，我在读毕林和李琳日志的基础上，一边谈自己对日志的理解，一边把村寨的某些基本状况带入其中，希望能够为读者阅读本日志起到抛砖引玉的作用。

毕林和李琳记录的村民日志，其内容主要是两块，一是关乎村寨内部世界的内容；一是关乎村民与外部世界之间交流交往的内容。随时令而展开的农业生产活动，村民内部协作关系的保持和维系，一年一度定时举行的民间祭祀活动，与村民的出生、成长、衰老过程紧密相关的人生礼仪，基本上构成了村寨的内部世界。学生离开村寨到镇上、县城上学，村民到其他村寨参加婚丧嫁娶活动，到村子写生、调查研究、开展项目、检查工作进展的外来者活动，呈现了大糯黑村与外界的互动关系。

农业生产活动，主要是玉米和烟叶的种植，所以，整地、积肥、玉米种子、烟叶种苗、烘烤烟叶、收玉米、整理分类烟叶、苞谷脱粒、卖烟叶、卖玉米等，都会在某个时间段内日复一日地出现。这种日复一日，可以理解为村民的日常。每年春节前，在避开自家人属相的日子里，杀头猪，办一次杀猪饭，邀请亲朋来吃一顿，相互请来请去，联络感情，这些也是日常。在这些活动中，村民之间的相帮互助、相互邀约，都蕴含着相互关系的保持与维系。大糯黑村所处的喀斯特岩溶地貌，遭遇干旱天气时的矛盾，自然会表现得异常激烈。政府为解决人畜饮水问题，在村寨内部布置接水点，村民排队接水，除了人畜饮水、生活用水之外，还得准备烟苗下种的定根水。无雨时，村民任劳任怨地忙着地里的活计；下雨时，村民便会带着愉悦的心情，在地里劳作到很晚方归，一次又一次把"糯黑"的意思演绎成"挪到天黑才回"。烟苗长高长大了，村民或者依赖政府部门的科学技术防冰雹，或者通过民间信仰的仪式活动祈求老天不降冰雹。这些内容出现在日志之中，不再是冷冰冰的研究，而是浸淫着记录人员自己的心境状态。因为毕林和李琳在记录的同时，也在忙着同其他村民一样的生产活动。

大糯黑村的民间祭祀活动，不外乎大年初二每个家庭集体到山神庙求山神保佑自家来年家顺事顺人顺，农历三月十五到山神庙举行新旧祭祀头目的任务交接仪式，农历七月十五到杜鹃山上杀牛祭祀，农历十月的何氏祭祖，农历十一月的密枝祭祀。这些祭祀活动，或关乎个人，或关乎一个家庭，或关乎一个家族，或关乎整个村寨。在村民日志中，参加这些活动的人，主持这些活动的人，有名有姓。在记录者的眼中、记录者的世界中，这些人是立体的，除了他们在活动中的行为表现之外，记录者脑子里还有他们在日常生活中的其他面向，甚至关于这个人过去的种种记忆。祭祀活动的描述仅止于描述，没有提炼概括，没有为了观点的论述做描述内容和对象的筛选。参加何氏祭祖的人已经不仅仅限于何氏家族，本村其他姓氏的村民，外村姓何的人家，与村民认识的外界朋友，都会跟随何氏家族的人，带上酒菜，到何氏祭祖的地方，住上一晚，喝酒聊天狂欢。密枝祭祀活动的某些环节，也已经向外来者开放。通过毕林和李琳记录的日志，我们似乎能够看到老词汇"文化变迁"中的某些新可能。

孩子出生满月的祝米客、撒尼人的婚礼、撒尼人的葬礼，是村民日志中更为重要的内容。孩子满月，请客吃饭，请高寿的老人给孩子取个名，让孩子沾到老人的福气，将来能够健康成长。婚礼的举办，自是极为喜庆。从葬礼的记录中可以看到尊崇撒尼习俗的葬礼，也可以看到尊崇天主教习俗的葬礼，还可以看到村民在放弃土葬改行火葬之后的适应过程。不过，最为重要的是，葬礼的记录让人看到大糯黑村社长轮流担任机制的优点。糯黑村民委员会由大糯黑村民小组和小糯黑村民小组组成，大糯黑村民小组又分成不同的社。20世纪80年代初，大糯黑村开始了社长每月轮流担任的机制，每个社的每个家庭都要担任一个月的社长，担任的顺序或者刻写在木牌上，或者记录在本子上。担任社长的村民，主要负责当月与本社相关的公共事务，尤其是葬礼。本社有老人离世，当月的社长必须马上组织本社成员，分配买菜、洗菜、做饭、洗碗、外来奔丧者住宿等工作。村民只有在别人担任社长的时候配合工作，才能换得自己担任社长的时候别人对自己工作的配合。这一点，村民之间心照不宣，彼此遵守，彼此尊重。

在毕林和李琳的日志中，周五接孩子回家，周日送孩子去上学，在撤点并校政策实施之后，突然变成了家庭的大事。撤点并校的政策，让年龄很小的孩子都离开村子，到镇上、县城上学。骑摩托、开拖拉机接送孩子，安全无法保障，是一大问题。家长必须放下手中的农活，专门抽时间接送孩子，又是一个问题。孩子们大部分时间都在学校，对生产活动、祭祀活动、婚丧嫁娶活动的疏离，再成一大问题。孩子们接触了越来越多的外部世界，家长除了出工、下工的生产活动之外，每周多了两次例行的外出。在此之前，村民到海邑去赶集、到县城去买东西、到其他村寨的亲戚朋友那里去做客，是村民与外部世界接触的其他渠道。

对于大糯黑村来说，从20世纪70年代以来，就一直没有断过与外部世界交往交流的关系。到大糯黑村写生的老师和学生，到村寨开展社会文化调查的专家学者，到村寨拍摄撒尼文化宣传片和纪录片的摄影师，到村寨吃农家饭体验乡村文化的游客，到大糯黑村实施项目的政府部门工作人员，大糯黑村似乎从来不缺。而且，大糯黑村在过去这些年中，还赢得了一个又一个的名号，比如2004年大糯黑村被确定为云南大学少数民族（彝族撒尼）田野调查基地；2005年被列为民族团结示范村和阿诗玛文化生态旅游村，2006年被命名为省级彝族（撒尼）传统文化保护区，2007年被确定为昆明市新农村建设试点、昆明市文化旅游特色村寨、昆明市民俗文化生态旅游村，2009年被列为人类学与民族学联合会第十六届世界大会的学术考察点。在毕林和李琳的日志记录中，有云南大学、大糯黑村民小组、糯黑小学合作举行的糯黑阿诗玛文化课堂的一次次记录；有艺术院校的学生到大糯黑村写生的盛况；有云南大学民族学专业的学生到大糯黑做短期田野考察的过程记录；有政府部门的领导到村寨召开现场工作会议、布置工作、检查工作的记录等。这些零星的记录，勾勒出了大糯黑村与外界之间交往交流的历史线条和脉络。

与其他基地相比，大糯黑的村民日志，在数量上确实较少，这也反映了我的工作不力。2010年的日志是由毕林完成的。在毕林的日志记录过程中，我确实未曾松懈过督促的工作和力度，然而当时记录酬金不能常态化发放的现实，与毕林生活所需之间的矛盾逐渐凸显，他不得不放下手中的记录工作，到外地打工谋生。李琳是云南大学 2004 年聘请的日志记录员之一，到昆明参加过培训，对村民日志记录的意义有足够的理解。几经波折，我重新请李琳做日志记录，他爽快答应，而且将所做记录分门别类，内容清晰。然而，好景不长，他被选为村民委员会副主任之后，繁重的村务工作迫使他停下日志记录的工作，他也主动提出请云南大学暂时停止日志记录酬金的发放。我请李琳重新物色日志记录人，一直无果。这就是为什么大糯黑村的日志只有 2010 年和 2015 年的缘由。当然，作为大糯黑田野调查基地的负责人，我未能把工作做好，难辞其咎。

村民记录的日志，谈不上华丽的辞藻或动人的叙述，有极大的口语化特征，甚至有很多词不达意的地方。不过正是这些口语化的句子，保持了村民对村寨生活记录与想象的"原色"，因此，将手写的村民日志转录入电脑时，除明显的错别字、语法错误和重复语句外，最大限度地保留了日志原本的内容。以使当地人成为当地社会和文化的真正发声者和主体。

两位村民的日记标记了日期、星期、属日、天气，但并不完整，有许多漏记，我们没有进行后补，只是保留原始记录。在日志中，对村干部的称呼不规范和统一，因为民间存在"村长"的俗称，我们保留了日志中"村长"的称呼。

关于属日需要解释一下：大糯黑村的撒尼人，日常生活中多以十二生肖记时。每年的农历正月为虎月，农历二月为兔月，三月为龙月，以此类推，农历的十一月为鼠月，十二月为牛月。每个月中的日子，用 12 生肖轮流来记。大糯黑村集体性的祭祀活动，有的采用农历计时，有的根据生肖计时。比如杜鹃山杀牛祭祀活动，是农历七月十五日。但每年的密枝祭祀活动，则在鼠月的第一个属鼠的日子，所以每年祭祀的时间要根据十二生肖的排列情况。撒尼人每年都有吃杀猪饭的习俗，杀猪的时间，主要是根据家里人的属相来决定，凡是与家人属相相同的日子，不能作为自家杀猪的日子。

最后，要感谢负责日志录入和前期校对工作的张唱、勾涛、郭冬月、李云芬、汪玫珺、李爱楠、刘佳雨、黄玫瑰同学，谢谢你们。

陈学礼

2019 年 8 月 6 日

2010年
村民日志

2010年3月20日　星期六　晴

早上11点10分,云南省电视台和石林县政府的工作人员来到我村,采访干旱情况。云南省电视台有8人,其中一人是女性,石林县政府有3人。他们开着两辆车,首先采访了密枝林的情况。由于太干旱了,林子里有的古树都快枯死了,有的大树已经发不出芽了,一大片一大片的竹林也枯黄了。接下来了解村民饮水的情况。现在的村民大部分都在挑水吃,或是用拖拉机拉水。村里共有两处饮水点,一处是离密枝林不远的水井,水井面积为30到40平方米,深度为13到14米。另一处在村子中心,这个点是为了抗旱救灾,从圭山水库通过管道接过来的。这个点安装了三个阀门,接水的村民和车辆都排成了队。大概12点,午饭时间,地点是在尼维罗玛憨(意思是彝家石头房子),也就是曾绍华的农家乐,这个农家乐不仅饭菜可口,还把撒尼彝家的特色文化都放到里面,比如唱歌、跳舞。吃起饭来一口口香,让人感到心里美美的。午饭过后,大概2点,采访人员说,还要到月湖村采访,就坐着车走了。

2010年3月21日　星期日　晴

早上7点半时,李洪亮打电话来说他家要看坟,我随他而去。因为是新坟,他家把所有亲朋好友都召集起来,聚在一起吃饭。每人自带点食物,如鸡、酒、老腊肉等。鸡每只2.5公斤左右,两小碗生米,一块1公斤左右的老腊肉。主人家还提供了羊肉和酒,酒大概有30公斤,羊肉大概有90公斤,这些都是公共的伙食。来他家的人,男女老少,加起来共有30人左右,场面比较隆重。男的杀羊杀鸡,女的洗菜煮饭,大概12点就开始吃饭。共有5桌,每桌11个菜,男的先入座。早饭过后2点钟,大家一起上山看坟,这一天大部分村民也搞类似活动,如金芬家,她家门前停着好几辆车,都是在外面工作的人开回来的,场面也很隆重。其他村民基本上都下地干活了,也有少数干不动活的老人在家里。

2010年3月22日　星期一　晴

早上9点左右,村组长杨光斌在广播上通知,今天早上所有村民代表和指导村委会选举的工作人员,在本村村委会召开第四届选举动员大会。参加会议的大概有70人,会议进行了大约4个小时,比较顺利。

2010年3月23日　星期二　晴

因为外村的人举行斗牛比赛,村里大多数人都穿着崭新的民族服装,要么开着拖拉机,要么骑着摩托车,赶着去看斗牛比赛。

2010年3月24日　星期三　晴

大多数村民都开着拖拉机到山上收集土杂肥。还有的赶着羊群到山上放,有的在家里织毛衣、绣桌布,也有的在池塘边洗衣服。

2010年3月25日　星期四　晴

今天有少部分村民到泸西县做客,有十七八人。因为我们这边的车不敢往泸西县去,所以那边专门派辆车来接送。

2010年3月26日　星期五　晴

今天是星期五,学校放假,大多数孩子的家长开着拖拉机去海邑镇蝴蝶村的学校接自己的孩子。也有的村民开着拖拉机去山上修路。下午4点多,放假回家的大部分学生在村中心的池塘里洗衣服。

2010年3月27日　星期六　晴

早上8点半,杨光斌在广播上通知说,因为今天是何小平家看坟的日子,他本身又是斗牛爱好者,所以他家要在村里举行斗牛比赛,所有奖金由他家支付。奖金金额为:第一名500元,第二名400元,第三名300元,第四名200元,第五名100元,喜欢斗牛的人可以拉头牛来参加，地点是在糯黑村委会下面的洼地。所有斗牛爱好者，连饭都顾不上吃，就把自己心爱的斗牛拉了出来，喂食喂水，准备去斗牛场。大概2点左右斗牛活动开始，所有参赛者都已经到了场地，人山人海，热闹极了。一直到下午5点左右，结果出来了，一等奖由大糯黑村王祥的斗牛获得，二等奖由小糯黑村村民的牛获得，获得三等奖的是大糯黑村曾绍华家的牛，四等奖由小糯黑村村民的牛获得，获得五等奖的是大糯黑村何有祥家的斗牛。

2010年3月28日　星期日　晴

今天是赶集的日子，很多村民要到海邑街赶集，早上9点，七一（人名）家拉着磨好的7袋玉米到街上卖，价格是每公斤2.2元，总计400公斤，得现金880元。村民王绍光在街上买了3只小猪，每只价格为240元，总共花了720元。村民王小红和护林工作人员到山上开展防火工作。

2010年3月29日　星期一　阴

早上8点，因李秀珍家今年盖新房，请来村里会做石工的8名师傅来她家做石工，地点是离我家约10米的地方，新房占地面积约为200平方米，他们使用的工具是水平尺、大锤、小锤、墨斗、水线等。

下午2点左右，大糯黑村村组长杨光斌在广播中强调，因天气干旱，请各位村民注意，为了避免发生火灾，不要在山上烧杂物。村民王云辉家在核桃种植地里砍核桃树，他家种植的核桃，有些品种不是很好，所以要把不好的砍掉。村民曾桂芳去年栽种烟叶的时候没有撕薄膜，今天在离大糯黑村青石场不远的地里撕着薄膜。也有的村民在山上放羊。

2010年3月30日　星期二　阴

早上9点，李新民开着拖拉机，拉着一车牛粪到石厂那边去做农活。9点半时，一村民开着拖拉机到大糯黑村的石场拉石头，说是要用盖一个小房子的料，价格是 1 吨 60 元人民币。因为曾绍华家今年也参加村民委员会选举，他正在做各种准备工作。

2010 年 3 月 31 日　星期三

村民王春明，开着摩托车到街上买鸡买菜，鸡的价格为 1 公斤 14 元，重 2.5 公斤，总共花了 35 元。下午 3 点，李恒夫妇在宜政、糯黑交界收集土杂肥，也有部分村民在山上放羊捡烧柴。

2010 年 4 月 1 日　星期四

早上 9 点，村民王小红到山上执勤防火工作。因今年天气太干旱，圭山一带又发生过火灾，所以圭山镇镇政府特别强调要在每个村里选出四五名工作人员，抓好防火工作。本村的防火工作人员王红光、王文、王小红、王秋林等的工作时间是早上 8 点到中午 12 点，下午 2 点到 5 点。在政府领导下，每位工作人员都认真完成自己的工作。

下午 3 点，村民在山上放羊，羊有大有小，大的有五六十公斤，小的 20 公斤左右，大多数都是白色的。大概有五六十只。

2010 年 4 月 2 日　星期五　晴

早上 10 点，村民毕志昌拉着脱粒的 11 袋玉米到海邑街卖，1 公斤玉米的价格是 2.6 元，总计重量是 514 公斤，得 1336 元。村民杨振学家今天在大礼堂待客，他家的小孩满月，做客的人大多是本村的，只有少数是外村的。

2010 年 4 月 3 日　星期六

早上 8 点，村民王建林骑着摩托车到海邑街买菜，准备过清明节。9 点左右，村民金国辉开着拖拉机，拉着肥料到地里分肥。

云南大学的师生要来我村做调查工作，将集体伙食设在曾绍华家。

曾绍华请了几位亲戚来帮忙,如王小燕、毕海丽等。大概 11 点,云南大学的师生乘着公交车来到我村,总共有 20 多位。早饭过后,老师与学生四处参观与调查,并在村里住一晚上,曾绍华家特意举行了歌舞晚会与老师、同学们联欢,到 12 点才结束。

2010 年 4 月 4 日　星期日

早上 9 点,高玉明家因新建的两间耳房浇顶,请了 10 位村里的亲戚,还有 5 位城里的师傅帮忙,2 间耳房约有 40 平方米,1 平方米价格为 86 元人民币,总计 3440 元。水泥大概 50 包,1 包价格为 11 元人民币,总计 550 元。沙子 6 吨,1 吨为 35 元,总计人民币 210 元。碎石 1 吨为 30 元,共拉了 5 吨,总计 150 元,到中午 12 点时全部完工。

2010 年 4 月 5 日　星期一

村民王云东家因新建 5 间住房,请了村里的 30 位亲朋来帮忙。

2010 年 4 月 6 日　星期二

早上 7 点到下午 2 点,村民王建林家建一间牛棚,请一位村里的空压机师傅帮他家采石头。

2010 年 4 月 7 日　星期三

今天是第四届村民委员会选举。选举村委会主任、副主任、经济管理委员、妇女委员与青年委员。选举条例如下:1. 主任、副主任、经济管理委员和妇女委员候选人两名,每个职务应该选一名。2. 选民填写选票时,在所列的候选人同意的姓名后面的符号栏内画圈,不同意的画叉,弃权的不画任何符号。3. 不画任何符号的无法辨认的选票无效,书写工整,能辨认清楚的选票有效。选举不是很顺利,因为有些人没有在候选名额中,可是也进来竞选,所以场面很混乱。但不管场面多混乱,选举还在进行，没有人敢去说敢去管，让人无法理解。大概在下午5点，结果出来了，本次候选人是：何文航、何耀彪、曾绍华、李江、李琳、李向明、何赵兰、毕海丽、高荣华、王光珍、何海燕。候选的职务，主任：何文航、何耀彪、曾绍华；副主任：李江、李琳；经济管理委员：李向明、何赵兰、毕海丽、高荣华；妇女主任：王光珍、何海燕（妇女委员）。竞选人的票数是何文航384票，何耀彪401票，曾绍华271票，李江758票，李琳345票，李向明771票，何赵兰286票，毕海丽780票，高荣华228票，王光珍497票，何海燕603票。

2010年4月8日　星期四

因为昨天的选举事件发生不规范的行为，没有选举成功。今天早上举行第三次选举。大部分村民来到了村委会，等待圭山镇的领导来给村民一个说法。

今天是村民王进结婚的日子，下午1点，他还特别举行了斗牛比赛，大糯黑村所有的斗牛爱好者都拉着斗牛去比赛。所有的牛主全部集中在跤场中，签也就是抽扑克牌，抽到数字一样的两个牛主，他们的牛就是比赛的双方，输掉的牛就被淘汰。如果抽到没有数字白牌，就不需要比赛直接进入下一轮比赛。这次比赛的名次分五等，奖金为第一名300元，第二名250元，第三名200元，第四名150元，第五名100元。大糯黑村的牛主是王春明、王洪光、曾海兵、王胜忠、王强、何进学等。下午2点，比赛开始。比赛是由小糯黑村村民黄学主持的，先是由村民王春明的牛和小糯黑村村民的牛斗，后是曾海兵的牛和小糯黑村村民的牛斗，再后是何进学的牛和王胜忠的牛斗。场面十分精彩，因为王春明的牛第一轮就输了，所以弃权了。其他的继续比赛，大概5点比赛结果出来了，第一名是小糯黑村村民的牛，第二名是大糯黑村何进学的牛，第三名是小糯黑村村民的牛，第四名是大糯黑村曾海兵的牛，第五名是小糯黑村村民的牛。

2010年4月9日　星期五　晴

早上7点,村民李琳来毕志昌家拉了一车石板。

早上8点,在本村礼堂举行主任、副主任候选人选举。因为昨天的选举活动没有成功,所以今天再次进行选举,但今天的竞选还是没有成功。下午5点,在尼维罗玛憨农家乐,曾绍华家来了18位客人,共2桌。请了两位临时员工来帮忙,王小燕和毕海丽负责接待,唱彝族敬酒歌。

2010年4月10日　星期六

早上10点左右,部分村民在距离育烟苗基地不远处拉水,拉水的村民太多,需要排队。有的村民排了半个小时都没排到,所以就去海邑拉水。下午2点,糯黑村学校的篮球场上,一些中小学生在娱乐,有的打篮球,有的打乒乓球,有的女生玩跳绳。下午5点,曾绍华家来了13位客人,是昆明市路政局的领导和工作人员,共有两桌,菜有土鸡、土鸡蛋、水煮老南瓜、野菜饼、乳饼、骨头参(猪的排骨,剁碎、腌制几个月成骨头参)等,客人们都高兴极了,大概用餐一小时后,回单位去了。

2010年4月11日　星期日　晴

今天是星期天,多数村民前往海邑街赶集。王建林、毕刚、李召、王小宝等年轻一点的喜欢打扮自己,女孩子购买一些化妆品、新衣服、耳环、手工艺品之类。男孩子为了追求自己心爱的女孩子,理理发弄弄发型之类的,也有人购买一些生活用品,如水桶、洗脸盆、锅铲、锄头等,下午5点才回到村里。3点左右,村民王友义赶着羊群去山上放羊,到5点才返回村里。今年建盖房子的人家特别多,也有部分村民在村里建造房子。晚饭过后9点多了,王春明的妈妈曾桂英在织麻布。

2010年4月12日　星期一

早上5点10分，曾绍华的父亲曾宏光老师去世，享年80周岁。他是1952年参加工作的，到1992年退休，这些年来他培养了许多优秀人才。

12点，村民在4月4日购买的两只小猪，4月11日其中一只小猪不知怎么生病了，自己又不会医治，就去请村民刘怀兵来医。刘怀兵是懂兽医的，医术也比较高明。

下午3点，学校背后种植的菜地里要修建五六条水沟，为了以后学生和老师浇菜用水更方便，所以请了村里的三位师傅前来修建水沟，水沟长4米，宽30厘米，深20厘米。

2010年4月13日　星期二

早上8点半，所有村民代表与党员在村委会举行第四届村民小组选举活动，参加竞选的人员有杨光斌、高月华、李宝强等。到10点10分，竞选终于有了结果。竞选人票数分别是：杨光斌13票，高月华1票，李宝强19票。因为李宝强的票数最多，所以最后决定由李宝强担任村民组长，其他的弃权。1点左右，因为在外地读书的中小学生要开家长会，村里多数家长开着拖拉机、骑着摩托车等去学校，家长会大概进行了3到4个小时，到下午5点半左右，家长们才陆续返回。晚上9点半，王春花文艺队在本村大礼堂排练"阿黑与阿诗玛""月琴与竹笛""大三弦"等彝族舞蹈，到晚上11点才结束。

2010年4月14日　星期三

早上9点，曾绍华家要来客人，说是昆明市邮政单位的。曾绍华夫妇提前赶往海邑买菜。

下午2点，村民李云因为今年办鸡场，到现在还没有接电线，所以请了城里的三位接线人员前来接电线。

晚上9点，由于早上曾绍华家来的客人要留住一晚，还举行了特别的节目演出，节目是"阿黑与阿诗玛""月琴与竹笛""大三弦"等，到晚上11点半才结束演出。

2010年4月15日　星期四

早上8点，村民李红亮开着拖拉机去山上采集土杂肥。下午1点，村民王胜忠和李云赶着自家养的斗牛去海邑街华猛斗牛场参加比赛。下午2点，村民李兰英和孙子拉着一车牛粪去山上自家地里分肥料。晚上8点半，村委会书记在广播上强调防火安全工作。

2010年4月16日　星期五

早上7点半，老年协会会长王绍华在广播上通知，全体参加老年协会的人员要搞环境卫生，具体地址是从村口一直到密枝林大门口的地方。主要是清除水泥路两边的杂草、水沟里面的杂物，还要清扫水泥路上的垃圾。

下午1点半，大部分村民去海邑街华猛斗牛场看斗牛比赛。到5点半左右才返回村里。

2010年4月17日　星期六　晴

因为今天是学生放假的第二天，早上10点多，学生们在村子中心学校广场上玩耍。下午2点，有部分村民去海邑街华猛斗牛场看斗牛比赛，斗牛比赛举行三天，从4月15日到4月17日。

村民曾绍华父亲曾宏光于4月12日过世，直到今天才把他的骨灰带回家，晚上12点举行进棺仪式。

2010年4月18日　星期日

今天是星期日，大部分村民去海邑街赶集。下午1点，村民李云的养鸡场，因为前天没有装修好，今天照常请亲朋好友来帮忙，主要有曾海兵、王学、张曾麦、李树林等。

2010年4月19日　星期一

村里的鱼塘是村民金绍华承包的，今年一直干旱，水位也渐渐下降，鱼又多，氧气不够，所以鱼塘承包人金绍华打算把鱼塘处理掉，就在广播上宣布喜欢捉鱼的或者买鱼的村民，请在各个小组报名登记。

下午3点，部分村民在村委会不远处的地里挖塘，挖塘的村民有王永青和母亲、金绍华夫妇，还有王祥母亲等。

晚上10点，因为曾绍华本身是小糯黑村的，去大糯黑村王春花家做上门女婿。不幸的是，曾绍华的父亲曾宏光老师在2010年4月12日病逝，要在4月22日举行出殡仪式。所以今晚在村民王云春家召集所有亲朋好友来商议关于仪式的事情，人员有李江、李行、李四、毕春明、王玉明、王绍光、曾丽华、曾文华、毕志昌、李树林、王云春、王云辉、王云东、李志洪、李志刚、曾毕华、王胜忠、王建民。

2010年4月20日　星期二　晴

因为这几天村民们比较忙，早上7点到12点，下午1点到5点，多数村民都是在地里种地瓜、种玉米、挖水塘。有的村民早上7点吃过早饭后，带点午饭就去山上了，到下午5点才回到家中。有的村民早上7点没到就已经在山上了，到12点才回家吃饭。晚上9点40分，组长李宝强在广播上说运送农产品物资的事情。

晚上9点半，王江、王晓梅带领的文艺队，在村民曾绍华家演出文艺节目。

2010年4月21日　星期三　晴

早上10点，村民何黄有与母亲在离村委会1公里的地里整理烟地，到12点才回到家中吃饭。

下午 2 点，村民王云寿开着拖拉机，装着一个大油桶，在密枝林旁边的水井里拉饮用水。下午 2 点半，天空中突然下起蒙蒙细雨，村民们都满心欢乐，个个都在议论，要是能再下大一点就好了，好让我们种庄稼。可惜的是，在村民议论不到四五分钟后，雨停了，这又让村民们叹气了。下午 3 点，村民王小宝开着拖拉机前往海邑购买三叶复合肥料，共买了 16 包，一包价格为 49 元，共花 784 元。

晚上 8 点，部分村民去小糯黑做丧客，因曾绍华的父亲曾宏光老师过世，今晚举行哀悼仪式。前来参加哀悼仪式的有八九百人，用餐地点在小糯黑待客处，大概有 90—100 桌。

2010 年 4 月 22 日 星期四 晴

早上 7 点，村广播室响起收音机广播，内容是关于（青海玉树）地震灾害，听了广播之后，村民们平时的欢声笑语渐渐平息了，多数村民自言自语，为遇难同胞默哀。

8 点，部分村民去小糯黑村做丧客，为曾绍华的父亲曾宏光老师送行，前来为曾宏光老师送行的亲朋来自 16 个村寨，一个村寨平均四五十人，总人数八九百人。下午 4 点半，所有来为曾宏光老师送行的亲朋敲锣打鼓，告别了曾宏光老师。晚上，村里部分小伙子聚集起来玩扑克。

2010 年 4 月 23 日 星期五 阴

早上 8 点，村民曾利华与一位海邑中寨的村民，去村民毕志昌家拉约 2 厘米厚的一车石板，是用来贴墙面的。下午 1 点，因昨晚下过一场中雨，多数村民带着玉米种子、化肥等去地里种玉米。晚上，村民在家看电视、玩扑克，或聊天娱乐。

2010 年 4 月 24 日～30 日

毕林与曾绍华来到云南大学的第二天，参加了论坛与放映，从中感受到了人生的意义，来到云南大学参加培训的都是少数民族村民，如大理州剑川县沙溪镇石龙村村民、富民县东村乡石桥村委会芭蕉村村民、怒江州贡山县丙中洛乡双拉村委会查腊二组村民、红河州元阳县新街镇上戈寨村委会菁口村村民、怒江州福贡县鹿马登乡赤恒底村村民、丽江市玉龙县黄山镇南天村村民、通海县纳古镇纳忠村村民。培训内容主要是田野调查、村民影像培训、人与人的交流。26日上午开始培训，村民进行自我及村子概况介绍。由何明教授讲解云南大学田野调查基地的未来建设。马翀炜教授讲解田野调查基地与村民影像计划实施的意义。

26日：10:40—11:40，村民和基地负责人举行座谈会。14:30—15:30，学习照相机使用技术。分为三个小组进行学习。15:30—16:30，外出拍摄训练，也分为三个小组。16:30—17:50一起分享作业与构图讲解。

27日：8:30—8:50，村民影像计划的实施缘由、目标、途径，由李昕、陈学礼老师讲解。8:50—11:50，由马佳老师讲解摄像机基本操作。14:00—14:50，外出拍摄作业。14:50—15:30，一起分享作业与交流讨论。15:50—17:50，电脑基本操作训练，由吴桂琴与郭少妮老师讲解。

28日：8:30—10:00，摄像机操作与相关问题，由马佳与李昕老师讲解。10:00—11:00，实拍练习，拍摄作品将用于下午的剪辑。11:00—12:00，剪辑基本操作知识，由陈学礼老师讲解。14:30—18:00，剪辑拍摄作业，完成三分钟的短片，由陈学礼与李欣老师讲解。

29日：8:30—10:00，看拍摄影片，分享讨论。10:10—12:00，解决参加培训的村民需要解决的问题。

30日：培训人员返家。

2010年5月1日　星期六　属猪　大雨

上午11点半时，村民王兴明的妻子在离杀牛山约20米的地里，因要栽烟，正在装烟秧袋，烟秧袋的肥料是用山上的土杂肥跟家里面的猪粪、牛粪等肥料合成的，烟秧袋的袋子大概有茶杯大小。到12点才回到村子。

下午2点，村民王胜忠与妻子曾桂兰前往大糯黑与小糯黑边界的地里种玉米，到4点，天气慢慢变阴，路程又遥远，夫妇俩正往家赶时突然下起大雨，把俩人淋湿了。

晚上9点半时，村组长李宝强在广播上通知有烤烟的烟农：按上级领导与烟草公司的规定，从3月5日到5月3日，一定要把所有的样板地的烟栽完，请有样板地的烟农抓紧。

2010年5月2日　星期日　属鼠　阴

早上9点半，在离村委会50米的烤烟样板地里，村委会领导陪同上级烟草部门领导前来指导栽烟技术。烤烟挖塘距离是一尺八九，烟沟与烟沟的距离是1.5米到1.6米。因昨日下过一场大雨，所以村民不用开着拖拉机去拉浇烟的水。要是像前两天的天气，村民要一边拉水，一边栽烟，一边盖薄膜，十分不便。昨日的这场大雨，给村民带来了大大的方便。

下午2点，村民防火工作员王小红与毕静在离村口约两公里处，就是在进入糯黑石材厂入口的地方，搭建一个小棚子值班。到下午5点下班时间，他们收好棚子，正要回家时，车子较少，所以打电话来我这里，叫我去拉一下。接到电话后，我立刻发动车子去拉他们，他们到家时已近6点了。晚上，部分村民在看电视，也有部分村民互相交流关于烤烟方面的问题。

2010年5月3日　星期一　属牛　晴

早上9点，村组长李宝强在广播室里广播：按上面的任务安排，请各位有烤烟样板地的村民，不管用什么办法，今明两天内，一定要把烟栽完，谢谢村民的合作，因为我们也要听从上级的指挥。

下午1点，村民王天强在离杀牛山约40米的地方放羊，羊有大有小，共20只，羊吃的是山上的树叶与地里的杂草。约4点半，羊差不多吃饱了，王天强赶着羊群回家了。

今天，文艺队队长王映德，带领他的文艺队去新海宜参加送别死者的演出。随着时代的发展，现在有人去世，基本上都请文艺队表演。丧事是痛苦和伤悲，为什么要演出文艺节目？是为了让死者亲属不再悲痛，是一种安慰的方式。王映德的文艺队共有40人，这次演出总共花了300元。因为是自己所在村的文艺队，有优惠，要是外人，要四五百元才行。

晚上，村民王小宝家，王小宝母亲在煮饭，王小宝父亲与他小妹在一旁抹玉米（玉米脱粒）。

2010年5月4日　星期二　属虎　晴

早上8点，因烟苗漂浮盘（盘漂在水面上，育烟苗）基地看管的时间只到今天，多数村民开着拖拉机前来拿自家的漂浮盘，准备拉回去自己管理。下午1点，村民李兴玉夫妇在离村子不到两公里的地里种玉米。也有部分村民在雨胜村边界附近放羊，其余的村民基本上都在栽烟、种玉米。村民何海峰的邻居，也是他家的亲戚，养了一群羊，约有八九十头。今天放羊回家时，清点羊的数量，发现一头刚成年的羊不知怎么走丢了，主人急了，到处找也找不到，没办法了，只好等晚上去各家各户打听羊的下落。晚上，因这几天有些干旱，又忙着栽烟，部分村民生怕栽好的烟干死掉，开着拖拉机，装着拉水工具，带着手电，拉着水去给烟浇水。

2010年5月5日　星期三　属兔　晴

早上9点，村组长李宝强在广播室里广播：听见的村民请转告没听见的村民，60周岁以上的村民，不管男女，请带上自己的身份证来广播室登记。绝大多数的老人都去登记了。下午，几乎全部的村民都在烟地里或是在玉米地里，挖塘栽烟、盖薄膜、种玉米等，一直到天黑才回家。那些做不动农活的老人在家里，聚在一起聊天。晚上，村民毕志华开着拖拉机带着拉水的用具，拉了一车饮用水回来，准备抽到自家的小水池里。由于拉水的车与水池高度差不多，水抽不进去，他找了个高于水池的坡度，才把水抽进去，大概抽了一个小时，才把全部水都抽完了。大部分村民为了不影响明天的农活早早睡了。

2010年5月6日　星期四　属龙　晴

上午，多数村民都到地里做农活，如挖烟塘、种玉米等。下午4点，糯黑小学所有学生在老师的带领下，到云南大学调查基地观看影视纪录片，是为了让现在的孩子们不要忘记老一辈的历史。所有师生从基地正大门进入，找好自己的位置以后，开始放电影。第一部片子是关于糯黑石头的历史文化，放映时间为25分钟。第二部片子是关于彝族原始祭火仪式的，放映时间为30分钟。同学们看了这两部片子后，感觉还好。同学们虽然不能完全看懂，但看得很高兴，说明同学们对历史纪录影片很感兴趣。

下午5点，何赵兰的家属去地里种玉米，在播种玉米途中，玉米种子不够，所以家属打电话给何赵兰，要她带一包约两公斤重的玉米种子去。接到电话后，何赵兰骑着电动车，带上玉米种子，送往家属种玉米所在地。当她正要返回村时，电动车轮胎爆了，前不临村后不临店的。想把车子放着回家叫人来修，又怕车子丢，于是她就推着车子，一直推到家里。

晚上，村民李红亮开着拖拉机，拿着手电，带着装水的用具，同时也带着一个抽水机，在本村水井饮水处抽水，是要拉到山上的地里浇烟水。村民王琼，因白天没有时间，晚上把平时换下的脏衣物全部找出来，用洗衣机清洗。

2010年5月7日　星期五　属蛇　晴

早上8点，村广播室响起撒尼音乐，放完音乐后村委会副主任李江在广播室里广播：有烤烟样板地的村民请到广播室领取烟叶农药。还有一件事，60周岁的老人还没有登记完身份证号的，请来登记。9点，村民高金志今年办养鸡场，来请教金菲的爸爸关于养鸡的技术问题。金菲家办养鸡场有两年多了，比较有经验。

今天是星期五，学生放假的日子，有部分村民开着拖拉机、骑着摩托车等，去蝴蝶村中学接自己的孩子回家。晚上，在村子中心安水龙头闸阀处，多数村民正在用拖拉机拉饮用水，有的用牛车拉。晚上11点，当我正要入睡时，村民王江给我打了个电话，说我们村的青石场有点事，要我们几个去看一下。我接完电话不到一分钟，王江就骑着摩托车来接我了，不到3分钟，我们就赶到现场了。现场除了我们两三个人以外，还有其他村民也来了，共计20人。其他都是石场的工作人员与来要账的外地人，外地人有两辆微型车，人数有16人，因要账的人来要账时，不仅用嘴说，还动手打了石场里面的工作人员，最后因石场的场长毕合生发动场里的部分员工与糯黑村民的亲戚朋友共同协商此事，才圆满解决了。

2010年5月8日　星期六　属马　晴

早上8点，村民王江打电话来通知我，因5月7日晚上我与几位村民去石场里帮了忙，今天早上石场的场长与其他工作人员，为了表示感谢，特地请我们去海邑吃顿饭，还给我们每个村民发100元钱。

下午1点，村民王志明前往村民毕志昌家，请教石头文化。下午4点，村民王胜忠赶着牛去山上地里犁地，刚要驾起牛车回家，有一头牛好像是见了鬼一样跑了，王胜忠岁数有点大了，使出全部力气也追不上，没办法了。就在这时，村民王云东在做农活回家的路上遇见了这头牛，当时他也没想那么多，反正在我们糯黑地盘出现的牛是本村的牛假不了。

于是他就把牛拦截下来,用一根绳子拴起来把牛牵了回来,到家后仔细一问,才知道是王胜忠家的牛,说起来他们两家还是亲戚呢!如果落到别人手中,还不知道会怎样呢。王胜忠为了感谢王云东,特地去请王云东家来自己家吃饭。

凌晨3点,村民杨海龙的父亲不幸过世。

2010年5月9日　星期日　属羊　晴

早上7点,杨海龙的家属通知自家亲戚请客,说要在今天之内把事给办了。一般来说,我们撒尼人的习俗是要在家里面放五六天或一个星期,才把人抬出去,但杨海龙的父亲是处于不上不下的年龄阶段,所以要急办。我们组的小组长是何进,由主人家分配工作给组长以后,组长召集所有组员分配任务。我们组有30户人家,分成几个小组来办这件事情。大概9点,组长把所有事情分配完以后,各个小组就去忙自己的任务。有的做菜、做饭、杀牛等,还要抬人,抬人的还要去坟地清理,还要在放棺木的地点,挖个宽1米左右、深三四十厘米的坑。12点时,做菜、做饭、杀牛的工作完成了,大家在大礼堂一起吃饭,吃完饭,下午2点,家属进行告别仪式,随后8位抬棺木的人员抬人上山了。晚上8点,所有亲戚与帮忙的村民,在大礼堂用餐。

2010年5月10日　星期一　属猴　阴

上午9点时,村民何正华在离村委会约20米的地方找喂羊的鲜草。10点时,村民李江的父母亲驾起牛,带上所有犁地的用具与复合肥等,去离海邑村边界不远的地里犁地。因为他们已经吃过早饭了,路程又有点远,所以带点晌午饭,到下午5点多才回家。

下午,多数村民也赶着牛车去山上地里种玉米了。有部分村民开着拖拉机,拉着水、漂盘烟(在一个漂在水面上的秧盘里育的烟苗),带上三叶复合肥与锄头等用具,去地里栽烟,直到下午5点多才回到村里。

晚上，多数村民在看电视，也有部分妇女或老一点的奶奶们在织麻布、织毛线、聊天等。有部分小伙子去外村或在本村找自己的相好。

2010年5月11日　星期二　属鸡　阴

早上8:30时，村民李红亮在凤舞村订了些漂盘烟，想转到本村来卖，于是李红亮就在本村各家打听或联系要漂盘烟的村民，要的话到他那里报名，烟一盘为8元。

下午3点，村民毕海丽的奶奶赶着20只羊在离村子不到1公里的山上放。毕海丽的奶奶已经快70岁了。虽然年龄有点大了，但她的精神很好，还顺手带了些从麻秆上撕扯下来的麻丝，一边放羊一边用手接麻丝。

晚上9点，村广播站响起《大山之子》的音乐，音乐完了之后，村组长李宝强在广播上通知和强调，因这几天时常下雨，请各位村民注意，不要认为这几天下雨，地里山上都是潮湿的，就在地里烧火、烧柴、杂草之类的，一个也不准。如不听，到时后果自负。还有一件事，就是海邑下海子村烟育苗基地里的空心砖要处理，如果本村村民要盖什么小房子，需要空心砖的请前去订购，价格是1块空心砖1元。

2010年5月12日　星期三　属狗　晴

早上8点，村民曾桂英要去汝冲里边界的烟地里挖塘投肥，儿子王春明因昨天忙农活累了还没起床。母亲曾桂英去王春明的小公房（撒尼男孩子十四五岁到结婚之前住的地方）叫醒王春明，说快快起床，再不起床，等一下早上不是早上，中午不是中午的还做什么活。之后不到1分钟，王春明就急急忙忙起床了，他洗洗脸、刷刷牙，然后用装水的瓶子打点水，发动拖拉机，母子两人赶往地里，挖烟塘、投肥料等。约3个小时之后，母子两人又乘坐拖拉机回家煮饭了。

下午2点，村民何月江与父亲在离石厂不到30米的地里播种玉米，因他家的地用农用犁田机犁过，所以播种起来比较方便。首先他父子俩一人提着一包玉米种子，把玉米粒播种在犁好地的沟沟里。一粒玉米种子与一粒玉米种子的距离是15～20厘米，1小时之后玉米就播种完了。然后父子俩在播种玉米种子的位置上，撒上玉米复合肥，1小时后复合肥也撒完了。最后一道，是父子俩拿起锄头，在玉米种子和化肥上面盖上一层不薄不厚的土。到下午5点，全部完工了。父子俩收拾东西回家，到家时已经6点了。

晚上10点，村民何海兵的母亲提着一只自己养的土公鸡，来到了曾绍华家。因为曾绍华是开农家乐的，常常向村民订购土鸡。有些时候曾绍华家事多忙不过来，答应过卖鸡的村民也会自觉地把鸡送到他家来，当晚鸡的价格是1公斤30元，鸡重1.7公斤，总计51元。

2010年5月13日　星期四　属猪　晴

早上8点，村民王梅花一家三口在离石厂40米的地里栽烟，也有部分村民赶着牛去地里犁地，也有赶着羊去放的。

下午4点，在糯黑小学校旁边的糯黑彝族文化博物馆，举行了阿诗玛民族文化课堂。全体师生来到了文化博物馆，由王小燕具体讲解博物馆陈列的物品。王小燕认真而且很仔细地把每一件物品介绍给学生们。民族文化课堂进行了一个小时左右。博物馆里的物品都是农村的日常生活用具，经过王小燕仔细地讲解后，学生们很快就懂了，并且很开心。5点，文化课堂结束了，糯黑小学的师生们返回学校。

李琳开着拖拉机，拉着一车六七百升的水去山上，给栽好的烟浇水。

晚上，多数村民都在收看电视节目，到12点时，村子里各家各户的灯已渐渐熄灭了。

2010年5月14日　星期五　属鼠　晴

早上8点半，村民鱼塘承包人金绍华，在老年协会集中处，也就是以前的老村委会里广播：各家各户，大大小小都听着，喜欢捉鱼、捞鱼的请各自拿着渔网，来鱼塘边等候，捕鱼的时间是中午12点到下午6点。听了广播之后，多数村民在家里修渔网，准备去捞鱼。约12点半时，水塘边上人山人海，有本村的也有外村的。外村的人是经过本村亲属打电话联系之后，得知消息才来本村捞鱼的，有海邑的、雨胜的、额冲依的。捞鱼人数达200人以上。不多时，鱼塘承包人金绍华来了，还带了些他家里的亲属，这些亲属是来帮金绍华看捞鱼的村民。因这次捞鱼，要先买票才能进入鱼塘中，没有票的是不能进入鱼塘的。金绍华与5位亲属一人拿着一沓票。卖票开始了，票的价格是每人一张，40元，买完票的就可以进去捞鱼了。过了三四个小时之后，大大小小的鱼，平均每人捞得了四五公斤，就是一大口袋。

下午5点，时间也差不多了，多数村民扛着自己的劳动成果回家了，只有少数村民为了再多捞一些，还留在水中不肯走。下午6点，所有捞鱼的村民都回去了。晚上，多数村民都在享用当天的劳动成果。

2010年5月15日　星期六　属牛　晴

早上，多数村民都去山上的地里种玉米、栽烟。也有部分办养鸡场的村民，开着拖拉机，装着拉水用具到村子中心取水处拉水，有的去海邑老寨加油站旁拉水。

下午1点，王章明、曾桂兰、曾桂芳等拿着锄头等农具，去帮助海邑中寨王德学家种玉米。

晚上8点半时，左邻右舍的亲朋们都到村民王云辉家去。经仔细打听后，得知是王云辉的老丈人足玉祥，年龄快70岁了，因生病在县医院治疗后，情况有所好转，所以出院回家养病，然而不到2个星期，就在8点时不幸过世，所以当晚有很多亲朋都到王云辉家表示慰问。

2010年5月16日　星期日　属虎　晴

上午，多数村民都拉着玉米去海邑街卖，顺便赶集。李琳、王春花、王祥、李兰英、高龙三等都去卖玉米。也有部分村民去烤烟样板地里打农药，并除烟地里面的杂草。

下午1点，村民何黄有一家四口用拖拉机拉着水，去烟地里浇水。

因今天是星期日，村民基本上都去海邑赶集，或去地里做农活。所以村子里显得很安静，只有一些上了年纪而做不动活的老人在家里。

晚上，因村民王云辉的老丈人昨晚不幸过世，要在今晚8点举行进棺仪式。有很多本村和外村的亲朋，前往他家举行进棺仪式，仪式完了之后，由亲属陪伴王云辉的家里人，在他家过夜。因陪伴过夜的人太多睡不下，一些村民回到自己的家里去睡。

2010年5月17日　星期一　属兔　晴

早上8点多，村民曾麦本的父亲赶着羊在离村子一公里，不到石场50米的山上放羊。到12点才回家煮饭吃。

下午1点，因这几天一直没有下雨，地里面栽好的烟、玉米等农作物缺水。大多数村民开着拖拉机拉着水去烟地、玉米地里浇水，一直到5点时才回到家中。虽然各个村民忙了一天已经够累的了，但在吃晚饭之前，不把家里的猪牛羊鸡等喂了，是绝不煮饭吃的。

晚上10点，村民组长李宝强在广播里通知并强调说，全村大大小小老老少少请听着，虽然这几天大家都很忙，又是种庄稼的好节气，但不管怎么样，环保是各个村民的责任。就是在去年，从村委会大门口一直到村子种植的风景树，由于一直不下雨而缺水。请全村的村民无论农活怎么忙，也要停一下了。请各个小组的组长通知各组的组员，明天早上，开着拖拉机拉着水来给树浇水。另外还有一件事就是关于防火的问题。已经三番五次地强调过了，不要在山上或地里烧火、烧杂物，但有些村民还是不听。已经好话说在前面了，如果发生了火灾，后果要自负。

广播播完不到 20 分钟，我们小组的组长何进的母亲就到各家各户通知并安排明天早上给树浇水的工作。

晚上 10 点，由村民高玉明带领的管乐队，在以前的老村委会也就是现在的老年协会排练，11 点结束。

2010 年 5 月 18 日　星期二　属龙　晴

早上，多数村民开着拖拉机拉着水，去地里给栽好的烟、玉米等浇水，也有部分村民去栽烟、种玉米等。

上午 12：00—下午 2：00，因昨晚村民组长李宝强在广播上通知给树浇水的工作。吃过饭后，全村各小组的人员带着浇水的工具，来到水塘边上等候小组组长的安排。全村分为两个大队和 8 个小组。四个小组为一个大队，一个小组约有三四十户人家，这次环保劳动工作的分工是：一个大队去山上砍刺枝。用拖拉机把刺枝拉过来后，把刺枝围在树的周围，这样做是为了防止羊、牛等弄破树皮、树干与树叶。另一个大队浇水，两个小组负责水塘边上和水泥路边上的树，其中分到水泥路边上的，小组长负责拉水，组员用水桶从装水的车上打水来浇。分到水塘边上的就比较方便了，各自用扁担挑着水桶从水塘里挑水来浇，这次发动全体村民搞绿色环保工作的时间约计两个小时，到下午 2：00，就顺利完成任务了。

晚上 9 点到 11 点，王小红去蝴蝶村吃晚饭，请客的主人叫毕海峰。他家养着一群羊，为了提升羊的胃口，白天去山上放羊时，每隔两到三天要喂一次盐，由于其中一只羊吃盐的数量过多，眼看羊不行了，就把羊杀了来吃。羊约有 50～60 公斤，主人家一家五口吃又吃不完，拿去卖又不是活生生的羊，卖不到好价钱，于是主人就想了个办法，召集亲朋来他家聚餐。来他家聚餐的人员约有 30～40 人，总共 6 桌，多数是村民，也有少数在外面工作的。场面还算热闹，到晚上 11 点才各自回去了。

2010年5月19日　星期三　属蛇　晴

今天是足玉祥过世第5天，要在今晚举行追悼会。所以在早上9：00时，由村里安排了两个组，在操场上为足玉祥的葬礼分配工作。分工的内容为：一个组负责做菜，一个组负责抬棺下葬。在一个组当中抽出10~12人抬棺和下葬。一般是6个人抬棺，但在抬棺行走的过程中，需要轮换，所以多安排了几个人。抬棺的人大多为男子。没有被请到也不属于亲朋的其他村民，基本上都不下地干活了。

晚上7点去帮忙的本村村民把饭菜做熟后，就叫外村的亲朋（大多是足玉祥的同辈和晚辈）前来守灵。外村有15~17个亲朋，不论是哪个村的村民，在进村后就先到足玉祥家中，进足玉祥家之前要放鞭炮（为驱除鬼神），但由于今年天气太干旱，防火工作管得很严，所以不放了。

前来守灵的还有各村来的舞狮队和鼓号队。进去时要先舞狮，并吹号打鼓，东家的亲朋则要哭着过去，之后要安慰死者家属，之后就去待客处吃饭。吃完饭后，与死者特别亲的人要去足玉祥灵前守一晚上的灵，而其他人则由本村安排住宿。

2010年5月20日　星期四　属马　晴

早上8点，本村分配的一个小组，有二三十人，在整理足玉祥的坟地。前去帮忙做饭菜的大多数男子，把自己的事做完后，在礼堂（待客的地方）里三五成群地玩扑克。也有几个人去篮球场上打篮球。足玉祥的葬礼要在下午举行，本村半数以上的村民前去参加。

村民足玉祥为病故，按撒尼地方的习俗，足玉祥本村的亲友要在足玉祥的灵前哭，而别村来参加葬礼的人（每村亲戚30人左右，约10多个村依次来闹灵堂）中，先由女人进入灵堂，在足玉祥的灵前哭诉，而男人依次拿烟或酒敬给足玉祥的亲戚，敬完亲戚再敬前来参加葬礼的鼓号手和舞狮的人。在此之前，鼓号手们打起鼓，吹起号，而舞狮的人则去把足玉祥灵前的供品叼出来。大约20分钟后，舞狮结束。

外村的亲戚上前安慰足玉祥本村的亲戚（一般为应戴孝的人）节哀顺变，或说一些人死不能复生的话。外村和本村亲戚早上来闹灵的时候，足玉祥所有的小辈亲戚都要面向来人的方向跪着，直到别人把他们扶起时，方可起身。一村进来闹过后，再由下一个村的人来闹灵，外村的人都闹完后，本村的代表来收场。

到下午1点左右，闹灵堂结束后大家都去吃饭。下午三四点，先由负责抬棺的人把棺材绑起来，以便人来齐之后好及时上路。棺上要绑一只大公鸡，还要披一些布料、麻布和床单之类的东西，还有一整套的新衣。等人来齐后，毕摩挑上一担子的供品，一边放一头羊，另一边为其他供品，在前边带路。抬棺的人抬棺上路时，足玉祥最亲的亲人、感情最好的要站在棺旁，边哭边诉苦，诉说的大多为足玉祥生前的各种往事。队伍所走的路线，要经过足玉祥生前所住的地方，要绕上一圈，每走一段路（约100米）就要停下来一次。停下来后，亲戚都要围着足玉祥的遗体哭。就这样走走停停三四次后，在一个比较宽的地方，最后把棺停一次。除足玉祥的儿子、侄子和毕摩及抬棺、埋棺的人之外，其他人（大部分为妇女）则在这个地方哭诉很长一段时间。在抬棺之前，舞狮吹号和打鼓的人（乐队），敬酒、发烟的人，每隔几分钟就要举行一次。哭诉的人在朋友和亲戚的安慰下，恋恋不舍地回到家里。棺木放到墓地后，由毕摩说上一段祭词，方可下葬。下葬后，看看时间也差不多了，所有的人又去待客的地方吃饭，除比较亲的亲人外，其他大部分外村的亲友都于晚饭过后回家了，足玉祥的葬礼才宣告结束。

2010年5月21日　星期五　属羊　晴

早上8点至12点，多数村民都开着拖拉机或赶着牛车去山上种玉米、栽烟及打农药等，只有少部分村民在家中。有的拿出很久没有洗的衣物正在清洗，也有劳力充裕的村民家，就是一家里面有3~4人以上的，专门留一人在家里做饭，为了让外出做农活的家人回来时马上能吃上饭。

下午 1 点到 2 点，多数村民乘着公交车等前去蝴蝶村圭山镇中学接学生。以前是开各自的车辆去接学生的，由于前段时间有几人骑摩托车发生事故。有关部门多次强调并严格执行对黑车及超载车辆进行强制处理。所以，现在多数村民只能乘坐公交车去接学生。

晚上，多数村民都在收看电视节目，也有部分村民，大多为男子，聚在一起喝酒、聊天、打扑克之类的。

2010 年 5 月 22 日　星期六　属猴　晴

早上 8:20，村民何赵兰来我家。因她的丈夫是在昆明安装监控器的，我母亲曾桂芳以前问过何赵兰，说如果哪一天她丈夫那里缺人要人的话，请转告一下我，好让我（毕林）跟着你丈夫出去见见世面。工资一天为 40 元人民币，管吃管住，一个月 1200 元，但我推辞了。

下午，多数村民都下地干活了。直到 5 点左右才回到家中。

晚上 10 点，村民组长李宝强在广播上通知，因今年持续干旱，上级部门补助玉米种子，平均每家每户补助 1 公斤玉米种子，价格为 1 公斤 15 元。因是国家补助，算优惠了，以前在市场上 1 公斤玉米种子要 20～30 元。经村民小组决定，把玉米种子分到各个小组长那里，由小组长再分发给村民们。

2010 年 5 月 23 日　星期日　属鸡　晴

早上 8 点左右，村民王春明，也是我的亲戚，我们称呼老表，通知我去曾绍华家帮忙与接待。因我的电话前几天欠费停机，村民王春明的家离我家很近，约 10 米，曾绍华打我电话打不通，所以打给王春明顺便来通知我。接到通知后，我打扮打扮，去曾绍华家了。我赶到他家，首先问来的是什么客人，曾绍华的妻子王春花回答是云南大学的，大概有 20～30 人，约计 6 桌，另外还请了 3 位村里的女青年来帮忙，算上我就是4位了。

我们一起动手，把所有的菜洗好切好以后，大约12点，云南大学的人来了。因车子比较大，不能一直开到本村广场，只能停在村委会下边，村子出口水泥路边上，生怕学生们找不着就餐地址，所以曾绍华叫我开着拖拉机去接一下。我发动拖拉机后直奔村委会，行驶不到3分钟就到了，学生们在此等候。因今天是星期日，去海邑街赶集的车辆比较多，学生和老师不放心他们的车辆，于是我赶到村委会向村委会的领导与工作人员打了个招呼，让他们帮忙看一下车子。当时村委会副主任李江与几名工作人员也在，我具体跟他们解释之后，征得他们同意，因我开着拖拉机不可能把车停在村委会，拖拉机又坐不下那么多人，我就用最慢的速度在前面带路。一直到水塘边上，把车子停了，然后把老师和学生们带到就餐处。把老师和学生们安排就位之后，我再转回水塘边，开拖拉机回来。

约12：50午饭开始了，请来的几位帮忙的人上菜，30分钟后，菜全部上齐了。我与几位帮忙的人，及曾绍华夫妇就和师生们敬酒唱歌、对歌。下午2点就餐结束了。学生与老师们结账走了，这次的总账为1100元。

下午三四点，有多数村民开着拖拉机、摩托车等车辆前往海邑街赶集，有的村民到海邑街之后购买一些日用品，有的购买食物之类，如米、菜、菜籽油、肉之类的，直到5点左右才返回村里。

因村民王云东今年建新房，还没有盖瓦片，今天王云东等人前去县城购买瓦片，到晚上9点时才回到家。拉瓦片的车是一辆蓝剑牌车，还请了村里的15位亲戚帮忙下瓦片，大概晚上10点，全部瓦片才下完，村民王云东购买瓦片约花了3900元。

2010年5月24日　星期一　属狗　阴

8：00，没去取补助玉米种子的部分村民前去各小组处领取玉米种子。

10：00—12：00，本村来了3位陆良人，开着拖拉机带着些装过饲料的大口袋，前来收购玉米骨头，收购人按玉米骨头堆数大小来给价，堆数大的200元以上，约有30~40口袋。约13：00时，收购人收满一车子走了。

14：00—16：00，村民毕志华、曾文化及部分村民在尔沙肚（糯黑地名，撒尼话音译）栽烟、种玉米、清理烟地。直到17：00左右才返回家里。

20：40，村民组长李宝强在广播室广播，是关于沼气卫生间建设的，按政府标准及规定，在短期内如果村民自己建造完卫生间，国家有至少600元的补助，如要等工作人员下来建造的话，没有补助费，反而要自己支付费用建造。多数村民都在收看电视节目，也有少部分村民，主要是妇女，手握纺车正在纺麻线。也有年轻小伙子去年轻女公房（撒尼姑娘成年之后，到结婚之前这一段时间住的地方）找相好，谈情说爱。

2010年5月25日　星期二　属猪　大雨

8：50—11：00，王春明一家三口与部分村民在木鸣糟班（糯黑村地名，撒尼话音译）栽烟，到12：00时，返回家中煮饭吃，吃过饭后的村民喂猪、羊、牛、鸡等。到13：00时又赶去山上地里栽烟、盖薄膜、打农药。

15：00时，天空中乌云密布，突然下起大雨，正在栽烟或种玉米的村民满心喜乐，好久没有下过这样的大雨了，对于正在栽烟及种玉米的村民们来说再好不过了。虽然雨下得极大，栽烟的多数村民连雨都不避一下，披着点塑料，戴着草帽还在继续工作，约到17：10，雨停了，也是村民们正常回家的时间，收拾农活用具回家了。回到家之后，闲不住的村民趁天还没有完全黑，在家里弄点别的活计做。

14：00—15：00，村民王云东在23日购买瓦片回来，今天他想把全部瓦片盖完，请了10多位亲朋来帮忙，不巧的是，瓦片还没有盖一半，下起大雨，只好停工了。只有等到天晴时，才能继续盖瓦片。

晚上，大多数村民都在收看电视节目。

2010年5月26日　星期三　属鼠　雨

早上，村民组长李宝强在广播室里广播，内容是，昨晚村民何有才家把漂盘烟摆在院子里，数量极多，被人家偷去了，主人焦急之下，转告村民组长李宝强。今天7：00左右在广播上公布，如果是某个村民盗走的，请到何有才家承认错误，要不以后，何有才家发现是谁盗去的，后果就不好说了。

8：50，村民影像志记录员曾绍华打电话通知村民日志记录员毕林与王小燕，说云南大学的三位老师要来本村收集一些民族文物。如木制用品、竹编用品、麻编、陶器之类的，收集齐全之后运到国外展览。接到通知后，在云南大学调查基地等候。

12：00左右，调查基地的三位老师（一男二女）到了。之后，影像志记录员、村民日志记录员与三位老师开了个会。会议内容是：怎样收集民族文物，怎样运输这些文物。会议结束后，村民影像志记录员曾绍华与村民日志记录员毕林、王小燕，协助老师们收集文物。

之后由陈学礼老师教授影片剪辑知识。

21：00—23：00，我们与三位老师去各家各户收集文物，首先去村民毕金华家，不到一会儿收集了5～6种。而后去老年协会，查看一些老虎面具、狮子面具及织布机等。

2010年5月27日~29日　属牛、虎、兔　时晴时雨

王小燕、毕林、曾绍华和三位基地调查研究的老师，在大糯黑村收集古老民间文物，就餐点在村民曾绍华家。

7：00—8：00吃早餐，之后前往各家各户收集文物，收集的文物是按文物的大小、精致程度、年代、好坏来定价，在村民同意和双方一致认可的条件下给价，或先让村民叫价，在双方都能接受的条件下进行交易。文物种类有木制之类、竹编之类、刺绣之类器物，麻编织机，狮子、老虎面具，大三弦小三弦、笛子、月琴、二胡等乐器。到11:00—12:00时，把收集来的文物摆到基地研究点，然后吃中午饭，同时讨论收集的后续工作。

中午饭过后，13:00—17:00，还是前往各家各户收集，因白天多数村民都去山上地里干活，在家的村民比较少，也收不了多少文物，所以就返回基地，给收集来的文物编号、记录、做卡片。

21:00吃晚饭之后，还是前往各家各户收集。约24:00时，全体收集人员才返回基地休息或回到各自家中。有些文物村民现在还能赶出来，在要新旧各一套的情况下，还交给部分村民来做一套。整整收集了三天，总算是把该要的文物收集齐全了。总共花费了约计人民币25000元，到了30日早上，三位老师返昆，其余的三位村寨日志与影像志的人员也各自做农活去了。

2010年5月30日　星期日　属龙　阴

7:30—8:00，因今天是星期日，是海邑赶集的日子，部分村民在家里面，拿起能装40～50公斤的蛇皮口袋（装氮肥的口袋，当地人称之为蛇皮口袋），装好脱好粒的玉米，准备拉到海邑卖。部分村民去山上地里栽烟。到12:00时才返回家中吃饭。

13:00时，多数村民拉着装好的玉米正往海邑街赶，拉玉米卖的村民极多，价格为1公斤1.2元。其余少部分村民有买点小菜、农用工具、生活用品之类的，也有的村民把自家养的土鸡与土鸡蛋拿到集市上卖的，土鸡的价格是1公斤30元。土鸡蛋的价格是8角～1元。因这几天较忙，去赶集的村民们把自己该买的东西买齐以后，各自返回村子。不像往常一样一赶集就到5点才回家。回到家后的村民们换下赶集的衣服，穿着平时去山上做活的衣服，又去干活了。直到五六点才回到家中。

20:30时有部分村民，如王建林、王正祥等人，前去外村（唉维哨）

做丧客，要到明天20：00才返家。其余大多数村民都在收看电视节目，三五成群地聚集起来玩扑克、打麻将等。

2010年5月31日　星期一　属蛇　晴

8：40时，村民毕林开着拖拉机去骡蹬呢（地名）堆玉米秸秆处拉玉米秸秆。到11：00时才装好玉米秸秆，回到家中。也是在8：00—12：00，村民防火工作人员（毕静与王小红）在（圭山青石厂）进大糯黑村（尾口）的地方，搭起架棚，正在值班，到12：00时返回村委会吃中午饭。

13：00—17：00，村里百分之九十九的村民都去山上地里栽烟、覆地膜、补种玉米种子、打农药、犁烟地、打烟沟等。到18：00时才返回家中。

21：00—23：00，多数村民都在收看精彩的电视节目，到夜里12点，村里家家户户的灯才渐渐熄灭。

2010年6月1日　星期二　属马　晴

7：00，村民李兰英因她家的玉米还没有种完，所以前往亲戚高有胜（村民）家请他来帮忙，犁地种玉米。因李兰英要去山上种玉米。就把煮饭的事交给她的大儿子毕态冒的妻子曾桂芳。另外她还要杀一只鸡，就在昨日，她的三儿子毕强回来了，他本是在昆明打工的，这几天农活较忙，请了两天假回来帮忙做农活，曾桂芳不会杀鸡，李兰英就把杀鸡的事交给了三儿子毕强。到11：25时饭菜都熟了，就等着去山上犁地种玉米的李兰英与高有胜。不一会儿，人回来了，但只是主人回来，帮忙犁地的高有胜没有回来。她的家人就奇怪了：帮忙犁地的人呢？经了解，村民高有胜在早上帮村民李兰英犁地时，就计划好了，带着点晌午饭，他家的一块地也没种玉米，就先帮李兰英家犁完，再去犁自家的，高有胜想到如再返回去吃中午饭，原本打算在今天之内能犁完的地就犁不完了。所以任凭李兰英怎么说怎么拉也不肯回来吃饭，李兰英就一人回到了家中。

今天是儿童节，为了搞得比较隆重，所有老师与村委会领导、村小组长及村寨日志、影像志有关人员，在8∶00—12∶00为节目做准备。具体烧饭地点在本村礼堂厨房，女的去洗菜、煮饭，男的则去杀羊、杀猪。羊重47.7公斤，每公斤21元；猪学校自养，约计100公斤；小菜等也是学校种植的。从最小的幼儿班到1～3年级的学生也在为节日做准备，平时就练好了文艺节目。

下午约3时，学生表演朗诵等文艺节目，村民影像志负责人曾绍华在一旁拍摄学生文艺节目。约16∶00时演出结束，所有饭菜、羊肉、猪肉等也熟了。聚餐就要开始了，地点在学校楼背后花园里，工作人员在大礼堂的厨房里把烧好的饭菜用桶装好之后，抬到就餐处，首先让学生们就餐，工作人员在一旁上菜，约8个菜。等学生们吃饱喝足回家了之后，所有老师与工作人员才就餐。就餐的同时，工作人员一桌接一桌地唱起敬酒歌。到21∶00时聚餐才结束。

在下午2点多，来自陆良的几位烟贩子，开着三轮摩托车，到本村收购去年烤烟时收藏起来的老烟，但他们只要上部烟，只给到1公斤2元的价格。

2010年6月2日　星期三　属羊　阴

11∶00，因昨日过六一时使用了本村待客处厨房，还没有搞卫生，有关工作人员前往待客处搞卫生。其余多数村民都去地里打除草剂、补种玉米、追肥、覆烟地膜等。

16∶30时，村民何四麦开着一辆解放小卡，从城里拉鸡饲料回来，到村里给养鸡的村民们卸饲料。

晚上村民多数在收看电视节目。

2010年6月3日　星期四　属猴　阴

8：00—12：00时，多数村民，约100户人家，去山上做农活，如：在玉米地里打除草剂、追肥等。

吃过中午饭后，13：00—17：00，180多户的村民都去山上，除岁数比较大的老人外，其余都下地了，有的覆烟地膜，有的撒菜秧，有的打农药。

晚上，有早早休息的，也有三五成群玩扑克、聊天及看电视的。

2010年6月4日　星期五　属鸡　雨

8：00时，村民王小红的哥哥王小东与父母亲吃过早饭后，赶往怒熬崩（大糯黑村地名，撒尼话音译），给栽好的烟覆地膜。将近半小时才赶到地里，地里共栽了1000棵烟苗，之后由一人拉着薄膜，两人在烟沟两边挖土盖膜。14：00时，地膜全部盖完。因带了晌午饭，一家四口共用，还带了自己做的骨头参、咸菜。

晌午过后，因时间还早，一家四口在地边上，把去年砍刺堆集起来的杂物清理干净，直到18：00时才返回家。

吃过晚饭后约23：00村民苏建忠、毕林、何南，去串青年女公房，途中三人用对话与对歌方式跟女青年交流，可能是歌声不响亮，交流不满意，整整花了一个小时的时间，女青年一直不开公房，所以三人就各自回家了，回到家时已经凌晨1点了。

2010年6月5日　星期六　属狗　大雨

早上村民李红亮去海邑买菜，做了好多饭菜。请村民毕林来帮忙挖烟塘，吃过饭后，11：00时，李红亮的小弟李红祥与母亲及毕林带上农具锄头、化肥等，开着拖拉机，赶往冈裹崩（糯黑村地名，撒尼话音译），约行驶了10分钟到达目的地。之后李红亮与毕林拿起锄头挖烟塘，烟塘与烟塘的距离是一尺八至一尺九。小弟李红祥与母亲则在一旁栽烟。

村民杨光斌家的一块玉米地跟村民李红亮的地在同一处，今天去玉米地打除草剂并追肥时，发现情况不妙，自家的玉米被羊吃了好些，不知是放羊人没看好羊，让羊进到了玉米地里，还是怎么回事。按时间计算约是在昨天下午四五点，杨光斌很生气，就打电话给李红亮问昨天是哪些养羊的村民在这一带放羊。5点多一点时多数在山上挖塘、栽烟与打玉米除草剂的村民们返回家中。

晚上约11时，下着大雨，小糯黑村民曾剑波，原本是开着一辆解放大卡车，在外跑运输，就在晚上从路南返家路程中，在海邑老寨加油站加油时，被一群来路不明的人打劫并被打伤，目击人报了警并通知家属之后，父母亲与曾绍华、李云及曾剑波的舅舅等亲属赶到现场时，打劫人早已逃走。当时曾剑波满身是伤，还流着血，想送往县医院，但怕路程遥远失血过多，经商量后，送往圭山镇医院止血缝针，经处理，总共有7处伤，头部四处缝了30～40针，对手拇指与脚部进行包扎，左手食指严重击碎，因镇医院各方面条件不太好，止血、包扎完后再次送往县医院就医。

2010年6月6日　星期日　属猪　阴

早上，多数村民很早就赶往山上做农活，到12点时返回家中吃中午饭，因今天是星期五，又到了玉米、烟等农作物打农药的时期，多数村民（约计97户）用拖拉机拉着几袋玉米到集市上卖。现在玉米的价格是1公斤2.1元。之后，村民们买些农药、小菜、农具，等到4点左右返回村中。下午2点多村民毕林及小糯黑的3位在外工作的青年小伙高强、高勇、何峰，买了些补品，赶往县医院，看望昨晚被人打劫而受伤的曾剑波。近一个小时的时间，才各自离院。晚上大多数村民收看电视节目等。

2010 年 6 月 7 日　星期一　属鼠　晴

上午绝大多数村民都去山上打农药。12 点回家吃中午饭。下午 3 点左右，除去山上做农活的村民外，少数在家的村民，如李树华，到村里找少数在家的亲戚朋友游玩。

中午 1 点，三五成群聚集玩扑克、聊天，年轻的小伙去串青年女公房，中年妇女及老奶奶们在织麻布。说起织布，老奶奶们还是老师呢！她们一边教中年妇女们怎样织布，手中还不停地织着。

约下午 6 时，天色也逐渐模糊了，村民李向明的农用拖拉机修理处，有些村民因拖拉机油门、离合器、刹车等不好使，所以拖来进行整修。

晚上约 10 点多，鸡养殖公司的有关人员开着一辆解放小卡车拉运饲料等物资到养鸡的村民金菲家，近 11 点时才卸完货物，开车走了。其余多数村民在家收看电视节目。

2010 年 6 月 8 日　星期二　属牛　晴

凌晨 6 时，村民王春明家还没盖完烟薄膜，要请亲戚帮忙，请了村民曾海兵、李树林、曾桂芳等人，王春明骑着摩托车赶往海邑买菜，回来后让王春明的姐姐王春梅留在家里煮饭。其他的人带上锄头、塑料薄膜，开起拖拉机赶往驰山呢（大糯黑地名，撒尼话音译）。行驶 6 分钟左右到达，然后分两个小组，四个人为一组，在一组当中由两人拉薄膜，两人在烟沟两边挖土盖薄膜，约到 12 点全部完工。收拾农具回家吃中午饭，到家后洗过脸、手后，来帮忙的人员与他家人共进中午饭。

凌晨 6 时半，村民组长李宝强在广播上广播，内容是：有烤烟样板地的村民，因这是上级领导的要求，要在今天 8：00—12：00 把烟地里面的塑料薄膜撕掉，听到广播之后的村民赶往离村两公里，离海邑镇 1 公里的样板烟地里撕薄膜。6：50 时，有一位来自海邑新寨做豆腐生意的人，开着一辆面包车，拉着豆腐，来到大糯黑村密枝林旁换豆腐。一公斤豆腐用一公斤二两玉米换取。

下午 1 点部分村民开着拖拉机，拉着水，带上除草剂、喷雾器等，在米地着（大糯黑村地名，撒尼话音译）的地方打除草剂，直到 5 点左右才返回村子。

晚上 8 点左右王琼（糯黑村民，女）的丈夫李云要去外村做丧客，只留下王琼与女儿高阳在养鸡厂，所以打电话给村民毕林帮忙看守一下。

上午 10 点左右，村民王云东家在 5 月 25 日盖瓦片时，因下雨没盖完，所以今天又请了十几位亲戚帮助盖瓦片，两三个女人留在家中煮饭、做菜，如王云东的媳妇、王春花等人。还有村寨日志与村寨影像志负责人曾绍华、王小燕则在一旁拍摄盖瓦片的整个过程。到 12 时饭菜已熟，所有帮忙人员吃中午饭，共 4 桌，12 个菜。吃过中午饭后，下午 1 点到 4 点（因上午没完工）同样盖瓦片。吃晚饭时，男的喝酒，女的边吃边聊天，他们还有一个娱乐方式，如帮忙的村民毕志冒还唱起歌跳起舞。

约有 5 ~ 6 人，开着一辆小型车，好像是来本村游玩的客人，停在四通园旁，因右边后轮车胎爆了，正在修理。

2010 年 6 月 9 日　星期三　属虎　晴

早上 8 时，村寨影像志负责人曾绍华通知王小燕与毕林，因与云南大学的三位老师，在本村收集了大批民族文物要运到韩国展览。所以今天上午来自韩国的 9 位学者与云南大学三位老师一块儿来本村研究基地，查看并运走文物。于是在本村尼维罗玛憨（村民曾绍华的农家乐）订餐。没来之前，王小燕、王春花、曾绍华、毕林一起做饭菜。毕林与曾绍华杀鸡。鸡有两只，每人杀一只。王小燕与王春花则在一旁洗菜烧饭。

10 时，一位来自戈冲里村的牛贩子，约 30 ~ 40 岁，开着一辆蓝剑货车，拉着两头斗牛、三头耕地牛，来到本村停在老年协会基地旁。目的是让村民们看，如看上的话，用钱买或把自养的牛拉来换。来看牛的村民多，但没一个买的。

11点多，查看并运走文物的相关人员，乘坐一辆客车和一辆长安面包货车到了，车子停在本村中心广场。由陈学礼老师带领来到尼维罗玛憨农家乐，安排到二楼就餐处，共两桌，饭菜也完全熟了，四人端起菜盘上菜了，共12个菜。在没上齐菜之前，我们的习俗是只能看不能吃，并且还不发筷子，等菜上齐了之后，由王小燕和王春花发筷子，倒酒水。根据我们婚礼上的方式，要用三种筷子，首先用麻杆做成的筷子，长度约有50厘米，然后用竹片做成细小的筷子，最后才用我们现在使用的筷子，命名为银筷子，也是用竹子制成的，其次还把口红抹在客人脸上。因为在我们撒尼婚礼上，新郎和伴郎等人去迎接新娘的时候，新娘家的人要用猪油拌锅底的烟灰，抹在新郎和伴郎脸上。之后我们四人拿起酒杯，倒上酒，用对歌的方式，跟来自韩国的朋友交流，还好他们当中有几个翻译，要不就尴尬了。我们唱完一首，翻译员就翻译一下内容，就这样，午餐进行到约13时结束了。

在看收集的文物时，有一件织布机，当时去收集时，倒是有旧的，但品相很不好，所以向足光华的父亲等人订做了一件。韩国的朋友看了织布机后，觉得物品构架有点大，在飞机运送的过程中不好运送，所以拒绝了。韩国的朋友又参观了一下本村博物馆，然后坐着车先走了。之后陈学礼老师决定，反正我们文化课堂用得着，就把织布机定了下来。一会儿，足光华的父亲打电话给陈学礼老师，织布机以1100元的价格谈成。货物装到约4点全部装完，之后老师们返回昆明。

今天部分村民去维则做客，是小孩满月（祝米客）。被邀请的村民有6家20人，包括毕林在内，6家村民商量好了，要开两辆拖拉机去。除村民毕林外，其余的早上就去了维则村的待客处，村民毕林因要陪同与接待来本村的韩国朋友和各位老师，所以下午才赶来祝米客。

来做客的人极多，约有300人，按撒尼人的习俗，来看孩子的送礼法是：每家拿20个鸡蛋，一条猪腊肉，比较亲的亲属还买了一两件小孩的服装，给点钱，主人家还发给送礼的人如沙糕等，送礼的人每人一包。

但随着时代的发展，现在不会送这样的礼了，一般都送钱，因为钱比较方便，最低都是五六十，较亲一点的，一百或者两百以上。在早上吃饭和晚上吃饭时，小孩的妈妈和奶奶抱着孩子，在亲属的面前用行礼的方式来感谢亲人，意思是在亲人的帮助和支持、关心和呵护下，小孩健康地长大。除此之外，比较亲的亲属商量着给小孩起名字，大名与小名，吃过晚饭后，外村的与本村的所有来做客的亲朋各自回家去了，返回村子时已经晚上11点了。

2010年 6月10日　星期四　属兔　时阴时雨

早上七八点，近260户村民，各自开着拖拉机，赶着牛车，带上农具下地干活，如给玉米打除草剂、追肥，给烟打农药、追肥，除烟苗脚下的杂草，给栽好的辣椒苗覆地膜等，有的煮点饭带上一直到下午6时才返村，也有的早饭也没来得及煮吃，带着足够的晌午饭，也到6时才返回村。

10点多，一位来自四川做小菜生意的人（男，年龄35～38岁），开着一辆小型带货厢车，拉着各种菜来到本村密枝林旁的路边上摆摊卖菜，村民或用钱买或用玉米换，各菜价格如下：用钱买的话，白菜3元1公斤，绿豆3.5～4元1公斤，番茄2.8元1公斤，茄子3.6元1公斤；用玉米换，平均两三公斤玉米才1公斤菜，因现在的市场上1公斤玉米能卖2.1元人民币，整体看来用玉米换比用钱买贵很多。经了解，这位做小菜生意的四川人平常主要在海邑一带卖菜。

下午4时，本村的小学，所有老师带领学生们，除幼儿班外，到本村云南大学田野调查基地，上民族文化课，课堂讲解人为村民王文华，内容是关于乡村草药。其余工作人员：王小燕、毕林，曾绍华在一旁拍摄。课堂进行了1个小时，到5点才结束。课堂下，学生们开始了解一点村寨日志与村民影像志的情况。

晚上，绝大多数村民在家收看电视节目及喝酒、聊天、串门等。

2010年6月11日　星期五　属龙　阴

早上8点左右，村委会书记高映峰在广播上通知：昆明市医务人员来本村下乡免费给村民看病，原先安排大糯黑与小糯黑要分两天进行，一个村一天，但由于通知失误，原先安排看病的是小糯黑村，现在要改为明天。

约9点左右，曾绍华通知毕林，说是村民王琼事先打电话来，因村民王琼家办养鸡场，鸡渐渐长大，要分开来养，要用塑料制的网隔离为三间。之后曾绍华与毕林开着曾绍华家的农用拖拉机前往养鸡厂。从家出发行驶三四分钟就到了。因制作隔离网架时需用钉子，曾绍华与毕林赶住海邑购买钉子，顺便吃些早点，钉子价格1公斤7元，是5号钉。5分钟后两人返回养鸡厂制作网架，制作工具有剪刀、钉子、锯、钢卷尺、钉钉子用的锤、木条、塑料网。两人开始工作，首先两人用锯子把木条锯成长3.09米，宽1.1米，然后用剪刀把隔离网剪成跟木条一样的长度与宽度，之后把木架做成一个长方体，再把剪好的隔离网放在钉好的木架上，用钉子再次固定，隔离架就做好了，就这样共做了8套。

下午，多数村民去烟地除烟脚下的杂草、追肥、打农药及给玉米打除草剂、追肥等，直到天黑时才返回家。晚上9点到11点，村民张富贵、曾文林等人，在村民毕志昌家聊天喝酒、共同交流石头文化，其余在家的多数村民都在收看电视节目。

2010年6月12日　星期六　属蛇　晴

上午昆明市下乡医务人员到本村给村民做免费体检工作，9点多，四通园农家乐的主人维毕四（小名）家因要来客人，就餐时间定在下午4~5点，请了村民帮忙杀羊和鸡、做菜和烧饭，羊约30公斤，现市场平均价1公斤21元，鸡自养或去村里购买，价格30元1公斤（土鸡），其余多数村民去山上玉米地里打除草剂并施肥，或者给烟打农药并除去烟沟与烟脚下的杂草。

下午1：00—3：00，因早上下乡的医务人员给村民看病时，只看了一半，所以下午同样看病。3点，村民如曾王芳（女）等人，因栽完一块烟地，还不到一个星期就被地卷虎（一种害虫）吃掉，所以拔了些烟苗，装在竹编的花篮里，背着花篮带着点晌午饭，赶往饵混肚（大糯黑村地名，撒尼话音译）补种烟苗。

晚上多数村民在收看电视节目。

2010年6月13日　星期日　属马　晴

近几天，农活比较轻松。农民一年到头，只靠着玉米和烟这点收入，除去成本外，养家也成问题，于是许多村民在自己自留地里采一些天然石头与石板，也可以说，做点小买卖来养家糊口或采来自己家用。

早上7点，村民张福贵打电话通知毕志昌等人，有人要买石材。买家是石林县城的，因在石林景区修路以及建房装修而需要用天然石板，每公斤天然石板8分钱，因张富贵他们自己也采了一些石板，但不够装一车，车是东风大卡车，除车皮外，约容30吨，想把毕志昌所采的石头也一起带走。装车的人来自本村，总共8人，从8点左右开始装车，直到12点才装完，装完车后，所有人要去村民毕志昌家吃饭，只有司机不肯去吃饭，说是拉到北大村过磅后，还要在县城内装一车货往昆明去，所以没留下。之后大家商量，该让一个人跟着司机去，一块儿过磅，商量结果是让毕志昌儿子毕林去。毕林连饭都来不及吃就乘坐拉货车直往北大村，到了之后经过磅，毛重36.84吨，皮重11吨，净重25.84吨。因为钱过两天才能拿到，所以村民毕林拿着发货单返回村子，到家时约下午3点左右。

今天是星期日，中小学生考试后放假的日子，200多户村民去海邑赶集并接孩子，金文耀家孙子满月，要在明天待客（祝米客），所以今天亲属朋友帮忙准备，如杀羊、杀牛、杀鸡、洗菜等，到村子以前烟育苗基地，也就是村民六五（小名）、七三本（小名）家门前，安水闸阀处，清理并清洗。

晚上村民一般在家收看电视节目。

2010年6月14日　星期一　属羊　晴

8：30左右，电信局的人来到村委会宣传及销售电话，价格400元一部中兴手机，内存话费，还送价格60~70元一包的化肥三包，及三个月内包修、包换。可能多数村民一大早就出去做活了，来购买手机的村民很少，约在村委会待了一个小时也没有人来，之后电信局的工作人员（5~6个人），把卸载下来的货物装上车，再次赶往本村密枝林十字路口旁卸车，再一次进行宣传。约11时，做农活的村民开着拖拉机和赶着牛等回来了，看到后，个个都来购买。因购买村民极多，手机又只带了7部，一会儿工夫全部销售完。电信局的工作人员协商后，如其他村民还要订购的话，只能等到下个星期一才拿得到了。

本村村民金文耀的孙子满月，待客（祝米客），亲朋好友正为早餐和晚餐做准备，如烧饭做菜等。早餐时间11：00—12：00，晚餐时间18：00—19：00，村里的亲朋极少，外村的亲朋极多，吃饭时也按往常一样，8个人一桌，共四五十桌。早饭后，亲属们到主人家给满月的小男孩起名、送礼。下午，来他家帮忙的亲朋也为晚餐做准备，其余多数村民都下地干活了，晚饭后来做客的外村亲朋各自回家，因为明早除外村的本村亲属还要进行接待，所以在待客处里面的东西，包括剩菜、剩饭等就不搬回去了。之后主人就安排两三人在本村礼堂，拿些铺盖来，在此看守，这次待客花费16000元左右。

下午1点左右，开农家乐的曾绍华打电话通知毕林，今天又有来自泸西县的三四十人要来，约了5~6桌饭，所以请毕林去帮忙，帮忙人员有5人，如曾绍华、王春花、毕林、王光珍、王云东妻子，下午5点时客人才到，菜是撒尼家常菜，上8碗，8点时客人返回泸西，共计花费1100元。

2010年6月15日　星期二　属猴　中雨

今天外村（老海宜）举行民间斗牛比赛，标题为"石林县文联民间工艺协会欢度端午节暨民间文化活动盛会"。跤场是新建的，圆形，命名为阿黑斗牛场。本村167户村民去老海宜看斗牛赛，比赛进行两天，今天和明天。斗牛的级别分为甲级、乙级。甲级指比较能斗的牛。乙级指一般的，也可以说刚开始学练斗术的牛。还在场内建了个撒尼民间艺术文化根雕展览室，场外四周都用空心砖围起，只设一个大门出入点和售票处，完全封闭式。要通过大门进场内看斗牛比赛，首先要订票和买票，为了确保安全，场外空地还设有车辆停放处。无论大小型机动车，都要交5元停车费，然后进到场内看斗牛比赛，票价是每人10元。进到场内后，斗牛还没有开始。在离展览馆不远处，用水泥浇灌出来的一个娱乐广场，约能容纳100多人，因开场时间没有到，有人把人召集起来跳欢乐的大三弦舞蹈。

下午2点，斗牛开场了，由老海宜村委会及村长主持，这次斗牛比赛的奖金分别为甲级第一名3600元，第二名2800元，第三名2300元，第四名2100元，第五名1600元，第六名1200元，第七名1000元，第八名900元；乙级，第一名2600元，第二名1800元，第三名1500元，第四名1300元，第五名1100元，第六名1000元，第七名900元，第八名500元。但今天只竞赛乙级的。此外，场内还设有汤锅摊点，如狗肉、牛肉、马肉等；糖类及风味小吃米线等摊点，又好玩，又精彩，又好吃。斗牛比赛开始后半小时下起一场中雨，但是观众带着雨伞，不在乎下不下雨。

斗牛时，牛主们要在抽签处用扑克抽签。抽签时，抽到同样数字的牛为对手，听到主持人通知后，把牛拉下来斗。直到5点左右比赛结束了。获得乙级第一名的是乍龙村的斗牛，第二名是雨胜村的斗牛，第三名是大糯黑村的斗牛，第四名是乍龙村的斗牛，第五名是老海宜村的斗牛，第六名也是老海宜村的斗牛，第七名是乍龙村的斗牛，第八名也是乍龙村的斗牛。

20：00—23：00时，村民毕林与王小宝到新海宜村高映明家吃晚饭，并进行民族文化交流。高映明，74岁，于1962年参加工作，1996年退休，如今也培养出很多优秀人才，都找到了好工作。所以，晚上毕林与王小宝专门找到高映明交流，并在高映明家留宿。

2010年6月16日　星期三　属鸡　阴

今天是老海宜村斗牛比赛第二天，甲级，也有好多村民去看斗牛比赛。第一名是乍龙村的斗牛，第二名是雨胜村的斗牛，第三名是老海宜村的斗牛，第四名是老海宜村的斗牛，第五名是蓑衣山村的斗牛，第六名是老海宜村的斗牛，第七名是阿着底村的斗牛，第八名是祖莫村的斗牛。

此外，今天是端午节，从早上7点开始，无论本村还是外村都在为节日做准备，女人们包饺子、包子、粽子等，男人们则去外村鱼塘钓鱼。不去钓鱼，也不去看斗牛比赛的只有少部分村民。

因前几天上级部门与村里通知建沼气卫生间的项目时间快要到了，到时要验收，所以一部分村民在家修建卫生间。建设卫生间的规格为：长2.2米，宽2.2米，高1.8米。还要安个铁门，多数都去海邑订购或去县城买，价格170元，门宽90厘米，高1米7左右。晚上家家户户做了好多好吃的菜，边看电视里的精彩节目，边喝酒、聊天。

2016年6月17日　星期四　属狗　晴

今天天气晴朗，绝大多数村民去烟地或玉米地打农药，除烟脚下的杂草，给玉米打除草剂、追肥等。午饭后，2点左右，村民张福贵等人在阿减也（大糯黑村地名，撒尼话音译）的自留地，采自用石头。到山上玉米地里打除草剂，除烟脚杂草的村民，直到6点左右才返回村子。

晚上9点，村民组长（村长）李宝强骑着摩托车，到村里通知小组长到村广播室开小组会。这次我们组组长轮到村民毕金华爷爷当，他70多岁了，有三个儿子：大儿子毕志昌，二儿子毕海，三儿子毕强。除大儿子在家，二儿子和三儿子在外（昆明）打工，一般不会回来，所以村子里要办什么事都是大儿子打理。当晚村民组长来到村民毕金华家通知时，因毕金华住的老房子离村民毕志昌的新家有5～6米，又在大儿子毕志昌家吃饭，李宝强一看老房子没人影，灯也没亮，所以就来到大儿子家通知小组长会议的事。会议内容：关于村石板路上每星期五进行清扫的事宜，以及如何保护村路边上栽植的风景树。

2010年6月18日　星期五　属猪　晴

上午，多数村民用拖拉机拉着水、装上化肥（尿素）、喷雾器等。去山上玉米地里打除草剂。约11点左右，村民何进的母亲在房顶搭上个梯子晒些玉米、粮食类。12点过后，6月13日来到本村，向村民张富贵与毕志昌采购订货的拉货车又来了，这次还另请了些装车的村民，如七一（小名）、山儿娃（小名）、曾文林与父亲、张富贵、毕志昌、山漫堵（小名）、毕林。下午2点还没吃饭，家里又没留煮饭的，所以除张富贵和毕林外，其他人员坐车到海邑哦诗娘（彝语小名）开的牛肉馆里吃牛肉火锅，约花费100元。张富贵与毕林像上次一样，乘坐拉货的车去北大村过磅，净重约31吨。

今天是北大村赶集的日子，这里也像海邑一样是一个赶集中心。两人还没吃饭，就去集市的小食堂弄点小菜吃，共四样菜，两瓶土锅酒，一瓶能装二两酒，共计40元，然后逛完街就返回村里。在村尾口，也就是青石场出入口下的车。车费从路南城到本村每人7元。

4点左右，有些女村民，年龄三十七八岁，在垄斗呢（大糯黑村地名，撒尼话音译）的山坡上放羊。总数20～30头，5点才赶着羊群返回村子。

晚上到9:00时，毕志昌的家人才发现，毕志昌出去了一整天到现在也没有回来，平时又会喝醉酒，家人一直怀疑可能是在海邑吃饭时喝酒醉倒在某地了。就在这时，本村学校毕校长看见毕志昌，打电话给曾绍华，你的亲属醉倒在村广场中心，之后村民曾绍华打电话通知其儿子毕林。毕林与母亲曾桂芳得知后，开着拖拉机到村广场中心把父亲毕志昌抱上车拉回家后安顿好。

2010年6月19日　星期六　属鼠　晴

早上七八点，多数村民已经下地干活去了，少部分村民如毕林母亲曾桂芳与小妹毕霞，打算去饿怒吗堵渣（大糯黑村地名，撒尼话音译）的玉米地打除草剂。

村民王胜忠的小女儿王琼今年建了养鸡场，她是曾桂芳的亲戚，侄女辈分的。建养鸡场时投了七八万元，把家底都投入里面去了，还贷了款。曾绍华想，我们也没有什么能力帮她们，因鸡还小，没到能卖的时候，现在恐怕连生活都有点紧张。别的也没什么送给她们的，就拿点猪肉（腊肉，两条约40厘米）吧。等装上所有要用的东西，就开起拖拉机赶往地里，卸下车上所有东西之后，发现拖拉机机头前后侧飞轮处有点漏油。车主毕林很不放心，去海邑又顺路，就开着拖拉机到达海邑。八麦修理厂是彝族开的，不到半小时车就修好了，修车费30元。之后返回地里与母亲、小妹一起打除草剂、追肥等。

9点钟，也有本村的、外村的村民拉着玉米去海邑玉米收购处，价格是2.1元1公斤。下午三四点，因来了一辆装满饲料的中型卡车，办养鸡场的部分村民忙着卸载货物。

晚上除看电视外，为了不影响明天的正常工作，吃过晚饭后村民就休息了。

2010年6月20日　星期日　属牛　大雨

今天逢星期日，也是村民赶集的日子，多数村民早上七八点正准备着赶集，如用蛇皮口袋装起脱好粒的玉米，然后去街上赶集，买些需要品和必备品。

因七八点时天虽然阴着但没下雨，少部分村民去芦沙堵（大糯黑村地名，撒尼话音译）给玉米、烟等打农药、追肥等，10点时突然下起了大雨，下地干活的村民们都赶了回来。下午2点雨还没停，下得极大。不去赶集的村民，因雨一直下着，又不好下地干活，在家里休息，也算给自己放个假。

晚上除收看电视外，虽天气不好，但年轻小伙不在乎这些，仍然去年轻姑娘住的女公房找自己的相好。

2010年6月21日　星期一　属虎　阴

早上7点到9点，多数村民都已经下地干活了，11点，昆明市领导20人左右来到本村全面调查工作。下午除下地做活外，也有部分养羊的村民，大多为妇女，赶着羊群去山上放羊。羊停下吃草时，放羊人还随身带些刺绣品，正在用针、线等挑花。

晚上近10点，村民组长李宝强骑着摩托车，去各个小组家里通知，今晚小组会议。因后天省市级领导要来村里考察工作。此外，从村委会大门口一直到村民妥抚四（小名）家，村民要为水泥路边上的花草树木编起篱笆。

2010年6月22日　星期二　属兔　阴

早上7点左右，全村8个小组，因明天省市级领导要来本村检查工作，广播通知后，本村所有村民，在本村子铺有石板的路段进行清扫工作。其装垃圾的车由各个小组的组长开来。昨晚村民组长李宝强，在通过小组召开会议时，已分配给各小组长。到今早全村各个小组清扫完村内铺石板路后，各小组长给小组人员临时召开会议，吃过中午饭，下午几点来，时间自己定。从村委会大门口，一直到离出村子中心一小截的村民妥抚四（小名）家出口，全长约240米，因水泥路边上的花草树木怕被牛羊破坏，所以吃过午饭后请每人带编烟叶时用的烟杆大小的木条，长度大约一米一二来编篱笆。另外一件事，就是上级给本村困难户粮食，按上级要求，每个小组为单位，只能抽出比较困难的四户村民给补助款——大米200公斤，四户每户50公斤，村民组长转告给各小组长来选出困难户，但最终还是要经过其他人同意才能顺利选出。各个小组临时会议结束后，其余人回家吃饭，只留下小组长与村民组长、副组长一同去分配各个组的路段距离。8个小组每组分得30米左右。

下午1点，每个小组的村民带着编篱的木条、砍柴刀、斧子、钳子等工具赶到场地。之后村民们七手八脚工作起来，有的用砍柴刀，把木条的一端削尖，以便插入土中时起到稳定作用，也有的一边编篱一边用钳子夹断铁丝，用铁丝扎起篱笆。下午4点左右，有的小组先编完，有的小组还编着，但是编完的也不能回去，还需检查一下是否稳固，或还有些时间讨论早上说的补助困难户的事。上级要求规定给每组比较困难的四家农户。整体看来，村民都很不同意，个个都说不行，要分就小组成员平均分，不管每家分得多少，要全部分完，要不以后村子里某些事，相互可能有些不配合，所以分米的事还未定。

晚7点左右，村子里突然听见鞭炮声，经了解，得知本村村民曾志明因病去世。过世时间在6月20日，因现在才得知，一般在把死者送上山之前，吃早饭和晚饭前都要点一串鞭炮，死者曾志明享年72岁，没妻子没儿女，丧事由他家亲戚、兄弟姐妹举办，闹灵与守灵时间为6月25日，星期五晚，送死者上山时间为6月26日，星期六。

2010年6月23日　星期三　属龙　阴

早上，村民毕林与母亲曾桂芳前往海邑购买农用物品，如化肥（尿素）等。总共带了1600元。其外，在播种时，村民王胜忠和小女儿王琼帮毕林家顺带买玉米种子，价格19.5元1公斤，共16公斤，共计312元。因村民毕林与母亲去海邑时顺路，所以把买玉米种子的钱还给王琼，之后约行驶 30 分钟到达海邑,购买物品与修理喷雾器费用支出如下:化肥(尿素)总买了 10 包,买的价格不一,75 元的 8 包,80 元的两包,总计人民币 760 元;石棉瓦 6 块,一块为 15 元,总计 90 元;修理喷雾器 17 元;拖拉机加油,6.5 元 1 公升,总计共 40 元。另外在 6 月 18 日,村民曾文林与父亲毕志昌、七一(小名)、山漫堵(小名)、山儿娃(小名),在海邑街中心点十字路口旁哦诗娘(小名)开的牛肉馆吃饭还没结账,经村民毕林结账为 100 元。之后返回村子,回到家中。

也在早上 7 点左右,村民杨江明的父亲因病不幸逝世,已经八十三四岁。早上八九点,兄弟姐妹与亲属们来慰问,之后去海邑购买些必备品,如布、衣服、烟酒等。衣服跟布是跟死者一起放到棺材里的,或者披在棺木外,送死者上山的时间还没定。

今天下午三四点省市级领导要来本村全面考察乡村经济建设发展工作。没来之前,上午 12 点多,村委会、村民小组、镇上有关工作人员,凡是在村子内看到杂草与不整齐处,都要整理与清除。广场上博物馆门前摆设 8 个用铁架架起的宣传栏,宣传的标题为发展生态经济,培育生态文化;一池三改,建设村内基础设施建设等。因工作人员提前吃过饭,所以在广场上等候上级领导到来,足足等了 4 个小时。

到下午 4 点时,上级领导来了,共 4 辆车,约有 100 人左右,车全停在广场上。下车后,在博物馆前边看公告栏,由镇上领导讲述一番。之后,村委会村民小组长陪同省市级领导参观村内基础设施,之后参观红色革命根据地王家大院,之后省市级领导就坐客车走了。

晚上 8 点左右,青年文艺队队长何进学通知队员到村民王春花家开会。原因是石林县烟草公司邀请何进学文艺队去演出,一等奖 8000 元,时间约在 7 月底,只说到时候会通知。文艺队队员:男,高耀华、何进学、王小红、毕林、王春明、李召、何海峰、王红光、杨天宝;女,足有兰、王春花、王小燕、何佳珍、李佳、毕海丽、王英、曾丽萍、金彩珍、何苹。9 点时,队员们都来齐了,在共同协商之后,已经决定去参加演出,去演出的节目命名为《现代烟草扎扎呀》。

2010 年 6 月 24 日　星期四　属蛇　阴

早上 7 点半，村民毕林与母亲开着拖拉机带上除草剂及必用品，前往米地重（大糯黑村地名，撒尼话音译）的玉米地去打除草剂，回来时车坏掉，无奈打电话给村民曾海兵骑摩托车接毕林去海邑购买零件，共计 24 元，修理好车，回来时已下午 2 点了。

10 点半时村民毕四本（小名）与妻子、父亲吃过早饭，带着晌午饭开着拖拉机带上必用品，前往米地重（大糯黑村地名，撒尼话音译），也就是宜政交界线处的玉米地喷除草剂、追肥等。直到下午 5 点左右返回村子，下午多数村民都下地干活。

晚上八九点，村民小组在广播站上通知，在 6 月 22 日把分配上级捐献粮食的任务交给小组长，把每组的四户村民名单落实好，请把名单转交到广播站登记。

10 点左右，村民小组前往已经过世的杨江明的父亲家分配小组工作，这次办丧事及丧客共动用一个队，就是四个小组，以小组为单位。杨江明父亲闹灵与守灵时间，定于 6 月 28 日星期一晚，送死者上山时间为 6 月 29 日星期二。

晚上 9 点到 12 点，何进学文艺队在村民王春花家院子里排练节目《现代烟草扎扎呀》。

2010 年 6 月 25 日　星期五　属马　阴

早上村民小组在广播站上通知，因要在今晚为去世的曾志明举行闹灵、守灵仪式，所以要在村待客处接待来死者家的外村亲戚和本村亲戚们。下午 1 点吃过午饭，由村民小组分配工作给各个小组，村民们匆匆来到村待客处做起各自的工作来，如，帮忙洗菜、烧饭、杀牛、杀羊之类。米饭是原先主人家把买来的 25 公斤袋装生米，约七八袋，用拖拉机拉到待客处，称米，然后分配到煮饭的两个小组的村民，大多为妇女。每家要分煮两公斤左右的米，然后带回家中煮，差不多晚饭时，听广播通知后再带来。其余杀牛、杀羊的大多数为中年与青年男子。一般分配三到四人杀两头羊，六到八人杀一头牛。

此外，部分村民有的在建造沼气卫生间，也有的去玉米地里打除草剂，给烟打农药、追肥等。下午2点左右，村民曾绍华与王小燕去昆明，参加关于乡村旅游培训的交流会，要培训三天。

下午6点多，所有饭菜已经熟了，广播响起，通知所有今晚来为村民曾志明遗体慰问、守灵、闹灵的亲戚朋友来吃晚饭，先让本村帮忙的各个小组人员、亲戚和主人家请的老年协会文艺队用餐，而后等待外来亲戚前来用餐。本村的人员在外村亲属来用餐时，要给予接待，比如上菜。约七八十桌，外来亲朋原先到本村时，按习俗，是不能先到别的村民家或亲朋家的，首先要进入死者家，慰问死者亲属，哭诉一番之后才到本村待客处用餐，之后本村与外村人依次进入灵堂闹灵，本村老年协会还在死者遗体前跳舞等。夜里12点之后，除比较亲的亲戚外，其余本村村民回家了，外来的亲朋们早就已经安排了住处，也休息了。待客处摆了很多菜，主人家还安排了两位亲属在待客处守菜、守夜。

2010年6月26日　星期六　属羊　阴

早上7点到12点，安排与分配工作的各个小组同样到待客处做菜、烧饭，因待客三餐直到明早，12点时饭菜完全做熟，经广播通知后，本村的亲朋和外村的亲朋匆匆来到待客处用餐。告别死者上山的时间定在下午三四点，在没到时间时，来帮忙做饭菜的本村村民则在学校篮球场上打篮球、乒乓球，玩扑克。

约下午3点左右，时间差不多已到，外村和本村的亲朋也依次进入灵堂，由毕摩说上一番，并在棺木上绑一只大公鸡，还要披些麻布床单之类。分配到抬棺木的人，拿起绳子与粗木棍，长约一米，粗15厘米，用绳子拴稳以后由毕摩挑上,两端挂上供品,在前面带路。抬棺材的人抬棺上路时,曾志明最亲的或感情最好的要站在棺材旁边哭边诉说。诉说的大多为曾志明生前的各种往事。队伍所走的路线要经过曾志明生前所住的地方,要绕上一圈,每走一段路(约五六十米)就要停下来一次。停下来后,亲戚都要围绕着曾志明的遗体哭。就这样走走停停三四次以后,在一个比较宽的地方,最后把棺材停一次。除曾志明的几个侄子和毕摩及抬棺材、埋棺材的人外,其他人(大部分为妇女)则在这个地方哭诉很长时间,在抬棺材之前,舞狮、吹号和打鼓的人(乐队)及放鞭炮、敬酒、发烟的人,每隔几分钟就要做一次。哭诉的人在朋友和亲戚的安慰下,恋恋不舍地回到家里。棺木放到墓地后,由毕摩说上一段祭词后方可下葬,看看时间也差不多了,所有的人就去本村待客处吃饭,除比较亲的亲人外,其他大部分外村的亲朋都于晚饭后回家,曾志明的葬礼才宣告结束。

2010年6月27日 星期日 属猴 晴

早上,因曾志明丧事,待客三餐,7点左右,由负责做饭的村民来到村待客处烧菜做饭。今早来待客处吃饭的大多为村里比较亲的亲属。

7时有两位来自海宜村的村民,一男一女,开着一辆面包车,里面装有大量土豆,是自己种的。因海宜那边大多为沙石地,只要下一次雨,地就会回潮,含有水分,土豆在长期不下雨的情况下也能正常生长,所以海宜种的土豆比其他村早熟。土豆拉到本村何绍明家门口,用玉米换,土豆分作小中大等级,小的1.5公斤玉米换1公斤,中等的2公斤玉米换1.5公斤,大的2.5公斤玉米换2公斤。来换的村民极多,每家大多换二三十公斤。

今天是星期日,村里多数村民开着农用拖拉机装上脱好粒的玉米拉到街上玉米收购处卖,顺便赶集,现在玉米价格2元1公斤,可今天拉玉米来卖的村民极多。

晚上9点到12点，何进学文艺队在村民王春花家接着排练舞蹈《现代烟草扎扎呀》。

2010年6月28日　星期一　属鸡　阴

因今晚是杨江明父亲杨玉光遗体守灵、闹灵仪式，并待客三餐。从今晚起，杀牛、杀猪羊鸡，洗菜、烧饭。一般要在晚上待客，所有事务都要在下午1点左右开始做。由于这次来做丧客的人比较多，又增加了一头牛、一头猪，这样就是两头牛、两头猪。时间紧迫，在早上8点左右就开始做饭菜。杀羊、牛、猪、鸡之类的，也是由村民小组安排分配的。按我们的习俗，在杀牛、杀羊时，主人家要拿两个碗来装点牛血、羊血，然后把装好的血放在棺木前，遗体下葬时，也把牛羊血放在坟前，意思就是在人活着时他所接触过的东西或应得的东西，死后还要把这些东西祭祀给死者。上午12点饭后，还是做饭、做菜，下午5点左右，所有的牛、羊、猪、菜都熟了，在客人来之前，来帮忙的部分人员，在学校篮球场上打篮球、乒乓球，玩扑克牌之类。

这次外村的人比较多，有19个村寨的，首先还是依次进入死者家，慰问、舞狮，哭诉一番后才到待客处吃饭。饭后，无论外村还是本村的都带了文艺队，要在灵前表演文艺节目，共有5个文艺队，所以今晚无论是受邀请的村民，还是没受邀请的村民都可去死者家看文艺演出。直到凌晨2点时才结束，除比较亲的亲属在死者家和家属一起守灵到天亮外，其余村民都各自回家了，还有外村的亲朋，原先就由村民小组分配了住处，也去休息了。

2010年6月29日　星期二　属狗　雨

因一直下雨，多数村民都在家里聊天，看电视，或者找点家务做。在杨江明的父亲杨玉光的葬礼上，村老年协会文艺队的成员和外村的文艺表演队在送葬的途中是要跳大三弦和小三弦的，由于下雨没跳，另有一部分没去送葬的本村或外村的村民在自家或朋友家里玩扑克,下围棋、看电视或聊天。白天,大糯黑村村民杨江明家为父亲杨玉光举办葬礼。

上午,杨江明家请了本村的毕摩帮他家讲解葬礼上的仪式,午饭后,所有的亲朋就去他家送帮助他们家渡过这一难关的礼物,如把玉米送到他们家。而本村的人按每人一碗大米的分量交给专门的负责人,作为这一次参加葬礼时的粮食,之后就去杨江明家参加正式的葬礼。在所有村的代表进灵堂,闹过一次灵(把杨江明父亲杨玉光的魂引出来之后跪拜),然后由毕摩主持做相应的仪式,如把大公鸡拴到棺材上,再由毕摩把绳子拿给父辈的舅子,在棺材面前拜三拜,之后捆绑棺材,由杨江明四兄弟在前面走,正式抬棺材上路。上路时途经的路由毕摩或家人指定,从死者生前常走的地方过去,到坟地不远的地方时,把棺材倒过来,掉头停下来约一分钟左右,这时候,女人们就会和死者做最后的分别,且哭得很伤心,之后抬棺材的人就会快速把棺材一直抬到坟地,再经毕摩主持,把死者下葬,等葬完后,所有的人回到村里待客处吃晚饭。

晚饭后,除有部分外村的20来个特别的亲朋外,其他大部分的外村人就回到各自的村里,在离开本村前,要在刚出村的路上放一串鞭炮,以此来隔绝他们和死者的距离,不让死者跟随。白天,约400个外村的杨江明家的亲朋来参加杨江明的父亲杨玉光的葬礼。直到葬礼结束后又回到各自的村里,部分外村的人留在杨江明家以便参加明天的上坟活动。这次杨玉光的葬礼,他的四个儿子,每人拿出5000元人民币。

2010年6月30日　星期三　属猪　阴

早上何进学文艺队的女队员赶往县城撒尼服装厂订购跳舞服装,到下午3点左右才返回村子。她们订购的服装一套为280元人民币,总共订10套,共计2800元人民币。

10点左右一位来自戈冲里村的牛贩子,男,年龄三四十岁,开着一辆解放小货车,拉着两头斗牛来到本村换牛或卖牛。地点在水塘边上,老年协会基地旁,不到一会儿,来观看斗牛的村民(大多为中年男子)聚成群,但也没有给价。

举办杨江明父亲上坟仪式后,有一些人玩扑克、下围棋,之后没有做农活的村民就在家里聊天,看电视。另外今早也同样待客,地点也在本村待客处。不过今早来待客处吃饭的是比较亲的亲朋。

晚上,因杨江明父亲葬礼前,村民小组人员及亲属为了表示感谢,今晚还在他家特别招待。此外何进学文艺队在村民王春花家排练舞蹈《现代烟草扎扎呀》。

2010年7月1日　星期四　属鼠　晴

早上,绝大多数村民去烟草地里打农药,玉米地打除草剂等。此外,村里所有党员,要在前几天给水泥路边上风景树编篱笆处,再次做全面管理工作。还在村委会集体党员聚伙食,如杀羊、烧饭、做菜等,到晚上一起用餐。

下午1点到4点,村里办养鸡场的部分村民,因自己家忙不过来,协商之后三四家联合起来,轮流帮忙,喂鸡食、打预防针等。联合起来的村民有,村民王胜忠的小女儿王琼、村民李兴玉、村民李娘(小名)、村民毕合呢(小名)。今天轮到李兴玉家,地址离村60米,不到糯黑青石厂100米处,共建三排鸡房,一排约有30米,三天前运来的小鸡,7000只左右。18:00时,轮到谁家煮饭就要准备晚饭,今天由李兴玉的妻子准备晚饭。晚上,今天村里全面管理风景树的所有党员在村委会聚餐。此外何进学文艺队接着排练舞蹈《现代烟草扎扎呀》。

2010年7月2日　星期五　属牛　晴

早上全村多数村民已经下地干活。下午,因今天海邑老寨华猛斗牛场举行斗牛比赛,全村百分之百的村民都去看斗牛比赛。跤场设在往戈冲里不到一公里处,斗牛级别分为本地黄牛甲级、乙级;水牛甲级、乙级。

奖金：本地黄牛甲级，第一名3000元，第二名2000元，第三名1000元，第四名800元，第五名600元。本地黄牛乙级，第一名1800元，第二名700元，第三名500元，第四名400元，第五名300元。水牛甲级第一名8000元，第二名7000元，第三名5000元，第四名3000元，第五名2000元。水牛乙级，第一名4000元，第二名2000元，第三名1600元，第四名1100元，第五名1000元。本村斗牛爱好者及养牛的村民，共拉了十头牛参赛，如村民王涛家、曾文林家（两头）、王胜忠家、王红光家、李恒家、何耀彪家等。不过今天主要斗乙级的。全场无论本村还是外村共拉来约80头牛参赛，门票每人10元，停车费5元。海邑是由四个村寨组成的一个村委会，包括中寨、新寨、老寨、下海子。在主持赛场规则时，由海邑村委会有关人员另请石林县尾薄依村比较有名的主持人主持。到下午6时比赛结束，今天本村斗牛比赛进名次的是大糯黑村民王涛家，获得乙级第三名，奖金为500元，为了庆祝比赛结果，他家比较亲的亲属，与帮忙斗牛护驾的朋友们在他家设下庆功宴，就餐。边喝酒边聊起白天斗牛时的过程。

另外，何进学文艺队在本村待客处（也称多功能活动场所）排练彝族舞蹈《丰收乐》。在排练之前，村民七一（小名）的小儿李建练习打篮球。

2010年7月3日　星期六　属虎　晴

一早上多数村民下地干活，少部分村民（大多数为男人）在自己家修建的沼气卫生间外贴二分厚的青石瓷砖，里面粉刷。13：00，村里百分之八十以上的村民去海邑华猛斗牛场看斗牛比赛。今天是甲级，21：00左右，村民组长李宝强在广播上通知，明天早上在公路边约离村两公里，不到海邑一公里，有烤烟样板地的村民请带上喷雾器，去打农药。另外，本村有在海邑小学读一年级的学生家长，请于明天早上9点去海邑小学开家长会，家长会涉及两免一补，补助兑现。

夜里10点到12点，何进学文艺队在本村多功能活动场所接着排练舞蹈《现代烟草扎扎呀》和《丰收乐》。

2010年7月4日　星期日　属兔　晴

今天逢星期日，百分之六十以上的村民去海邑街赶集，也有部分村民去蝴蝶村接期末考试完后放假的学生们。下午，村民王春明家因牛圈粪满了，他家的拖拉机被王春明的父亲王绍光开往海邑赶集，所以来到村民毕志昌家借拖拉机拉粪，拉到自己地边堆放，总共拉了满满四车，才把牛圈里的粪拉完。

14：00左右，村民王春梅，女，年龄26岁，也来到村民毕志昌家问是否有绿肥种子卖。因村民毕志昌家的绿肥今年从地里收回来还没打下绿肥籽，所以村民毕志昌回应等打下绿肥籽再说。村民何绍明家请了村里的6位石匠师傅建造打糠机房，村民王绍光与女婿李树林在海邑猪市场合买了三只中等大小的猪，一只约30公斤，总计人民币1180元。王绍光家两只，李树林家一只，回到家后两家才算账。

晚上，村民曾绍华家接待客人，来自本村学校的老师们，及尾乍黑村的老师们，共三桌，一桌12个菜。

2010年7月5日　星期一　属龙　晴

昨日村民何绍明家请了6位石匠师傅建造打糠机房，还没有建造完工，今日接着建造，高约3米，宽约2米。下午村民王红光家，他家明天要在院子里铺七分厚的自然石板路，因邻居王春明和王丽花家的主要通道要经过王红光家院子，到时铺石板路怕他们两家车辆进入路堵死，所以今天王红光与父母一起把一条能通行的路，改在房子右侧，以前是关猪的猪圈，把猪圈拆了以后，拉约四车狗头石铺起，然后再拉四车土，在上面铺起，到17：00左右道路改修完成，能容一辆农用拖拉机通行。

晚上，何进学文艺队在村多功能活动场所接着练习彝族舞蹈《现代烟草扎扎呀》和《丰收乐》，到12点结束。回各自家之前，集中讨论了舞蹈比赛的事情。因在舞蹈《现代烟草扎扎呀》当中，男女演员要用扇子，但不是全部，用扇子的女6人，男6人，共12对。经过商量，定于明早由王小燕跟王春花前往海邑订购，用扇子的人每人交现金10元。当晚带现金的人很少，所以决定由她俩先支付，等扇子订购回来后，其他人再转交给她俩。

2010年7月6日　星期二　属蛇　晴

今早9点左右，有三位外地烟贩子来到本村购买去年收藏好的老烟，按烟的好坏给价，好一点的3元一公斤，有些不好的5角到1元1公斤。也有四位外地人，两男两女，来自四川，也来到本村收购废纸、废铁。废铁1.5元1公斤，废纸5角1公斤。此外，村民王红光家今天请了10位亲朋（都为中年男子）在门前院子内铺七分厚的自然石。这10个人都会石活，从早上9点开始到下午5点左右铺完，早饭与晚饭由王红光的母亲与另一妇女亲戚负责准备。沙、水泥等原料去海邑现买，沙一拖拉机160元，约拉5车左右，水泥一包14.5元，约拉50包左右。石板之类的他家原先就从山上采好，拉到家里摆放好了，石板满满四拖拉机，他家院子约10～15平方米。所有材料准备好后，开始动工了，分配两个人在一旁，用铲子抬沙和水泥，再分配两个人在一旁搅拌沙与水泥。剩下的人拿起铺石板用的工具如小泥铲、锄头、小铁锤等，然后用水平尺调好水平度后，拉起水线，铺起石板，一直铺到5点左右时才完工。

晚上，除收看电视外，其他村民因这几天去玉米地里打除草剂，给烟叶打农药等，已经忙累了，所以早早休息了。

2010年7月7日　星期三　属马　晴

上午到下午之间全村多数村民去烟地里打农药，给烤烟封顶打杈，或去玉米地打除草剂，追肥。

20:00左右，村民毕海丽家原养了两头约60公斤的猪，其中一头猪这两日很少进食了，只躺着。毕海丽的父亲，眼看猪可能生病了，就请了村里懂兽医的村民李树光前来医治。

21：00左右，王正学因妹子嫁在戈冲里村，他妹子那边的一位亲属可能是长辈什么的，因不幸过世而办丧事。所以请了王正学家，村广播通知后，本村王正学的亲属及舞蹈队在水塘边老年协会基地旁集中坐车往戈冲里做丧事客，也就是闹灵、守灵仪式。

何进学文艺队在本村多功能活动场所排练舞蹈。此外，王江文艺队召集他们的队员在他家召开协商会议，因过两天何耀彪家要来客人，邀请他们文艺队演出节目，一场无论几个节目。但一般都是四个节目为一场，付给人民币300元。

2010年7月8日　星期四　属羊　晴

今日，因市政府领导及书记要来本村考察工作，在广播通知后，全村各小组带领村民拿起扫把清扫街道，小组长开着拖拉机来装清扫出来的垃圾。村委会与村小组人员开着拖拉机，装着水，拿着小桶到公厕冲洗。

也有来自海邑的一位女同志，年龄约34岁左右，骑着一辆三轮车，拉着米线、凉粉在密枝林旁换和卖，1.8公斤玉米换1公斤米线，凉粉卖3元1公斤。

外村老年协会去外地普者黑景区游玩。吃过中午饭约13：00，村委会及村小组以及所有工作人员在村广场等待要来本村的市政府领导及书记。等了三四个小时，但到了最后也没来，所以各自回家了。

2010年7月9日　星期五　属猴　晴

村民曾绍华家今日接待客人，客人是来自镇上的领导。早上8点开始洗菜准备一切，定在晚上才用餐，来曾绍华家帮忙的人员有毕海丽、何海峰、足光华、王光珍、毕林，女的在一旁洗菜，男的在一旁杀鸡，由王春花负责今早来帮忙人员的早饭。

到12：00时，所有的一切都准备完成，早饭也熟了，大家一起用餐。约下午1点，曾绍华、李石林、王光珍、高玉兰前往昆明参加研讨会，要举行两天。研讨会的题目是第三届中欧社会论坛，讲了族群认同、国家认同及人类认同。之后，所有帮忙人员把早上准备好的一切拿来煮、烧。到了18：00左右，全部饭菜都熟了，来吃饭的乡镇领导来了，来帮忙的人员开始上菜，共12个菜，6桌，彝族特色菜，全部摆齐，客人用餐，30分钟后，帮忙的人员拿起酒杯倒上酒，去给领导敬酒，唱酒歌等。

21：00左右晚餐要结束时，又来了一批客人，10位女客人，4位男客人。他们在石林县上班或打杂之类的。所有帮忙人员连第一批客人还没就餐结束，就又手忙脚乱地烧饭。累个半死。第一批就餐的乡镇领导在21：40时走了，后一批到晚上10点时，就餐才结束。

村民何耀彪家也开农家乐，名为奇石乐园，今晚同样来了客人，约30人，来自昆明，还邀请了王江文艺队演出节目，约到12点左右演出结束。

2010年7月10日　星期六　属鸡　晴

因在唉维哨刚刚建起斗牛运动场，所以今天有百分之八十以上的村民去看斗牛比赛。其中有斗牛爱好者以及养斗牛的村民去斗牛，如村民王胜忠，帮他拉牛或给牛护驾的村民七一（小名），村民王正学，与毕林开着王胜忠家的拖拉机一起去，由村民王正学驾驶。因拉着牛，不能像往常一样行驶，比较慢，约行驶了半个小时到达，到了以后约11：00，正赶上报名时间，再迟一步，可能就赶不上了。来参赛的斗牛约有80头，分野水牛跟野黄牛，跤场设在立马洞与唉维哨中心点。跤场形状为锅底形状，进口与出口如地下室一般，设一排用水泥浇灌成的座位，一眼看上去使人感到无比的壮观。奖金不是很高，但有鼓励奖，比如，两头牛在打斗过程中时间有点长或者打得比较有技术，鼓励奖设50元、100元、200元、300元、400元，到1000元。由观众、主持人，还有有关领导及老板配合喊价，直到价钱吻合为止。

村民王胜忠的牛在第一轮就输了，所以不能再打斗了，直到17：00左右比赛结束，来看斗牛比赛的斗牛爱好者才各自回家。

晚上，帮村民王胜忠家拉牛及给牛护驾的人员七一和王正学等人，在王胜忠家备好饭菜，用餐，边喝酒边聊天。

七一得到消息的时候事件已经发生了两天，但村里多数人到现在才得知，糯黑青石场的一位职工，在石场做大型马牙石机器粉碎时，不小心被带入马牙石粉碎机内，当场死亡，只剩下头部，身体部分完全被机器粉碎，事后怎样还在了解中。

2010年7月11日　星期日　属狗　阴

今天逢星期日，多数村民去海邑赶集，集市上有了新的洋芋品种，村民都购买洋芋回家煮吃、炒吃等，每个村民都购买了二三十公斤，现在洋芋价格为2.8元一公斤。

村民何进学的第二个小孩满月，要在13号待客，办祝米客，于今天请了六七个亲戚，在海邑菜市场帮忙买各种菜。

下午2点左右，有两位本村小伙子，刚初中毕业，两人年龄约为18岁左右，骑着摩托车从海邑返回家中的路上，因急速飞车，造成事故，手和脚都受伤了，送往镇上医院救治。还好没有生命危险。

晚上10：05，村民组长李宝强在广播上通知，明天村共青团员和村委会、村小组人员在罗陡呢（大糯黑村地名，撒尼话音译）山坡与山脚种植水冬瓜树。要求明天带上挖塘工具及砍刺弯刀。除此之外，撕告乃（大糯黑村地名，撒尼话音译）的村民，明天每户出一到两人，全家能来更好，带上修路工具，如锄头、装土的铲子、大锤等，吃过午饭后，前来修路。

2010年7月12日　星期一　属猪　晴

今天早上8点到12点，下午2点到4点，本村共青团员及村委会、村小组与小糯黑共青团员及有关工作人员,一起在扔告骡(大糯黑村地名,撒尼话音译)处的山坡、山脚,树木稀少的地方挖塘种水冬瓜树。因这几天天气一直晴朗,没下雨,所以只能先挖好塘,等哪天下雨再来种树。塘的深度为15厘米,宽度为20厘米,塘与塘之间的距离为1米。挖塘的男男女女约有30人,就餐地点设在本村村委会,分配四人来煮菜烧饭,早饭时间为12点。晚饭因完工得比较早,到17:00时就开始用餐了,在就餐前五六分钟,来挖塘的本村男共青团员,因天气比较热,就召集起来去本村公路边的大水池内游泳、洗澡。早饭有六样菜,花生、新鲜猪肉小炒、凉米线、番茄炒鸡蛋、凉拌绿辣椒等。晚饭的菜有烤鸭、花生、小炒、番茄炒鸡蛋、水煮洋芋。晚餐时共青团员们还一桌一桌地给领导们敬酒,唱酒歌。早餐与晚餐都有四桌。

下午1点到5点,本村部分村民吃过中午饭后,各自带上修路工具、小锤、锄头、装土铲子、大锤等前往修路。这段路直到下午5点时才修完,各自回家。

2010年7月15日 星期四 属虎 晴

今天早上9点左右,有来自海邑的一男一女,开着一辆微型带货厢车,装有大量菜,来到本村密枝林旁换卖。来换及买菜的村民很多。1.2公斤玉米换1公斤白菜,用钱买1.5元1公斤白菜。1.3公斤玉米换1公斤茄子,用钱买2元1公斤。1公斤玉米换1公斤绿豆,用钱买1.8元1公斤。

10:00—11:00,石林县圭山供电所两男子来到本村,在村民小组工作室收电费。经广播通知后,绝大多数村民拿着用电收费登记册,带上现金来到本村民小组工作室交电费。

下午绝大多数村民去山上地里给烤烟封顶打杈、摘脚烟,回来编起后,装进烤房,准备烘烤。

22:00—24:00,本村青年小伙王刚、王春明、何海峰、使比(小名)

等人抬着大三弦，在本村阿诗玛民族文化基地练习大三弦。

此外，在17：00左右，村民李琳家在以前村民高耀华开过的小卖部里重新开起新店。

2010年7月16日　星期五　属兔　晴

每逢星期五，是全体村民清扫街道的日子。8：00—9：00清扫完。

下午绝大多数村民去烟地摘烟或给烤烟封顶打杈。村民曾绍华、毕林、王小燕听到云南大学师生要来本村实习调查的消息，要待一个星期左右，明天21：00时才到达。没到达前，王小燕、王春花洗菜、烧饭，毕林、曾绍华在云南大学的调查基地二楼客房内安装纱窗与窗帘。

8：30左右，王映德文艺队在广场乘坐两辆公交车去石林县月湖村展演文艺节目，是竞赛演出，演得好的奖金很高，可以有1000~2000元，演得不好的只有鼓励奖，300~400元，总共有15个文艺队伍参加。

2017年7月17日　星期六　属龙　阴

本村青年小伙王刚、李平、苏建忠带着钓鱼用具、鱼食等骑着摩托车去海邑沙坝塘养鱼处钓鱼。按15元1公斤鱼的钓法，三人约钓到2.5公斤鱼。晚上把白天钓到的鱼拿到苏建忠家煮了吃。此外，村民王小燕、毕海丽、何海峰等人，白天在曾绍华家帮忙洗菜、做饭。晚上，迎接这次来实习的研究生们。

晚上9：00—12：00，本村年轻小伙和已放假的小学、初中学生们在村民曾绍华处报名后，开始学习大三弦和手工刺绣，地点在云南大学少数民族田野调查基地，即阿诗玛文化课堂。大三弦由村里比较懂的，会弹的王光辉、毕何才、足光华来教，手工刺绣由王光珍来教。

2010年7月18日　星期日　属蛇　大雨

早上和下午，村民毕林与王刚带领来实习的研究生，到村里访问懂村寨历史的老前辈们，如村民王有志。

晚上前往以前老教师高玉明家，访问关于1958～1959年乡村阿诗玛剧组的情况。此外因下午天下大雨，村里的鱼塘原本由本村村民金绍华承包，承包期已到，现没人管，有多数中青年男性村民拿着渔网在鱼塘内捉鱼、抓虾，也有部分村民去赶集。晚上本村部分年轻小伙背着大三弦来到云南大学田野调查基地练习弹三弦。

2010年7月19日　星期一　属马　雨

早上村民王刚、毕林每人带领一小组，小组成员为4人，前往村里访问上一届的村长关于人类学大会时的一些情况，如当时是怎样发动村民来配合大会的工作的。

13：00左右，王刚、毕林与一位名叫昂凌的研究生前往本村山神庙了解情况，山神庙有两座，一座为武，一座为文。晚餐在曾绍华家。

21：00—23：00，本村青年小伙与中年男子在云南大学田野调查基地练习大三弦。

2010年7月20日　星期二　属羊　晴

早上，村民王刚带着一小组实习学员去村民王光珍家，了解全村轮流担任小组长的事。村民毕林带着另一组去村民金小红家访问。金小红父亲病故，火化之事，早上由村民组长李宝强在广播上通知。

在7月12日村共青团、村委会、村小组人员在扔告骡（大糯黑村地名，撒尼话音译）山坡与山脚处，因要栽水冬瓜树事先就挖好了塘，这几天一直下雨，是种树的好时机。所以到了13：00左右，前次去参与挖塘的所有人员都要去种树。这个情况也被这次来本村实习调查的云南大学各省市的大学研究生们得知，都争着说他们也去种树。14：00时才赶到现场，现场停着拉运树苗的两辆拖拉机，共8000棵树苗，及本村来种树的自用车辆摩托车13辆。种树开始了，研究生们有的可能还没接触过泥土，但他们不怕苦不怕累不怕脏的精神，值得我们学习。约16点时，树苗差不多栽完了，天气又转阴，可能要下雨，研究生们回去了。只有本村共青团与村委会、村小组人员留在后面栽剩下的树苗。17：30时，栽完全部树苗之后全部回村委会就餐。

19：00—22：00，石林县内唱歌比较有名的，也常常上电视的撒尼歌星毕惠仙，今晚来到村民足光华家，也就是玉兰园，得到消息后，村民王小燕、王刚、毕林前去帮忙洗菜、烧饭，就餐时还一起唱敬酒歌，就餐结束后，为了纪念这非常难得的机会还一起合了好多张影。

2010年7月21日　星期三　属猴　阴

9：00左右，本村来了一男一女，开一辆微型货厢车，装有大量小菜，在密枝林旁摆摊卖菜、换菜。绝大多数村民去烟地摘烟。

广播通知，下午从13：00开始，有德国赠款昆明市艾滋预防项目：洁身自爱预防艾滋。地点在村多功能活动场所，这次活动的工作人员来自石林彝族自治县疾病预防控制中心、乡镇医院及云南财经大学、本村村委会、村小组。大小车辆6辆，拉有各种赠品。参加活动的村民每人一包洗衣粉，一条洗脸毛巾，一条肥皂，全村老老小小都有份。13：00—17：00，来参与活动的有老年人、中年人、青年人。总体来看，中年和青年女性穿打底裤的较多。首先到云南财经大学的学生那里去拿表格，要去领洗衣粉、毛巾、肥皂时要先填完表格，才可以去领取。物品由乡镇医务人员发放。一边问村民问题，一边由财经大学学生填表格，问题问完，表格填完，村民们拿着自己回答而填完的表格去领取洗衣粉、肥皂、毛巾。

晚上8：00—9：30时，在今天白天活动中的所有工作人员在本村玉兰园农家乐就餐，共计5桌。

2010年7月22日　星期四　属鸡　阴

8∶30，村民王刚、毕林与来调查的研究生昂凌、吉木哈学四人一起，去村民何霞家访问，问何霞的奶奶关于阿诗玛出生时的一段老调歌曲。之后，回到曾绍华家休息4～5分钟，昂凌、王刚、毕林又去村民王正学家收集录音。因王正学家有一本录音带，是撒尼丰收时的歌曲，王正学放录音机，昂凌带着录音笔在一旁，把丰收之歌的歌曲全部录制下来。丰收之歌的词、曲全由村民高玉明老师编写，其中有男女配音，两人都是外村的。男的是老挖村的，女的是宜政村的。约用了半个小时时间，事后，三人回到曾绍华家做资料整理。

10∶45时，本村来了一位立新村的牛贩子，男，40岁左右，汉族，先市名（小名）开一辆有蓝剑车大小的红色货厢车，拉有四头牛，两头是耕牛，两头是斗牛，地点在本村广场。当时来看斗牛和耕牛的村民有30人左右，都为中年男子，都是斗牛爱好者，经过一番讨价还价后，也没有一位村民谈拢。

下午，绝大部分村民带着锄头去自家地边上挖地。

21∶00—24∶00，在云南大学田野调查基地，本村多数青年小伙与两位教大三弦的老师排练大三弦。

2010年7月23日　星期五　属狗　阴

早上到下午，本村烤烟样板地旁，不到海邑两公里的地方，左边大面积农户地因被老板承包用于种植兰花，利用现代化大棚种植。工作人员开始动工，开起挖土机、推土机等。

13∶00—17∶00，绝大多数村民从早上8点就开着拖拉机去烟地里摘烟回来，正在编烟（把烟叶绑到一根木棍或竹竿上，之后到烤房去烘烤）。也有部分刚初中毕业的青年小伙，从地里做活回来，趁时间还早，抱着篮球到本村学校篮球场上打篮球。

21∶00—24∶00，何进学文艺队这次去县烟草公司的所有事情，由小糯黑村民曾凤德负责。曾凤德,男,现任县烟草公司副经理,年龄43~45岁,今晚专门到本村观看与验收村民何进学文艺队排练的节目《现代烟草扎扎呀》是否有进展。此外,在上个月小组轮流时,有些还没理清,如中国红十字基金会"春雨行动"礼包,如米、食用调和油,中央企业援助基金,中国铁路工程公司捐赠之事。因当时村民不同意分配方案,一直摆着,直到今晚才分发。每个小组有200公斤大米,四瓶食用油,村民毕金华组,按每家户头分发,首先把200公斤大米分成4份,一份为50公斤,然后再往下分到户头上,平均每户分得大米6公斤。有些村民如不要米,可以拿一瓶食用调和油,一瓶有1.25升。

2010年7月24日　星期六　属猪　阴

7:30,村民组长李宝强在村广播室通知,今早8:00—9:00,如有村民想检查身体,请来到广播室做检查。

11:00左右,村民兽医员李树光来到村民王天学家给猪打预防针。

8:00—12:00,绝大多数村民去烟地里摘烟回来,12:00吃过午饭后,13:00—16:00多数村民正在编早上摘回来的烟叶。

2010年7月25日　星期日　属鼠　雨

今日逢星期日,多数村民从早上就准备好,要去街上赶集。午饭后,13:00左右,突然下起雨,虽不大,但近几天的天气,不下就不下,一下也不是一两个小时能停的事,所以除去海邑街赶集的村民外,本村部分村民也不像往常一样出去干活,男的多数看电视、玩扑克,女的做手工刺绣之类。

21:00—24:00,本村假期的中小学生们与本村青年小伙、姑娘们在云南大学田野调查基地练习彝族撒尼阿诗玛老调歌曲。

2010年7月26日　星期一　属牛　阴

7:00左右，村民毕林与王刚带上割草工具、镰刀，骑上摩托车，正要去村委会旁有草的一个地方割羊、牛草。才到村子水塘边上，云南大学的一个约25岁，名叫昂凌的男学生打电话给王刚。王刚与毕林把车停在边上。昂凌说，他和另一位女学生要去海邑购买一些物品，如有时间的话，希望带他们去海邑一转。因只有一辆摩托车，又有三人，一辆摩托车乘坐三人比较危险，可以说是严重超载。王刚和毕林追问，去海邑何事，昂凌说，这次跟他们一起来调研的一位名叫李文轩的女生，今晚要过生日，所以要去订生日蛋糕。毕林决定，再去借一辆车。四人同意后，毕林就赶往村民王春明家，向王春明借车。之后四人乘坐两辆摩托车前往海邑，一辆由王刚驾驶，一辆由毕林驾驶，约行驶了6分钟左右到达海邑，之后四人寻找蛋糕店。海邑以前只有一家蛋糕店，经了解，蛋糕店早已搬走，现在海邑没有蛋糕店，昂凌决定算了。让王刚、毕林两人先返回村子，他们在街上转一下，并表示等一下他们打电话给县城里要好的朋友订蛋糕，让县城里的人送货下来。之后，王刚和毕林骑着摩托车返回村子，顺便在村委会旁边一个地方割些牛、羊草回来。

今天小糯黑村的曾龙媳（小名）结婚办喜事，待客三餐，今早、今晚、明早。本村多数亲戚朋友都去参加婚礼。曾绍华家也被请到了，因为云南大学这次来本村调研的师生吃住在曾绍华家，曾绍华家一家都去待客的话，家里就没人煮饭了。师生们也很想去参加彝族婚礼，经曾绍华打电话跟小糯黑村举办婚礼的主人家协商之后，同意他们去参加婚礼。云南大学师生共19人，出600元礼金。

婚礼方式彝汉结合，早上一般穿婚纱，晚上穿彝族服饰。11:00准时吃饭，因曾龙媳的父亲曾炳祥是教师，所以除本村、外村亲朋外，有很多教师来参加婚礼。一进待客处大门，新娘、新郎和伴郎、伴娘们，都打扮得漂漂亮亮的，很难认出谁是新娘、新郎、伴郎、伴娘，来参加婚礼的客人约100桌，700~800人。早饭完后，从13:00开始，到

16：00，曾炳祥的儿子曾龙娃，以前在艺校读书的，带了6位专业歌手回来演出。另外，小糯黑老年文艺队和格渣村中年文艺队也表演了节目，场面很隆重。

17：00左右，晚饭正要开始，格渣村中年文艺队在待客处院子内跳起了大三弦，多数大三弦爱好者连饭都顾不上吃，跑去看大三弦舞，云南大学的师生则在一旁拍照。因早上没订到蛋糕。俗话说入乡随俗，已经入乡了，就按照地方的习俗，有什么东西拿什么东西出来，拿不出来也不怕，只要心意到情意到，生日晚会也同样美丽、阳光。所以晚饭后，刚要走时，因婚礼待客上做了一道菜为撒尼大饼，跟主人曾炳祥说了一番后，主人曾炳祥拿了满满一塑料口袋的撒尼大饼当作李文轩的生日蛋糕，毕林和王刚赠送满满一塑料口袋爆米花给李文轩当作生日晚会上的食品，其他师生与曾绍华、王春花也送了好多小礼物。

2010年7月27日　星期二　属虎　晴

9：00—12：00，村民王刚与母亲去给烟打杈。王刚与母亲从9：30时来到烟地就开始给烟打杈，王刚的母亲在前面打杈，王刚在后面上药，防止烟打完杈后发芽。这块地有5000棵烟，到12：00才干完。

下午，王刚和毕林去山地边上找些牛草之后，两人在毕林家的果园里看果子。5：30左右，云南大学的王清清打电话给他俩，说教她们跳舞。因为明天云南大学的师生就要走了，今晚要和我们舞团搞联欢，她们也想出些节目。挂电话后，王刚、毕林从果园回来，去了村里找比较要好的朋友王小红，顺便在王小红家练了下歌。之后，王刚、毕林、王小红赶去云南大学基地找王清清，教她练彝族舞蹈大三弦，21：00—24：00，我们舞团和云南大学师生一起搞联欢晚会。

2010年7月28日　星期三　属兔　阴

我们和调研小组的全体成员一起看影片《再见大糯黑》，这个影片记录的是16～26日晚我们和调研小组在一起的日子。影片一开始的时候，想想这段时间我们一起走访，一起讨论问题，一起吃饭，一起喝酒，一起唱歌的日子，我和王刚忍不住掉下了眼泪，我俩跑到基地院子里哭了好长一段时间，才回到基地一楼大厅内继续观看影片，这时气氛才慢慢回升，开始有说有笑的。

2010年7月29日　星期四　属龙　阴

10：00左右，村民组长李宝强在广播室里播音，内容是15：00左右开始，因石林彝族自治县艾滋病预防中心要来本村做宣传工作，本村不管男女，凡是年龄18～40岁的村民请到村待客处开会。

12：00午饭后，将近15：30，大多数村民匆匆来到村待客处开会，学习预防艾滋病的常识，会议结束后，每位村民还分发了一套雨具（伞）。此外，15：00左右，村民王刚家来了三位来自宜良的猪贩子，开着一辆白色一汽红塔，猪价格涨到10元1公斤，王刚卖了两头猪，总重量221.5公斤，折合人民币2215元。

16：30左右，因王刚、王小红、毕林决定结拜为亲家。三人每人带一只大公鸡、两小碗大米、20厘米长的老腊肉、三炷香、二两白酒，来到村民王小红家做正式结拜仪式。三人把鸡杀好，用大碗装了鸡血，再倒入些酒，三人每人拿上一炷香，到王小红家后面，先点燃香，再后三人用刺扎了一下手拇指，把血滴在碗里，然后把混合在碗里的酒、鸡血、人血倒一点在地上，最后拿起点燃的香，敬天、敬地、敬各路神仙，意思是让各路神仙来见证，从今天起三人正式结拜为亲家，并把碗里混合的各种血喝完，第一步结拜仪式完成。晚上一起用餐时，改口叫各自的长辈为爹、妈，结拜为亲家的仪式才算正式完成。

21：00—24：00，由县上、乡镇上组织的本村中年男女大三弦队，因过几天农历六月二十三日要去石林风景区展演大三弦，所以在村广场上排练。

2010年7月30日　星期五　属蛇　晴

8:00—12:00和13:00—18:00,除多数村民去烟地里摘烟回来编烟外,部分村民如王胜忠的小女儿王琼在今年办了养鸡场,并到了交售时间,也就是说她家养的第一批鸡可以卖给石林温室畜牧有限公司了。但今年的养殖业不同前几年,前几年本村村民搞养鸡的,只要帮公司把鸡养到交售时间,而后在当中提成就行,饲料、材料、育苗、拉运之类,公司完全包办。今年跟前几年不同的是,到交售时间要自己找车拉运送到公司去。王琼今日请了村里养鸡合伙人,还请了本村亲戚,如村民王春明家、村民毕志昌家,每一家来了两个人帮忙抓鸡。

今天运走的鸡共3295只,总重5816.25公斤,单价是11.8元1公斤。22:34,在村外待客处放电影,是一部关于社会教育的片子,本村绝大多数村民,匆匆来到待客处看电影,放映员来自戈冲里村,是小名为漫刀的中年人。

2010年7月31日　星期六　属马　晴

今日本村村民小牛(小名)家因生了一对双胞胎男孩,满月了,要办祝米客。明天正式待客,所以今天把所有本村的亲戚召集起来帮忙洗菜,杀牛羊鸡等,以便明天待客。

村民何耀光家在路南城东城区地带,按每年40000元的租金,租下三层楼房,办起了农家乐。今天正式开张,本村村民何耀彪的亲戚和年轻姑娘、小伙去帮忙,参加开张典礼。

2010年8月1日　星期日　属羊　晴

今日本村村民小牛家举办祝米客,午餐、晚餐一直到明早共待客三餐。7:00开始,亲属们帮忙把昨日杀好的牛、羊、鸡等砍的砍、切的切,之后下锅煮熟。到12:00时,本村及外村来做客的亲朋们,骑着摩托车、开着拖拉机、汽车等,来到本村待客处就餐,晚餐也同样如此。晚餐后,除本村的亲朋外，外村的亲朋各自回到村寨。这次举办祝米客，客人桌数 80～90 桌，花费人民币 20000 多元。

8：00，曾绍华家来了 6 位安徽大学的学生，一男五女，是来本村调研的，要住在曾绍华家。

14：00 左右来了 6 位来自美国的客人，也住在曾绍华家。

2010 年 8 月 2 日　星期一　属猴　阴

8：00—12：00，因村民小牛家待客三餐，今早最后一餐，但今天只待小牛家的亲属，外村的人昨日全部返回各自村寨。

13：00—14：00，何进学文艺队要去县城烟草公司展演文艺节目，所有演员准备好一切，带上演出服装、道具等来到广场坐车。两辆车，一辆是本村的。一辆蓝剑货车专门拉道具，另一辆客运车是演员乘坐的。行驶了一个小时左右到达县烟草公司。这次除给来参赛的每队 5000 元奖金外，烟草公司还提供伙食。把车上的所有道具卸下后，摆放到公司四楼报告厅与演艺厅，本村的村委会和村小组副主任李红、书记高映峰、村民组长李宝强陪同文艺队。

18：00—19：00 就餐，20：00 时正式演出，这次演出的队伍来自 7～8 个乡镇及村寨，每个文艺队要展演两个节目，都是跟烟草有关的节目，每个队伍都演得很出色，演出结束时已经后半夜 1 点了，把所有道具搬到车上，乘车返回村中时约夜里 2 点了。

2010 年 8 月 3 日　星期二　属鸡　晴

今天，绝大多数村民去山上烟地里摘烟回来编烟。中央电视台的工作人员来到本村，在阿诗玛文化调查基地拍摄节目，还另请了县城里较有名的两位老人，一男一女，男的是西街口镇经常出现在石林电视台教彝文的毕华玉，精通毕摩知识。女的是长湖镇宜政村的王玉芳，精通阿诗玛老调歌曲。因到了中国石林火把节，他们专门拍些镜头，到时在

CCTV4 播放，就餐处在曾绍华家。

2010年8月4日　星期三　属狗　晴

今天是石林国际火把节，要举行以下项目：斗牛、演出、点火把。本村绝大多数村民去石林参加火把节，白天斗牛，晚上演出、点火把，演出地点在县体育广场，演员大都是来自本地方的彝族歌星，也有外地的歌星。有的村民从白天去看斗牛时，事先想好，为了看晚上的演出和点火把就不回来了。也有的村民看完斗牛比赛就乘车返回村寨，现在从糯黑去石林的车费，往返要24元。

2010年8月5日　星期四　属猪　晴

今日长湖镇维则村举办了火把节摔跤比赛，绝大多数村民，无论男女老少在12：00午饭后，穿起专门在节日穿的彝族服装，开着拖拉机、骑着摩托车去维则看摔跤比赛。

约14：00到达跤场，跤场设在维则村边上，场内设了个舞台，可能是在比赛时边摔跤边用舞蹈鼓励摔跤队员们。摔跤队员有本地的，也有外地的，来看比赛的除了本村外，四面八方的村民及工作单位上的朋友都来了，热闹极了。摔跤场外围还摆了各种汤锅，如牛肉、羊肉、马肉、狗肉，很多很多，有的在看比赛，有的去吃汤锅。

村民王刚、毕林和前段时间来本村调研的西南民族大学的昂凌、广西民族大学的李文轩、四川大凉山的吉木哈学。因他们三人并没有回去，留下来跟我们一起过火把节，看斗牛、摔跤比赛，还一起去吃汤锅，喝酒吃肉，唱歌，玩得特别开心。约到18：00比赛结束了，来看比赛的人各自回家。天色已经很晚，但还有几辆去路南的车，村民王刚与毕林送他们三人上车，赶往路南时，不管怎么说，相处了这么长时间，不知心里有多痛。王刚与毕林感到难分难舍，泪流满面地离开了他们。22：00—24：00在本村水塘四周，村里组织起了青年男女、中年男女，进行了火把狂欢。

2010年8月6日　星期五　属鼠　晴

今日中央电视台来到本村进行拍摄工作的共6人，拍摄关于过密枝节时的一些镜头，还找了18位演员，包括本村的9位负责密枝节时相关活动的小组长，全县召集来的9位毕摩，还买了一只价格为300元的绵羊，约30公斤公鸡。曾绍华家提供所有人员就餐。

拍摄从早上约8:00开始。第一个镜头在云南大学田野调查基地，毕摩们穿起毕摩衣服，手拿经书、铃铛，抬起装着老猪肉、酒、米、小麦、玉米、野姜、荞禾谷、香等的簸箕，边摇铃铛边念经文。其他本村的9位人员，每人拿着一样东西，有的手拿砍柴刀、杀羊刀，有的抱着大公鸡，有的挑着木水桶，有两人抬大锅，有的牵着绵羊。毕摩把经文念到一半时，手中还拿起装有水的木瓢，把水倒在羊身上，表示洗去不干净的东西，之后所有人员在村内的每个路段、每个角落拍摄密枝节时在村子里行走的过程。12:00时事先留在曾绍华家中帮忙做饭的人员已把饭煮熟，全体返回就餐，共四桌。

13:00开始拍密枝节的场景。因不到密枝节是不能随便进入林中进行拍摄活动的，所以另选在村子西边玉兰水塘旁丛林，所有毕摩及参加拍摄工作的人员来到玉兰水塘旁的丛林里，由毕摩念一番经，后把用来祭祀的绵羊、鸡杀好，经一番祭拜后，总算告一段落，最后把杀好的绵羊和鸡，搬回曾绍华家。参加拍摄的本村演员们七手八脚地准备晚餐，给羊扒皮，清理羊肠后，砍成一小块一小块的，便可下锅，鸡也同样经一番清理，也砍成小块下锅。在饭没熟前，毕摩们和中央电视台的人员在一旁玩扑克、聊天等。

18:00左右饭菜已熟，共有四桌，上完菜后，自称是汉话有限公司的总经理的曾绍华，和王春花、王小燕、毕林等人一桌又一桌地敬酒唱歌，约22:00时晚餐结束。来参加的演员们，每人有50元的劳务费，各自签完自己姓名，拿到钱后所有人员返回各自的家。

晚上11：00—12：00间，因8月2日何进学文艺队去县烟草公司演出，有5000元的奖金，还没有分发到队员们的手中，所以今晚通知队员们来到曾绍华家，由队长何进学分发到队员手中，除车费500元外，队员男女共20人，每人分得210元。

2010年8月7日　星期六　属牛　雨

7：00，因村民王刚家要去烟地里摘烟，除王刚与父母亲外，还请了村民毕林和王刚她姑妈王光珍帮忙。

一起在王刚家吃过早饭后，约13：00才一起坐拖拉机去烟地里摘烟，行驶了30分钟左右到达烟地。这块地栽了5000棵烟，5人穿上上山时的工作服，每人进到一条左右都是烟的烟沟里，开始摘烟叶。王明在地边拖拉机摆放处装其他人摘来的烟，约摘了两个小时，所有烟摘完了，也装好了。在装好车的烟上面盖些晾纸并用绳子拴好后，由王刚的父亲王光辉驾驶回家，但在回家的途中要经过一段约20米长的陡坡，车子本身拉的烟草又重，不在后面推车是上不去的。就在换挡去踩离合器的时候，离合器线被踩断了，在这万分焦急的情况下，天空中乌云密布，开始掉下雨点了，这时更着急了，人人都在说怎么办，谁有办法。现在换上或接上离合器线已经来不及了，要是雨下大，他们就是推车到晚上都推不回去。就在这紧要关头，王刚的父亲王光辉想出了一个办法，说："你们四人在后面，双手抬着点车尾部，然后听我口号，我说推的时候，你们四人用力推，我把油门踩得很大，再让油门回下来，在不到熄火的时候挡能换进去。"还别说，这个办法很有用，用了这个办法终于把车弄上坡了。也就在这时雨下得极大，还好把车弄上去了，因车上装满烟叶坐不了车，车子就先回去了，再说因离合器断了，再停车换挡还真不容易。留在原地的四人就拿出事先带来的雨具慢慢走路回家，后虽披着雨具，但因雨下得极大，衣服还是被淋湿了。回家后各自换了衣服，雨也差不多停了，这时搬出编烟的编线、烟杆开始编烟。首先在烤房边空地上，铺上大张的塑料布，把编好的烟摆放在上面，编了 20～30 杆时，王刚与毕林把编好的烟装进烤房，就这样来回 4 次，烟编完了，也装完了。

结束时约 17∶00，晚上来王刚家帮忙编烟的人，一起在他家吃晚饭。吃晚饭时王刚的爷爷王有志也来了，他对我们村的历史比较内行，所有人边吃边听王有志爷爷讲历史故事。

2010 年 8 月 8 日　星期日　属虎　晴

今天逢星期日，有的村民因种植了些果树，梨熟了，8∶00 左右去梨园里摘好梨后，准备去海邑街卖，现在的梨能卖到 3 元 1 公斤。此外，除去烟地里的村民外，绝大多数村民都去街上赶集。

约 18∶00，村子南边突然响起鞭炮，经了解后才得知村民王有祥病故，昨天 17∶00 发病。他的四个儿子和两个女儿，还有亲属将其送往维则医院，因各方面设备可能不齐全，又送往县医院进行治疗，经医院鉴定后是肾功能衰竭，没法医治。昨晚家人没办法，就送回家中。今天 18∶00 左右去世。

晚上，因王刚 8 月 10 日那天要去云南河口帮人家装修房子去，到年底才能回得来，毕林心想要到过年时才能见面了，所以做了一桌子菜，请王刚来家中吃饭，欢送王刚。此外，22∶00—24∶00，本村青年王江文艺队，每人出了点钱去县城 KTV 娱乐。

2010 年 8 月 9 日　星期一　属兔　晴

早上多数村民去烟地里摘烟回来，午饭后，先把烤房里烤好的烟抬出来，摆放在自家楼上，然后再编烟进烤房。14∶00—17∶00，在本村岔路口旅游专线旁，有部分村民从果园里摘了些梨、苹果在卖。

2010年8月10日　星期二　属龙　晴

早上绝大多数村民去烟地里摘烟，有的去玉米地追肥，也有的去地边砍刺。

15：00左右，在云南大学读研究生的王清清，要来本村专门了解石头方面的事情，要待5~6天。村民毕林事先跟她通了电话，骑着摩托车去岔路口亲自迎接王清清回到本村云南大学田野调查基地。刚刚到本村的王清清因坐车坐累了，休息了片刻后，毕林与她一起走访村民采石头的地方。晚上还在曾绍华家一起用餐。

2010年8月11日　星期三　属蛇　阴

早上，因市委书记还有乡镇有关领导要来本村验收沼气卫生间是否修建完成，并把早餐订在村民曾绍华家，也就是尼维罗玛憨农家乐。经村长在广播上通知后，全村人拿起扫把清扫村里的街道。绝大多数村民还到烟地里摘烟，回来编起来后准备烘烤。

此外，今天是为已故村民王有祥举办守灵仪式的日子。所以，他们队的村民帮他家修坟或帮忙做饭菜，以招待前来参加葬礼的外村人，有许多年轻人也去帮忙。忙完之后，在客人来之前，他们聚集在一起打扑克或聊天。

按撒尼人的习俗，为了把丧事办得隆重一些，他家杀猪、牛、羊来告丧，并采购各类小菜招待客人。他们还搭天棚、扎棺罩，这些事情都是请本村的人帮忙做的，被请的亲友来时要约亲朋好友，并请上鼓号队、舞队，牵羊带粮到丧家上祭，孝子孝女和前来吊丧的亲友跪拜。上祭后，祭亲扶起孝子孝女，以烟酒劝慰，丧家给舅姑戴孝布，舅姑又给孝子戴帽。来吊丧的亲戚就在丧者家守灵，而丧家请来的亲朋好友去丧家安排的本村村民家中住宿，以便第二天一起出殡。

晚上，在王有祥守灵仪式上，有200个左右外村的村民于19：00之后陆续来他家吊丧，在吊丧之后吃饭。他们大部分当天晚上都住在本村，只有少部分家离得比较近的亲朋好友回家睡。从本村请了3个文艺队，外村带了4个文艺队，在死者灵前与来吊丧的亲朋前一直演出到凌晨三四点。

2010年8月12日　星期四　属马　晴

今天是为村民王有祥举办下葬仪式的日子。午饭后，被请来参加仪式的亲友又一次带祭品为死者吊祭。在毕摩的主持下，待舅舅钉棺后，起棺出殡。在起棺时，先由死者的侄儿等告丧人将棺材抬出门外，然后再让亲友抬棺。挑祭台的人走在最前面，舞狮队、鼓号队边吹边打走在其后，孝子等人走在棺前，孝女等跟在棺后。

棺入土前，毕摩诵经并撒五谷在坟地上。之后，毕摩把一只公鸡放在地上，等鸡吃饱后，鸡就会叫，如果鸡一直叫个不停，就意味着所选的坟地好，后人会升官或者致富。结束后所有人回待客处吃饭，饭后外村的人中，除有几个关系比较亲近的亲戚留下来，其他外村的人全部回各自的家里。

2010年8月13日　星期五　属羊　晴

今日烟叶站正式开点，大多数村民把各自烤好的下部烟用拖拉机拉到村广播室外的学校球场上，由村委会及村小组预检后，再由专门帮村民拉运烟叶的毕合晒同村民一起拉往烟站卖。

早上，为王有祥举行告别仪式。约9点到10点，丧家请人做好羊肉及鸡蛋饭，准备到死者的坟地吃最后一餐饭。约11点，所有的亲朋好友来到坟地，毕摩给丧家活人叫魂，孝男孝女在坟地周围嚎哭。之后他们就开始吃饭，接着他们到坟地周围找蜘蛛准备带回家里放生，撒尼人认为蜘蛛能护人。

此外在8：00左右，村民毕林和曾绍华因两家都栽有红梨，近几天梨已熟。昨日两家在梨园里把能摘的都摘了回来，两家商量后又跟一个开面包车的司机联系好，准备拉去县城卖。今天运梨去卖，曾绍华家的约100公斤，毕林家的约105公斤。两人每人付给司机25元拉运费，约行驶了1小时左右到达县城，具体摆摊地点在县城双龙集贸市场大门旁，刚到时没什么人来买。一会儿，来买的人变多，价格分了好几个档次，梨也分好几个档次，好的4元1公斤，中等的3元1公斤，最不好的也能卖2元到1元一公斤。12:00午饭时间，两人随便弄了点吃的，又接着卖，到18:00左右才卖完，这时返回家中吃晚饭可能来不及了。两人在县城内吃了饭才返回家中。晚上，也有部分村民去外村做白事客。

2010年8月14日　星期六　属猴　晴

11:00—12:00，因宜政村彝族民间歌手小黑（男，年龄34岁左右），要来本村拍些镜头，说是要出版一个新专辑，并在村民曾绍华家订餐，还带了三位比美伊花还美的撒尼阿诗玛年轻女演员。村民王涛原本在石林艺术团工作，今天可能休息不上班，还带了他们团里的5位男同事来到本村游玩，因本村鱼塘现在还没有人承包，所以他们顺便从家里拿网来到水里支网捕捉小鲫壳鱼。

午饭后14:00左右，来拍镜头出专辑的小黑与有关人员和王涛带来的5位同事一起在老年协会基地旁水塘边上，拍摄跳大三弦等镜头。结束后16:00左右。来拍专辑镜头的小黑等成员返回县城。晚上，王涛与他带回的5位同事把白天捕捉到的鱼拿回王涛家用油炸熟后下酒吃。

2010年8月15日　星期日　属鸡　阴

今日逢星期日，除摘烟、烤烟、理烟的村民外，部分村民去海邑集市赶集。有的村民平时种了些白菜、梨等，拿到街上去卖。白菜价格1公斤为1元人民币，梨1公斤为3元人民币。还有些村民拉玉米到海邑玉米收购处卖，现玉米价格能卖到2.2元1公斤。

村民毕林有一个海邑中寨名叫毕红春的朋友是当兵的。因他回来探亲几日，跟村民毕林通过电话后，要请毕林去家中吃饭，所以今晚村民毕林在毕红春家和他多年不见的朋友叙旧。

2010年8月16日　星期一　属狗　阴

有的村民在家烤烟叶，也有的把理好的烟叶用拖拉机拉到村待客处预检后，拉去乡烟叶站交售。

21：00—24：00间，除部分村民在收看电视节目以外，多数村民照旧理烤好的烟叶。

2010年8月17日　星期二　属猪　雨

因今日一直下雨，所以绝大多数村民都在家里理烟叶，少部分村民披上雨衣拿起锄头去自家地边上挖地。15：00—16：00雨突然停了下来，村民李兰英眼看着雨停了，心想还有一块玉米地适合施肥（尿素）。就背着肥料顺手牵着羊去地里追肥。到地里后，先把背着的肥料放在地边，再把羊拴在有鲜草处就开始追肥了，还没追半个小时，村民李兰英转头一看，拴着的羊不知没拴好还是怎么的，跑去摆放肥料处，正在用嘴撕咬肥料包，并吃了好几口，这时李兰英及时把羊赶开，把羊拴好，急急忙忙找了些解毒的野草并喂了水给羊服下。但已经没有用了，没有五分钟的时间，羊直喘气，慢慢地死去。李兰英伤心地在羊面前发呆了好长时间，最后想了想，这样也不是办法，赶紧回去告诉家人，询问该怎样处理。返回家时已有18：00左右，之后跟大儿子毕志昌、孙子毕林商量后，天已黑了。但不管怎么说，伴随自己近5年了，虽说只是一只羊，心还是痛的。所以最后决定由大儿子毕志昌和孙子毕林把羊完好地埋了。回到家时已到22：00时。

2010年8月18日　星期三　属鼠　阴

除部分村民摘烟外，也有少部分村民，如毕志昌家，因他家今年种植了600多棵白菜，现已到成熟期，一家四口开着拖拉机，拿上些菜刀之类的工具去地里砍收白菜回家后，拉去外村卖或换，价格1公斤玉米换2公斤白菜，卖的话是1元1公斤。

2010年8月19日　星期四　属牛　阴

村民何绍华家摘烟，从8:00出发，共7人，留一人在家做饭。其他6人每三人一组去摘烟。三男分到一块地。两女一男分到另一块地。约到12:00时，各自分配的小组摘烟员，带上摘好的烟回到了家中吃午饭。

之后，来帮忙摘烟的亲戚回到各自家中；过后也同样来到何绍华家，开始编烟，共摘得了满满两车烟。编烟时，共支了三架。由一个人编着，一个人传递烟叶给编烟的人。就这样，每编得五六十杆烟时，主人何绍华的大儿子把编好的烟叶装进烤房里，约到16点左右，所有烟叶编完。眼看着离天黑还早，来帮忙的亲戚还来得及回家拿出烤好的烟叶理，或喂牛羊猪等。主人三番五次强调，晚饭时按时来，不再通知了。所以晚饭也在何绍华家。

2010年8月20日　星期五　属虎　晴

上午除绝大多数村民去烟地里摘烟外，也有部分村民在家理烟，理烟的方法和方式是下部烟做下部烟理，中部烟做中部烟理，上部烟做上部烟理，不能混合，要分好部位，不过现在烤的部位只是下部和中部，还没烤到上部。

下午多数村民正在编早上摘回来的烟叶。编烟叶的有男女老少，中年和年轻一点的，大部分都站着编，老的或少的站不住就在装烟叶的车上抱些烟下来，支个不高不矮的支架，坐在板凳上编烟，也有少量30岁以上的男性带上平时上山采石头的工具，在影响不到公益林的地方采取石头。

21点到24点，多数村民都在理烤好的烟叶，有的甚至想把烤好的烟叶及时交售完，理到夜里三四点才休息。

2010年8月21日　星期六　属兔　晴

曾桂芳和儿子毕林用拖拉机拉着在18日砍收回来还没卖完的白菜，从早上7点就拉往雨胜村、宜普勒村，以1元1公斤的价格，或1公斤玉米交换2.2公斤白菜的办法，卖或交换。另外，在今日和明日，石林怪才毕会仙（女，男女声都会唱的彝星歌手）今天在石林县所各邑村斗牛运动场举办演唱会，票价每人10元。除了外村朋友前去参加她的演唱会外，也有很多本村的村民穿着平时节日上的盛装，开着各种车辆去参加演唱会。

2010年8月22日　星期日　属龙　晴

今天是演唱会的第二天，有的村民吃完早饭后赶往斗牛运动场参加演唱会，有的村民去烟地里摘烟或在家里烘烤烟叶，或理已经烘烤好的烟叶并分级。由于今天是星期日，也有部分村民去海邑街赶集，一直到17：00—18：00才返回村子。

2010年8月23日　星期一　属蛇　晴

白天，绝大多数的村民在烟地里摘完烟叶回家编烟，也有部分村民因最近核桃熟了，拿起采摘用的竹竿和竹篮去村边不远处收自家的核桃。

22：00—24：00，在村待客处，村里专门养鸡所属的畜牧公司的相关人员，来给养鸡的和养家畜的村民具体讲解和指导技术工作。

2010年8月24日　星期二　属马　晴

农历七月十五日，是杜鹃山上祭祀的时候。前天村小组人员就买了价格为12598元的两头牛回来。今天从早上9点到10点，在村组长的带领下，各小组成员匆匆来到待客处，轮流进行杀牛等工作。把杀好的牛在杜鹃山上进行祭祀后，在待客处将牛肉切好下锅，然后将骨头砍好下锅。下午因牛肉没熟，小组人员加大火力煮牛肉。

下午5点左右，村广播响起通知，请全村人拿上装牛肉的小水桶来分牛肉。广播通知一个小时后，广场上聚集着来分牛肉的男女老少，人山人海。之后八个小组每组选一个场地摆装牛肉的小水桶，摆成三四排，不能摆多，否则会影响小组长分牛肉的操作。然后各个小组长拿着大一点的水桶在煮牛肉处排成行，由两个人拿着大勺把牛肉舀进八个小组长的水桶内，平均分配。最后再分到各个小组的村民桶中，先分肉然后分汤，直到全部分光。

最后再由村组长公布这次祭祀的费用，最终由每户村民分担，每户应付50.8元。带钱的村民现在就结账，没带的就过两天等各小组组长来收账。

杜鹃山祭祀的意义是，每到这个时候，会有大雨等天灾，为了避免天灾，村民们选了这座杜鹃山的山神来保护村民和庄稼不受影响。所以每年农历七月十五日，村民们买两头或一头牛祭给这座山，然后把牛杀了吃，每个村民吃了牛肉后就代表山神保了他们平安。

2010年8月25日　星期三　属羊　晴

大糯黑村约180户村民都去把地里的烟叶（每根3～5叶）摘回家中烘烤，烤烟比较多的村民一直干到夜里12点或凌晨2点。一部分村民在家里整理烟叶，给烤好的烟叶分级扎把，有50多人去乡烟草站卖烟，平均价格每公斤在12到14元，还有一部分村民一整天在自家烤房处负责烤烟，每隔2到3个小时加一次煤，以免熄火而影响烘烤质量。另有些人去给烤烟地锄草的同时撒种绿肥。

2010年8月26日　星期四　属猴　晴

早上，多数村民去烟地里摘烟后拉回家中编起准备烘烤。部分村民在家整理烟叶并分级扎把。村广播室播音通知，明天要拉烟去乡烟叶站卖烟的村民，要先把烟理好。今天之内请拉到村广场待客处预检，下午村里部分中年男女去自家的核桃处，打摘核桃，男的上树拿起竹竿打，女的在树下捡打下来的核桃。

也有些男性村民，因要建些小耳房之类，带上工具去自家自留地采石头，还有些村民，年龄在50~60岁的男女，赶着羊群去不是规划区的山上放羊。晚上多数村民在整理烟叶，同时为了保持不瞌睡，还放点音乐听。

2010年8月27日　星期五　属鸡　晴

从上午7点到晚上7点半之间，村里有约200个村民在家里整理烟叶，约400人去把地里的烟叶摘回家中，再把烟叶编到烟杆上，然后又装到烤棚里烘烤。有一些在家里的村民把理好的烟叶按合适的价格卖给外地的烟贩，在家里整理烤烟的部分村民同时还收看电视节目。外出干活的村民晚上回到家里后，也收看电视节目到约12点半。

2010年8月28日　星期六　属狗　晴

有一部分村民在家整理烟叶。因明天轮到本村到乡烟叶站卖烟叶，所以今天到村礼堂里让预检员预检：一是检查烟的扎把是用烟叶扎把还是用烟站发给的扎烟绳扎，因规定只能用烟叶站发给的扎烟绳扎把。二是看这些天是在验什么部分的烟，如是中部烟，其他部分的烟现在还不收。三是看烟叶长不长，及颜色分级，能否进得了烟叶站，如进不了就不用拿去卖了。还有一些村民去把地里已成熟变黄的烟叶摘回家中烘烤，在家理烟的部分村民同时还收看电视节目。

村干部和预检员共4人,从早上5点半就开始给村里要去乡烟叶站卖烟的村民开预检单封条,一直到下午4点左右才结束。共有70户左右的村民来报名。

2010年8月29日　星期日　属猪　晴

白天,大部分村民都去地里,把已成熟的烤烟摘回家中烘烤。因大糯黑村平均每家有两个烤棚,所以摘烟的时间特别长也特别多。有一部分村民因今天没有轮到摘烟,留在家里整理烤好的烟叶。

有近80户村民把理好的烟叶拿去预检,一些村民明天早上要去乡烟叶站卖烟,所以就在今天白天或晚上打烟包,把理好的烟叶用预检袋包起来。

今天逢海邑集市赶集,有部分村民去赶集逛街,晚上一些村民理烟的同时还收看电视节目,少数人去串门聊天。

2010年8月30日　星期一　属鼠　晴

今天有一部分村民在家里整理烟叶。部分村民把已经整理好的烟叶以适当的价格,卖给了前来本村买烟的烟贩。有部分村民去别的乡镇卖烟叶,有的村民去撕烤烟的地膜及砍摘完烟的烟棵。

晚上,部分村民在家里理烟叶的同时看电视或者收听收音机。

2010年8月31日　星期二　属牛　晴

今天,有部分村民去别的乡镇卖烟叶,有一部分村民在家里整理烟叶,部分村民把已经整理好的烟叶以适当的价格卖给了来本村买烟的烟贩,烟价在5~18元一公斤。有一些村民去烟地里砍掉已摘完烟叶的烟棵,并把烟地膜撕掉。今年不栽烟的少部分妇女在家里做针线活,也有的去麻地里砍麻,并把麻捆起来后,拉回家挂在离家不远的树枝上晒麻。

2010年9月1日　星期三　属虎　阴

村民有的摘烟,有的在家整理烟叶,有的烘烤烟叶。13:00左右,毕志昌因过一段时间想要建一间耳房,在村子边上自家自留地里采石时,被县城林业部门抓个正着,还叫村民毕志昌随着执法人员去趟县城做笔录。到了县城林业执法部门,执法人员东问西问一番,还说在15天之内交600元人民币的罚款上来。

21:00,村广场上停放了好几辆拖拉机和好些村民。了解后才知,原来是戈冲里村因老人病故在今晚举办丧客、守灵仪式,他们作为亲戚要去戈冲里村做守灵仪式,直到明天发丧之后才赶回本村。

2010年9月2日　星期四　属兔　时阴时雨

8:50开始,村民曾海兵家摘烟,因为烟种的比较多,也因为这次烟比前几次摘时熟得多,所以请了亲戚帮忙摘烟。请了王云春家2人、王云辉家3人、宝大家2人、曾文华家2人、自家2人,留一人在家煮饭。开着10辆有驾驶室的拖拉机前往杜鹃山背后烟地摘烟,烟地共三块,每一块距离只隔7~8米。到12:30时才摘完,共摘得了满满10拖拉机烟叶。

14:00左右,突然下起雨来,有的村民从烟地里摘烟回来还在家吃饭,有的在摘烟回家的路上被雨淋。14:42左右,村广播通知,如明天要去乡烟叶站卖烟的村民,请把已经整理好的烟叶拉运到村礼堂预检。

晚上绝大多数村民都在整理烟叶,也有的村民因白天摘得烟较多,编到23:00左右才编完,也有满18岁以上的村民小伙骑着自己的二轮宝马去本村或外村串门找年轻阿诗玛。

2010年9月3日　星期五　属龙　晴

7：34，村民王春明及其父亲王绍光、母亲曾桂英与王春明姐夫李树林去戈冲里边界的木马槽邦（大糯黑村地名，撒尼话音译）摘烟叶，准备出发。因路程有点远，烟叶数量也不少于800棵，他们四人要摘完烟的话，可能要到下午三四点才回得来，一家人商量一番后，决定另请村民曾桂芳和儿子，一同帮忙摘烟。开两辆拖拉机，一辆手扶式的，一辆有驾驶室的。带上拴烟绳和大张盖烟用的蛇皮口袋，前往烟地。路比较难走，约行驶半个小时才到达，之后每人都穿上平时摘烟用的衣服开始摘烟，边摘边把各自摘的烟，抱去地边停车处装上车。就这样摘到13：00才摘完，摘得满满两车，这时个个都已经很饿了。主人家发话，说到这个时候了，如果回家煮饭吃，这些烟可能要编到很晚才能编完。为了节省时间，也尽快地填饱肚子，大家到村民李琳家开的小卖部米线店每人弄几碗米线吃。然后回到家中，用电饭锅煮点米饭，万一下午肚子饿了可以再吃一回。大家同意了，就这样，摘烟编烟时，人虽少了点，但比往常效率提高了很多。

18：00，王绍光儿子王春明骑着二轮宝马去海邑买些已经煮好的牛肉回来，当时来帮忙的亲戚们都说不用去了，又不是外人，有什么就吃什么。主人家说，这几天不吃，什么时候吃？等过掉卖烟期，你们想吃也吃不着。王春明在海邑一家牛肉馆称了两公斤熟牛肉回来。一公斤为60元，两公斤120元。晚上，大多数村民整理烟叶同时还放点音乐听。

2010年9月4日　星期六　属蛇　阴

早上，村民李红亮家摘烟。李红亮21岁，去年父亲李文光因病不幸去世，今年由他担负家庭重任。家里只有两个劳力，李红亮本人与母亲张氏，小弟还在蝴蝶村中学念初中。刚担起家庭重任的李红亮今年烟又栽得多，约20000棵，平时又不跟较亲的亲戚轮流摘烟，只是母子二人摘，他们母子俩平时摘两天编两天的。这一次烟熟得比较多，只有他们母子俩是摘不完了，所以请了村民麦才（小名）两兄妹与村民狮毕（小名），麦才还开着一辆有驾驶室的拖拉机，加上主人家的车共两辆。今天星期六，李红亮小弟李红祥也在家。之后一起赶往钎胭崩（大糯黑村地名，撒尼话音译）烟地摘烟，这块地有八九亩，栽了10000多棵烟，品种是长拨烟。6个人摘到12点时，其中一辆车装的还不是很满，但天气越来越阴，生怕下雨。因为回家途中有一个很陡的上坡，如果下雨的话，这个坡不要说重车，连空车爬上去都有问题。这时主人说不要摘了，赶快把车上装好的烟拴起回家了，要不等会儿下雨我们今天就回不去了，急急忙忙把车拴好。把两辆车弄上陡坡之后，正往家赶时，天气又慢慢变晴了，这时人人都叹气，嘴上还不停地说："这个老天也是，要知道你这样我们也就多摘一点了，捉弄人啊！"李红亮母亲提前回家煮饭，后边的人回家时饭菜也差不多熟了，来帮忙的人原本打算说，如果饭菜没熟，先回家喂猪喂牛羊之后再来吃饭。但饭菜熟了，就先吃饭再说。吃过饭后，帮忙人员先回家喂猪羊牛，再返回李红亮家，先把烤干的烟叶从烤房里抬出来挂在楼上，再编烟。到下午5点左右才把烟编完。

14：00左右，有5位外地烟贩，1女4男，来到本村购买烟叶，价格给到18～20元一公斤。差一点的烟，给到7～8元一公斤。一位来自陆良的中年男人，约40岁左右，开着一辆蓝剑车，装有大米，在密枝林旁换米。2公斤玉米换1公斤大米。

2010年9月5日　星期日　属马　晴

早上，20多户村民把烤好、理好的烟叶打包后用农用拖拉机拉到礼堂预检，有些农户有3包，有些农户有四五包。村委会书记在礼堂正门内侧摆好桌椅，开封条、预检单。村委会副主任李红，大糯黑村小组的曾毕华、李宝祥，小糯黑村小组的曾剑锋，还有村民老班长（小名）等人做预检。下部烟等级包括下桔二、下桔三、下桔四、下柠一、下柠二等。

中部烟等级有中桔一、中桔二、中桔三、中桔四。上部烟级别有：上桔一、上桔二、上桔三。20多户预检完约12点，拉烟叶的车到下午才来拉早上预检好的烟叶。所以拉烟来预检的村民把预检好的烟叶重新打包，暂时摆放在礼堂内，回去煮饭吃后，下午再来礼堂把各自的烟抬上拉烟叶的车，前往海邑烟叶站销售。大部分村民摘烟叶或整理烟叶，也有部分村民打摘核桃。

16点27分，村民王炎家来了一位大圭山村的名叫陈刚的牛贩子，他现在海邑开一家牛肉火锅店，开着一辆红塔货厢车。经了解，原来昨天王炎家夫妻俩驾着牛车去洋芋地挖洋芋，挖得10多袋洋芋。装上牛车，驾起来，往家赶的途中下坡时，车厢和架牛连接部分突然断开，车又重，又是下坡，一下子压到其中一头牛的后右脚，当场压断并大量出血。主人无奈之下通知家属，找拖拉机来拉洋芋。另外叫上村里懂医术的人前来给牛包扎。后把受伤的牛抬上车，装在牛车上的洋芋装上另一辆车，并把牛车拴在拖拉机车尾，一人拉着另外一头没受伤的牛回家了。因牛脚受伤严重，不敢拉进牛厩里，在牛厩外搭起塑料棚子，暂且观察并上药。主人家想了又想，伤这么重，把伤养好了也要半年左右，而且怕牛身子骨一天天瘦下去。家人决定后，就在今天打电话给牛贩子陈刚，以1360元的价格卖给陈刚。

2010年9月6日　星期一　属羊　晴

今日，曲靖师范学院美术学院有31人要来本村写生，要住在曾绍华家，他们开着4辆加长型面包车。曾绍华家还请了现任村委会青年委员毕海丽和村民曾桂芳来帮忙煮饭做菜。

下午，村民曾文华、曾绍华与村民拉烟员毕合晒去县城小叉口村拆老房子瓦片。因小叉口村过去一两年内，土地被承包出去，现在规划到承包地的村民都各自拆除老房子，重新建新房，以便到时能转卖个好价。房子上的老瓦片，谁来拆就是谁的。得知后，他们几人赶往小叉口村去拆瓦片,直到晚上10点左右才返回,他们几人拆得了近3000片的瓦片。

晚上9点开始,因为曲靖师范学院美术学院师生明天午饭后就返回,所以今晚来曾绍华家帮忙的村民和老师学生们一起联欢,展演各自的才艺。

2010年9月7日　星期二　属猴　阴

吃过午饭后,曲靖师范学院美术学院的师生和本村曾绍华一家照了一张合影。这次曲靖师范学院还在曾绍华家设了个基地,并挂牌,牌上写着曲靖师范学院美术学院、曲靖市美术家协会、曲靖师院版画艺术研究所大糯黑写生基地。挂牌之后,所有师生乘坐4辆加长型面包车返回曲靖了。

多数村民摘烟、理烟或烘烤烟叶。

2010年9月8日　星期三　属鸡　雨

绝大多数村民摘烟、编烟、理烟和烘烤。

因为下雨,不摘烟的村民也很少下地干活,而是在家里找点别的事情做。中年妇女和老奶奶做起针线活,或织麻布。

2010年9月9日　星期四　属狗　阴

绝大多数村民摘烟、理烟。

在蝴蝶村中学念书的本村学生,因为下周要搬迁到县城巴江中学去。所以还没到周五,就放假回家了。

2010年9月10日　星期五　属猪　雨

早上,绝大多数村民上山去烟地里摘烟,有部分村民在家整理烤好的烟叶。有的男性村民在烘烤烟叶。12点左右,大多数去摘烟叶的村民都回来吃午饭了。

下午突然下雨，雨还很大，村民各自想办法，搭建起塑料棚子，编起烟来。部分村民因为下雨，除整理烟叶外，男的聊天，女的做起针线活、织麻布。

也有部分村民披上雨衣去山上拾蘑菇。

晚上除整理烟叶的村民以外，多数都在收看电视节目。

2010年9月11日　星期六　属鼠　阴

多数村民摘烟叶、理烟，烘烤烟叶。

毕志昌父子用麻蛇皮口袋装好两袋总重25公斤的核桃去县城卖。价格不一，好点的1公斤能卖18～20元，中等一点的1公斤15～16元，差一点的1公斤也能卖12～14元。因为离中秋节不远了，卖核桃的人多，买的人也多。毕志昌父子早上8点左右到县城，到12点全部卖完。毕志昌父子从来没有外出做过生意，也很少到县城赶集，还好来了一个小者乌村的年龄约65岁的大伯，看他们没经验，好心的大伯帮毕志昌父子卖核桃。卖完后，父子两人与小者乌村大伯保树林一起去小吃店弄些吃的，两瓶酒、四样菜，共花了58元。今天父子俩卖核桃得人民币360元整。

2010年9月12日　星期日　属牛　阴

早上绝大多数村民在家理烟，或去烟地摘烟。

今日逢海邑赶集日。因为距离中秋节不远了，部分村民把近些日子打摘下来，弄好晒干的核桃拿去海邑街上卖，价格最低1公斤15～16元，好的1公斤20～25元。也有村民开着拖拉机去海邑烟煤出售处买煤炭回去烤烟叶，价格为1吨500～600元。也有村民背着背篓去山上，摘老一辈栽种的梨树上的梨，回家存放好，以后自己吃。

在蝴蝶村中学念书的所有学生，包括大糯黑村的，今天要搬迁到县城巴江中学去。从早上8点左右开始，学生们携带户口本，收拾好所有物品，带上要交的100元伙食费、110元军训费、47.10元杂费，在教学楼外面等待。12:00—13:00去县城巴江中学的专送公交车来了，把学生载去。

21:00—24:00，大多数村民在整理烤好的烟叶，有的在收看电视节目，也有的中年妇女和老奶奶做针线活、理麻线。

2010年9月13日　星期一　属虎　晴

早上，绝大多数村民在家里整理烟叶，有近30个村民去乡烟叶站卖烟，有少部分今年不栽烟的村民去给栽烟的村民做理烟工，工费一天35元，管吃。

13:00—16:00，来自外村的夫妻两个，年龄38至40岁，开一辆农用拖拉机，在本村密枝林旁，大量收购铁核桃（指壳很硬的核桃），价格每公斤3元。

15:00—17:00，村民曾文华、王绍光去外村唉维哨烟点卖烟。因为烟的数量较多，多一个人手卖烟会较好，就打电话给亲戚曾绍华，请他前去帮忙卖烟。

2010年9月14日　星期二　属兔　阴

早上，绝大多数村民去地里摘烟，或在家整理烟叶，烘烤烟叶。

供电所工作人员来到本村收电费。他们在广播里通知，这次与往常不同，如果现在交200元现金，一年之内不需要再交电费。不想这样的村民，每一个季度的最后几天，各自到乡供电所交费。当天来交电费的村民占多数，只有少数村民没来。

下午，多数村民在编烟或整理烟叶。

下午一二点的时候，村民小伙杨海龙、李峰和王光兵夫妇，在曾海兵家大门出口，骑摩托车相撞。村民杨海龙和李峰乘坐一辆摩托车，杨海龙驾驶。王光兵夫妇的车从亲戚曾海兵家出来，曾海兵家在主道水泥路边，从大门一出来就是水泥路，又是个转弯。王光兵夫妇正从大门出来时，因杨海龙的车飞快，根本来不及躲开，两车相撞了。人飞出了五六米。有村民目睹了整个过程。村民足光华是王光兵的亲戚，及时回家，开上才买了3～4个月的自用面包车，把王光兵夫妇送往石林县天奇医院，检查救治，然后才通知村里亲属。杨海龙和李峰也被亲属送往乡医院做检查，并救治。还好检查后，风险不是很大，事件暂时摆着，等双方医好出院后再调解。

2010年9月15日　星期三　属龙

早上，多数村民都在家整理烟叶或烤烟。

因为近几天烤烟基本上搞完了，开始有村民带上砍柴刀，去烟地里砍掉烟杆或撕薄膜，有部分村民去县城赶集或卖核桃。

14：00，有一位外村的牛贩子开一辆银色的车，拉着三头牛来本村水塘边上换牛。来看牛的村民大多为中青年男子，共20多人，经一番讨价还价后，没换成，牛贩子两三个小时之后开着车走了。

晚上多数村民都在家整理烟叶，直到凌晨才休息。有部分比较喜欢玩扑克的中青年男子，到村民李志刚家专门提供的娱乐场所去玩扑克。

2010年9月16日　星期四　属蛇　晴

全村的烤烟基本上已摘完了。多数村民都在家整理烟叶，或者烘烤烟叶。

下午，有部分中老年妇女、中老年男性赶着羊群去山上放羊。也有村民去山上拾蘑菇。也有少部分村民去山上摘这几天熟了的野梨。

晚上，多数村民在整理烟叶，少部分村民在收看电视节目。

2010年9月17日　星期五　属马　晴

早上，绝大多数村民在家整理烟叶。有的村民发现玉米地里的草又长起来了,就带着镰刀去玉米地割杂草。

下午,有部分村民家种的玉米已经成熟了,主人家带着镰刀,开着农用拖拉机去山上收玉米。办养鸡场的村民金小红家,今天请来了六七位亲戚帮忙。因为原先没有理好水沟,下雨的时候,外面的雨水会沿着墙脚流入鸡栏里。所以请人来,买些沙与水泥,清理掉杂草、乱放的石头之后,在后墙处用搅拌好的沙与水泥浇灌,浇灌面呈斜坡状,以防雨水进入。会编麻、织麻的中年妇女和老奶奶们,也到麻地里砍收麻条,带回村子挂在离家不远的树枝上晾晒。或者直接把麻条挂在离麻地不远的树枝上,一眼望去,一条一条,垂直而下,还很好看。

晚上多数村民在整理烟叶,少部分在收看电视节目,也有部分青年阿黑在本村或去外村找青年阿诗玛。也有的青年阿黑在家练歌,以便去找阿诗玛时对歌让阿诗玛心动。

2010年9月18日　星期六　属羊　晴

早上,多数村民在家整理烟叶。

很少一部分村民去烟地摘烟。因为离中秋节不远了,部分村民带着自己打摘晒好的核桃,去县城或者海邑等地卖。

下午,有部分村民去自家烟地里,把烟杆砍掉,撕掉薄膜,并撒种一些绿肥、苦荞。也有些村民拉着烤好并打好包的烟叶,去外乡或别的烟叶站卖。

晚上,绝大部分村民在整理烟叶或收看电视节目。

2010年9月19日　星期日　属猴　晴

今天逢星期日,又是买中秋节月饼的最后一个赶集的日子。绝大多数村民都去海邑赶集买月饼、买菜、买过中秋节的其他物品等。

到海邑赶集的人也比往常多很多。个个都买月饼,不仅买了自己家的,还要买几份来送给亲戚,一般送给老人的比较多。

13：00，四位外村人来本村购买烟叶，好的烟叶1公斤18～21元，一般点的烟叶1公斤12～14元。

晚上，绝大多数村民在整理烟叶。

2010年9月20日　星期一　属鸡　晴

早上，多数村民去其他乡镇卖烟叶，或在家整理烟叶。

下午，有部分村民去洋芋地挖洋芋，有的去收早熟的玉米。收完玉米后把玉米秸秆一堆一堆地堆起来。一些中年妇女和老奶奶，去麻地收麻，拿回家挂晒在离家不远或离村不远的树枝上。

13：00—18：00，部分村民把烟地里的烟杆砍掉，薄膜撕掉，在地里撒上苦荞、绿肥等种子。

晚上绝大部分村民在整理烟叶，直到深夜才休息。

2010年9月21日　星期二　属狗　晴

早上8点到12点，大多数村民在家里整理烟叶，有的村民去乡烟站或外乡卖烟，有部分村民去烟地里砍烟杆、撕烟膜，还有的到麻地里把麻砍收回家。好的麻捆扎在一起；不好的麻单独捆扎在一起。扎好8到10把后，就成一捆。

15点到17点，村民毕林和王刚从老前辈那里得来消息：离本村青石场不远的一座山上有一个山洞。在战争时期，因为害怕敌人、坏人的追杀，本村的一些人曾藏身此处。为了弄清事情的真相，王刚和毕林动身去探索这座山。这座山名叫狮摸踪（撒尼话音译），几年以来都无人进入过。山上的树木长得很茂密，两人整整找了一个小时才找到洞口。王刚和毕林打开了准备好的手电筒，进入了山洞里。沿着山洞里的斜坡继续往里走，有30多米，倒也不算太深。山洞的底处让两人大开眼界，那景象确实跟老一辈人所描述的一模一样，山洞大概能够容纳下20到30个人。

2010年9月22日　星期三　属猪　阴

今天，大多数村民在家里整理烟叶。

恰值中秋佳节，部分村民早上赶往海邑，买好吃的菜回来，为中秋节做准备。在外头打工的人也回到家中过中秋节。离本村大约五六公里的唉维哨村，还专门举办了斗牛运动会，来庆祝中秋节。本村大多数村民吃过早饭后（有的连早饭都没有吃），就赶着去唉维哨村参加斗牛运动会。除了斗牛以外，还请来了乡里各村的文艺队，进行文艺表演。这一天，来参加斗牛运动会的人有好几千。斗牛、斗山羊、斗绵羊，及各种文艺节目，好看得让人无法形容。跟往常一样，来看斗牛运动会的人每人要出10元门票费和5元停车费。今天的斗牛运动会很精彩，人们根本不把这点小钱放在心上。拉着牛来斗的人有很多，来观看的人也很多。斗牛一直到20点26分才结束。

晚上，全村的人都在分吃月饼，人们一起吃饭、喝酒、聊天、唱歌和跳舞。

2010年9月23日　星期四　属鼠　阴

白天，大概有400个大糯黑村民留在家里整理烟叶。

有的村民去地里割草或者收集土杂肥，有的去砍烟杆、撕地膜、种绿肥、种苦荞。有的村民去砍玉米、摘南瓜。种植了向日葵的村民，这几天也到地里收割向日葵。大约一半的村民（男人居多），拉着整理好、打包好的烟叶到海邑烟站，或是外乡去售卖。

晚上，绝大多数的村民在家里整理烟叶。

2010年9月24日　星期五　属牛　阴

今天，有的村民到别的乡镇卖烟叶，有的村民留在家里整理烤好的烟叶。

有一些村民去烟地里把烟杆砍掉，再撕掉薄膜。以前没有种绿肥的村民，撕掉薄膜后种上绿肥，或者是荞、大麦等作物。有的村民去收集土杂肥，或者找烧柴，或者把自己家里的牛圈猪圈粪用拖拉机拉到地里头。种得比较早的玉米，这段时间都成熟了，所以，有的村民去砍玉米，或者去玉米地里摘南瓜、割黄花等。也有少部分村民去挖洋芋。

留在家里理烟叶的村民一边还收看电视节目。已卖完烟叶但没有其他活计可做的男子玩扑克，或看电视和录像。妇女们则串门聊天、绣花、织麻布等。

白天到别的乡镇卖烟叶的村民，很晚才回到家里。白天，还有三四个外地来的烟贩，来到大糯黑收购烟叶。

2010年9月25日　星期六　属虎　阴

早上，大多数村民在家整理烟叶。

毕海丽家烟栽得比较多，自己家人理的话，到烟叶站关门的时间都理不完。因此，毕海丽从本村请了五六个今年没有栽烟的村民来帮忙，大多为中年妇女。工费为每人35元，管饭食。

村内广播通知，要去烟叶站卖烟的村民把烟拉到大礼堂进行预检，之后，拉烟来预检的农户大约有30户。下午，有的村民去砍烟杆、撕薄膜；有的村民赶着羊群到山上放羊，直到18点左右才赶着吃饱的羊群回家。

晚上，绝大多数村民在理烟叶，或收看电视节目。

2010年9月26日　星期日　属兔　阴

今日，有部分村民去乡镇赶集。有的去山上挖地，砍烟杆，撕地膜，种苦荞、绿肥和大麦。大部分村民在家整理烟叶，或者到乡镇上的烟叶站卖烟。

近几日，种烟的村民烤完烟叶后，整理出来的烟叶多，有些不太好卖，但村民还是想尽一切办法把烟叶卖掉。卖完烟叶后，村民们个个笑容满面地回到家中。

晚上，绝大部分村民在家边整理烟叶，边收看电视节目。

2010年9月27日　星期一　属龙　雨

今天下雨，有许多村民留在家里看电视、做针线活。中年妇女在家里织布，年轻男子在玩扑克、下围棋或聊天。

还有一部分村民披上雨衣，拿起锄头、砍刀到地边，砍去杂木后，再用锄头挖地。家里养着羊的村民，也没有因为下雨而把羊关在圈里，而是赶着羊群到山上去放。有的村民担心下雨时刮风把自家的玉米吹倒，便在雨后到玉米地里查看。

晚上，绝大多数村民边整理烟叶边收看电视节目。

2010年9月28日　星期二　属蛇　阴

早上7点左右，村民毕伟、张小刚、杨海龙、老四等人到大糯黑青石场上早班和中班，下午6点30分以后返回家中。

还有少部分村民带上采石工具，去自家自留地里采石头。今天天气阴，但是地里的庄稼等着农民去收，地里的活计也得干。因此，除一小部分老弱父母在家外，其他大部分劳动力都外出做农活。有些村民砍玉米秸秆；烤烟整理得差不多、卖得差不多的村民就去玉米地撕玉米；有些村民收割向日葵、摘南瓜；有些村民砍烟杆、撕地膜或收集土杂肥；有一些男子种绿肥、苦荞、大麦、豌豆、萝卜等作物。

忙完一天的活计后，大部分村民都在家看电视。年轻的男子到别人家，或是约人来自己家玩扑克。一些没有结婚的男青年在村里或外村串门约会。

2010年9月29日　星期三　属马　雨

今日，天气时雨时阴。

有的村民到地里收割已经成熟的玉米，并把玉米堆到地边上，然后再种上大麦等作物。有的村民去砍玉米、撕玉米。有的村民去撕烤烟的地膜或者砍烟杆。有的村民去别的乡镇或石林县城里卖烟。有的村民把已经整理好的烟叶，以一个合适的价格卖给外地烟贩。留在家里的村民整理烟叶，家里养羊的村民到山上放羊。

14点到17点，本村的三四位年轻小伙，从乡集市上买了钓鱼用具，在本村的鱼塘钓鱼。鱼塘现在没人承包，只有一些鲫壳鱼。

晚上，多数村民在整理烟叶、收看电视节目或吹牛聊天。

2010年9月30日　星期四　属羊　阴

白天，有许多村民去耕地种大麦。有的村民收割玉米，或直接把玉米撕好皮后带回家中。有的村民去砍烟杆、撕塑料地膜。有的村民去山上放羊或收集土杂肥。有的村民收割向日葵，或把地里的南瓜摘回家中，有的去种苦荞。还有少数村民把烟叶以适当的价格卖给外地烟贩。

前些天砍收回来的麻已经挂晒得差不多了，有的中年妇女便把麻扎成一大捆，浸泡在门前塘子里，并用大小不一的石板、石块压在上面，以起到麻捆固定、不移动的作用。

有的村民留在家里，整理烟叶的同时收看电视节目、听音乐。外出干活的村民回家后，或看电视，或串门聊天。

晚上10点，老年协会文艺队成员在老年协会活动场地（以前的老村委会），排练大三弦舞蹈、小三弦舞蹈。直到晚上12点，他们才返回各自家里。

2010年10月1日　星期五　属猴　晴

早上，多数村民整理烟叶，或卖烟。

为了欢庆一年一度的国庆节，部分村民开着拖拉机、摩托车到乡市集，或县城买各种好吃的菜回家。

下午，村民榜寺本（撒尼话音译）家小孩子满月，要待客三餐，明天的中餐、晚餐到后天的中餐。今天，榜寺本就安排好男女亲戚，男的大约8到10人去县城买菜；女的就在本村待客处打扫卫生，清洗锅碗瓢盆，搬桌子、椅子等。后面来帮忙的亲戚还不能回家，要等着去县城买菜的人回来，洗买回来的菜。大约15点到16点，去县城买菜的人回到待客处，来帮忙的人把菜从车上卸下，接着便洗起来。待客处没有水，榜寺本还安排了两辆车负责拉洗菜水，另外安排了4到5人负责给今天来帮忙的人员准备晚餐。17点至18点，所有明天需要的菜已清洗完毕。

此外，17点20分左右，村民曾绍华、王春花、王小燕、毕林和杨光斌，在（唉维哨）烟叶站提前收购完国家烟草公司规定的数量后，所有工作人员和乡镇领导在唉维哨烟点聚会。本村的几位村民被任命为烟点点长，也赶去参加聚餐。提前收购完指定的数字，每个人都高兴地唱起敬酒歌，欢庆烟叶收购任务提早完成。几个人直到凌晨才返回家中。

晚上，部分村民把白天从乡集市或县城买回来的各种菜弄好后，开始喝酒聊天、收看国庆节的精彩电视节目。正因为欢庆国庆节，有的村民还默默地跟随着电视唱起了国歌。

2010年10月2日　星期六　属鸡　晴

今日，村民榜寺本家为小孩的满月办祝米客，本村来参加的亲戚有200多户，外村的有20到30户。饭菜做好之前，有的村民约起外村的朋友或亲戚到自己家里聊天、下围棋、打扑克。年轻的男子在家看电视，女的在学习织毛衣和织麻布。今天的午饭时间定在12点到13点30分。午饭后，按撒尼地方的习俗，所有来做客的人都送礼到榜寺本家。本村的亲朋都送去猪肉、大米、鸡蛋和人民币。外村的人因携带不便，所以只送礼金。送完礼品，主人家会记下所送的礼品的数量，以待将来有机会的时候，再把礼品如数或多送一些给亲朋。如果你是用盆或其他器皿装着礼品来的，送完礼后，主人家会在盆里放一块喜糖（喜糖大多为沙糕）让你带回去。没带盆子或盘子的，则直接把喜糖放到亲朋手里。送过礼品后,还没有到晚饭的时间,大家便去看小孩子,以便认清小孩的容貌。有的村民在榜寺本家聊天,喜欢玩扑克或别的游戏的就去玩游戏。来榜寺本家帮忙的亲朋(本村的人)把晚饭都弄好后,就全部到待客室处吃饭。晚饭后,外村的亲朋就回各自的村里,本村的亲朋还要在榜寺本家里吃一餐,也就是第二天的午饭。第二天的午饭吃完后,祝米客才算完。

2010年10月3日　星期日　属狗　阴

今日恰逢星期日,有的村民去海邑赶集,有的村民外出干活,比如砍玉米、砍烟杆、撕地膜。还有的村民牵着牛将土地犁一遍,再撒种苦荞、绿肥之类。

今日,村民榜寺本家办小孩满月客的最后一餐。早上7点30分,该来帮忙的亲戚依旧来到礼堂帮忙洗菜、做饭。今日来做客的大多为本村村民,外村的人于昨日晚餐后就回去了,只留下几位较亲的亲戚在本村吃饭。12点后,最后一餐结束。亲戚朋友们把礼堂的饭菜和所有垃圾清扫完,并用拖拉机把待客剩下的饭菜拉回榜寺本家中。较亲的亲戚,无论男女,在主人家烧起火做起饭菜。晚上,主人家还要招待较亲的亲戚。这些亲戚是办杀猪饭和红白喜事时都常常参与的亲戚。

14点到17点,来本村调研的王清清老师,和来本村采风的5位曲靖美术学院的老师想去赶海邑街,但是没有车子去海邑,也没有从本村去海邑的专用公交车。曾绍华和春花姐商量之后,决定开拖拉机去。不巧的是,他们家的拖拉机被村民李树林开去做活计了。毕林知道这几位老师来村里调研与采风,就去了春花姐家。谁知,几位老师要坐着拖拉机去海邑赶集,可惜春花姐家的拖拉机不在家,绍华哥又要在家里做饭而去不了海邑。无奈之下,春花姐打电话给村民(亲戚)王云东借车一用,还好今天村民王云东不用车。之后,春花姐决定让村民毕林当司机,老师们一起乘坐着拖拉机去海邑赶集,直到17点才回到家里。

晚上,村民榜寺本家正招待亲朋。大多数村民收看电视节目,还没理完烟叶的村民在理烟叶。

2010年10月4日　星期一　属猪　晴

11点30分左右，村广播室通知，从今天起，乡烟叶站收购的烟叶数量还差1万多斤。也就是说，烟叶站收够一万多斤的烟叶后，就要关门了。所以，请理好烟叶或需要卖烟的村民们于13点到14点，把烟直接拉到烟叶站交售，不必再像往常一样拉到礼堂预检。

下午，家里还剩有很多烟叶的村民，比如王天强和经将娃（小名）骑着摩托车去乡里的或者外乡的烟叶站，去查看烟叶站是否已完成收购的指标，以及村民们的卖烟情况。烤完、卖完烟的村民到玉米地砍玉米，或者到烟地里砍烟杆、撕地膜；也有的村民收集土杂肥料。

晚上，大多数村民收看电视节目或整理烟叶。

2010年10月5日　星期二　属鼠　晴

白天，许多村民去地里种大麦。有的村民去收割玉米，或者把玉米撕好皮带回家中。有的村民去砍烟杆、撕塑料地膜。少数几户没有理完烟叶的村民，留在家里整理烤好的烟叶。家里养着羊的村民，去山上放羊或收集土杂肥。有部分村民去收割向日葵，或把地里的南瓜摘回去，有的去种苦荞。还有少数几户村民，把家里没有卖完的烟叶以适当的价格卖给外地烟贩。

14点到16点，一对来自石林县城的夫妻，开着一辆农用车，来本村收购铁核桃（壳很硬的核桃），价格为每公斤6元。在家的村民得知有人来本村收购铁核桃，消息迅速传开。家里有铁核桃的村民都带上核桃来卖，有卖了20到30公斤的，也有卖了40到60公斤的，卖得多的有100到200公斤。没过多久，夫妻俩就买到了半车厢的铁核桃。

晚上，大多数村民收看电视节目，有少部分妇女、老奶奶们撕麻杆上的麻皮，并把麻泡在水中。

2010 年 10 月 6 日　星期三　属牛　晴

早上，大多数村民去砍烟杆、撕地膜。有的村民去砍玉米，少部分村民在家理烟叶。

早上 8 点左右，村民何海峰的父亲在村民小娃（小名）的拖拉机修理店里，给将近一年没有喷漆的手扶拖拉机上油漆。

有的妇女在村中心、大水塘里洗衣服或者洗麻。下午，全村 300 多个村民都去山上，或挖地，或砍玉米、撕玉米，或犁地种大麦、绿肥等。

晚上，大多数村民在家聊天、收看电视节目。

2010 年 10 月 7 日　星期四　属虎　雨

早上，下起了小雨。大多数村民待在家里，织麻、理烟，做家务。

下午，雨仍然下着。有的村民去山上挖地。今年的烟比往年好卖，售完自家烟叶的村民，就拿出本钱，在本村或外村以合适的价钱买烟叶。

晚上吃过晚饭后，村里的青年小伙聚集起来玩扑克。有的村民在本村或到外村串青年阿诗玛。有的村民因为烟卖了个好价钱，而放松一下自己，骑着摩托车去县城里的卡拉 OK 厅娱乐。

2010 年 10 月 8 日　星期五　属兔　雨

今日，雨持续下着。从早晨到白天，除了养羊的村民赶着羊去山上，或去地边挖地外，很少有人外出做农活。多数村民在家里找活做。

晚上，因天气不好，大部分村民休息得很早，只有少部分村民在收看电视节目和聊天。

2010 年 10 月 9 日　星期六　属龙　阴

今日，除部分村民上山务农外，还有部分村民带牛去海邑街华猛斗牛场参加斗牛比赛，或者观看斗牛比赛。

喜欢钓鱼的村民在本村门前塘子里垂钓。

晚上，村民们把手上的活忙完后，收看电视节目，或者三五成群约起来玩扑克。青年们到本村或外村约会。

2010年10月10日　星期日　属蛇　晴

今天10号，是赶集的日子。部分村民一大早就去海邑街集市赶集，有的村民用拖拉机拉着玉米到集市上卖，也有的村民去采购家具。

午饭后，村民们喂饱了牛，装好犁地用具后，驾起牛去烟地里，犁过一遍地后，撒绿肥种子和荞种。14点左右，村民足光华家请了个木匠师傅来装修盖起了两年多的房子。

2010年10月11日　星期一　属马　晴

9点到12点，13点到17点，大糯黑村小组有关人员为烤烟农户进行预检。

大多数村民到山上收玉米，有的村民从牛圈里铲出牛粪，拉到山上的地边，堆放起来。也有的村民去收集明年所需的土杂肥；还有部分男村民用自家的本钱去外村收购烟叶。

晚上，大多数村民在收看电视节目，中年妇女及老人在织麻，或从泡好的麻杆上撕扯麻皮，并做初步的整理。

2010年10月12日　星期二　属羊　晴

今天，约20%有劳动能力的村民，去已摘完烟叶的地里，把烟杆砍掉，然后把烤烟专用的地膜撕掉。约40%的村民去收玉米，有的村民去种冬大麦，或者去种豌豆，有一部分村民去收集土杂肥挖地，还有的村民去撕玉米。

2010年10月13日　星期三　属猴　晴

今早，约有80户村民去地里收玉米，30户村民去撕玉米，120人种大麦。

有少部分村民收割向日葵,有的村民收割玉米地里的南瓜,有的村民种豌豆,有的去撕烤烟地里的地膜、砍烟杆,或者去收集土杂肥,或去开荒挖地。

另外,今天下午2点左右,4个外地来的烟贩子来收购烟叶。下午4点,他们带着收到的650公斤烟叶离开了大糯黑村。

2010年10月14日　星期四　属鸡　晴

早上8点到12点,大多数村民都去山上的玉米地里收玉米。王光辉家从上午到下午都在帮助亲戚足光华家收玉米。

再过两天就到了挖洋芋的日子,可洋芋地里长满了荒草,有的村民就带上了割草用具去洋芋地除草。有的村民去烟地里撕地膜或种大麦,有的到辣椒地摘辣椒。

晚上,大多数村民把手中的活计忙完后,收看电视节目。有的村民把白天从辣椒地里摘回来的辣椒摆出来,用细绳编起来,然后挂在通风处晾干。

2010年10月15日　星期五　属狗　晴

今日,杨学光的小女儿杨美英的小孩满月。杨美英嫁到了县城,但要回本村办祝米客。早些时候,她家就请了亲朋到大糯黑待客处帮着洗菜、杀牛、杀猪等。今天是头一天,只是请亲朋过来帮忙,并没有正式待客。下午这段时间,大多数村民收玉米或撕玉米,直到19点30分才回到家中。

21点,曲靖美术学院的老师与学生来到曾绍华家,共计25人。吃过晚饭后,他们还举行了隆重的火把狂欢仪式。

2010 年 10 月 16 日　星期六　属猪　晴

今日，杨美英家办祝米客的正餐。早餐时间是 11 点 30 分。还没到吃饭的时间，亲朋们就把所有的饭菜都做熟了。11 点 30 分，不管是村里的还是村外的亲朋都来了。这次祝米客办了 100 桌。吃完早饭后还有晚饭，之后，外村的、本村的亲朋都各自回家。

白天，没有去做客的村民到玉米地里撕玉米等。

2010 年 10 月 17 日　星期日　属鼠　小雨

今日早上，大多数村民跑到山上的玉米地里收玉米、撕玉米、摘南瓜等。12 点时返回家中，并把撕好的玉米拉运回家。

下午，村民们接着去玉米地里撕玉米。

14 点到 17 点的时候，飞着些小雨。天气慢慢变冷，有的村民去海邑集市赶集，买些冬服毛衣等。这一时期也到了较忙的丰收时期，集市上买菜卖菜的人也很多。

20 点到 21 点，村民把白天撕回来的玉米搬到了楼上。此外，大多数村民在收看电视节目。

2010 年 10 月 18 日　星期一　属牛　晴

早上 7 点到 12 点，大部分村民去砍玉米、撕玉米、挖洋芋。

下午 1 点，在李琳家的小卖部旁，一对来自石林县城的夫妇，开着一辆农用车来大糯黑收购铁核桃（壳很硬的核桃），价格为 1 公斤 6 元。村民们见到收铁核桃的人来到村中，就回家把平时打摘下来存好、晒干了的铁核桃拿出来卖。每家最少都卖了 20 到 30 公斤，多的达 100 到 120 公斤。

下午 2 点左右，何黄家大约 200 公斤的白猪不知为何突然死去。一家人进行了协商，因为猪卖不出去了，只能把猪的内脏取掉，吃掉能吃的部分，不能吃的部分丢弃埋掉。之后，父子俩请了两三位男亲戚来处理猪。

13点到16点，乡镇银行催贷款的人来本村追贷款。经过村广播的通知，在银行贷了款的村民带着身份证、户口本做了登记，贷款期满了的村民现交利息。

2010年10月19日　星期二　属虎　小雨

今日天气持续小雨，多数村民都留在家中，男的找家务活做，女的织麻布。有的村民给泡好的麻条撕扯麻皮。雨时下时停，在下午这段时间里，有男村民赶着牛或开着小型犁地机去玉米地、烟地里犁地。有村民去山上收集土杂肥、放牛放羊、拾蘑菇。

去年，王宏光家在乡镇及村委会批准下，从山上砍伐了些木料回来，到现在这些木料基本上都干了。今早11点左右，王宏光请了要好的朋友前来帮忙抬木料，准备将木料拉往海邑加工硬楼板。前来帮忙的村民有毕华、王晓红、王祥、王兴祥。除了主人家的拖拉机外，还有王祥家和王晓红家的拖拉机，三辆拖拉机装满后，木料拉往海邑木料加工处。他们大约下午三四点才返回家中。天色已不早，主人家煮起了饭，晚上大家便在主人家用餐。

2010年10月20日　星期三　属兔　晴

王玉明家一头约150公斤重的黑猪得了病，请了很多兽医来医治，效果都不是很理想。王玉明担心极了。早上10点左右，有位县城来的猪贩子来到本村，四处叫喊着买猪。王玉明家正好遇上猪贩子，经过双协商，以一个合适的价格卖了这头猪。

下午，大多数村民收玉米、撕玉米。

晚上，老年协会文艺队在水塘边的协会公房排练文艺节目"圭山游击队"。

2010 年 10 月 21 日　星期四　属龙　晴

早上，大多数的村民砍玉米、撕玉米。

下午，有的村民去烟地里砍烟杆、撕地膜；有的村民收集土杂肥。还有劳动能力的老人赶着羊群去放羊。此外，也有一些村民在家里给猪、羊、牛圈除粪。

晚上 10 点，何建学文艺队在礼堂排练舞蹈《现代烟草扎扎呀》。

2010 年 10 月 22 日　星期五　属蛇　晴

今日，大多数村民去砍收玉米、收集土杂肥。毕志昌家请了亲戚来帮忙挖洋芋。请来的亲戚有：曾绍华家三人、曾利华家三人、曾文华家二人、高有胜家二人、王云东家二人。用了一辆拖拉机和一架牛车。挖完洋芋回家，主人家已做好了饭菜。大家吃过饭后，10 点 30 分左右，一起来到洋芋地。大家首先架好牛犁，接着开始犁地。跟在后面的人，用竹篮和锄头等用具把洋芋拾进竹篮里，装满竹篮后再倒进蛇皮口袋（村民称呼装氮肥的口袋）里。直到 16 点左右，才把洋芋挖完。村民数一数今天的成果，大大小小共 40 蛇皮口袋。随后，男人把洋芋装上拖拉机拉回家中。回到家时已经 17 点左右，主人家做起饭来。回家喂猪牛羊鸡的亲戚们到来后，便开饭了。在用餐的时候，大家喜悦地聊起白天丰收的过程。

2010 年 10 月 23 日　星期六　属马　晴

早上 8 点左右，全村的人带着扫地用具清扫村子，轮到值小组长的人开着农用拖拉机，把垃圾及时运到村边的垃圾堆放处。村里的街道已经很久没有清扫，加上今天下午云南省文化厅的有关领导要来本村考察，所以要清扫。10 点左右，街道清扫完毕。

村民外出到山上的玉米地里砍撕玉米。

14 点到 15 点，本村的 4 个文艺队拿着大三弦、小三弦、竹笛、狮子道具、鼓等乐器道具来到文化广场。何进学的文艺队舞狮子，其余三支队伍跳大三弦舞蹈、小三弦舞蹈。不一会儿，文化厅的人来到。文艺队伍便按往常排练好的跳起来、舞起来。迎宾之后，领导们参观博物馆、多功能文化室以及大街小巷。17点左右，领导们坐着车走了。

2010年10月24日　星期日　属羊　晴

今日星期日，是赶集的日子。早上7点左右，就有村民开着拖拉机或骑着摩托车去海邑街赶集。8点58分时，糯黑村的广播响了起来：为了防止狂犬病，养狗的村民要把自家的狗拴好关好。如果在路边、街道上见到狗，到时候一个不留，全部打掉，后果自负。听到广播后，村民把自家的狗拴了、关了起来。

下午这段时间，大多数村民到山上干活。有的村民去挖洋芋。

20点左右，小糯黑村21岁的曾剑波，来大糯黑找好长时间没相聚的好友毕林。他们一起聊天等，曾剑波23点30分时才返回家。

2015年
村民日志

2015年1月1日 阴

村务事宜：

今天是密枝节，一大早，本村的八个密枝头目就在毕摩的带领下，到密枝林祭祀密枝神。下午的时候，由糯黑村委会和大糯黑村民小组组织了2015年1月1日密枝节的一系列文体活动，包括撵山活动（密枝节时，男人们上山赶鸟的活动）、背媳妇比赛、拉牛车比赛和斗鸡斗羊比赛。

人员流动：

通过电视、网络等新闻媒体的宣传，有很多新闻记者和省内外的游客来到大糯黑村过密枝节。

生计活动：

按照传统习俗，在彝族撒尼人一年一度的密枝节期间，不论男女老幼，都不得外出做农活。所以，今天没有外出打工或做农活的村民。

年节及休闲活动：

由圭山镇政府牵头，在大糯黑村举办了一系列的密枝节活动。同时邀请了12个新闻媒体，为大糯黑村的密枝节活动进行了报道。活动分为密枝节的祭祀活动以及各项文体活动，包括背媳妇比赛、拉牛车比赛、拔河、斗羊比赛，1000多人参加，观看了今天的文体活动。

2015年1月2日 晴

年节及休闲活动：

糯黑村委会决定，2015年1月4日在大糯黑村举办"土风计划"活动，具体内容为"圭山彩虹"和"竹叶常青"两首老歌的传唱比赛。大糯黑村原先组织好的六个文艺队，各自集中在一个地方练歌。其他没有参加传唱比赛的村民，妇女基本上都在家里聊天、做针线活，而男人们则相约到离村很远的山上去撵山，打到猎物后就回到家里聚餐。

村务事宜：

昨天在糯黑村文化体育广场举办了一系列的比赛后，广场上留下的垃圾没有清理。糯黑村委会、大糯黑村小组的干部，于今天早上到文化体育广场搞卫生。

人员流动：

约有500多名外地游客来大糯黑村游玩，体验彝族撒尼密枝节。

2015年1月3日　晴

生计活动：

今天是密枝节的第三天，除家里养羊的农户赶羊到山上放牧外，没有村民到山上做农活。

年节及休闲活动：

明天要举办"竹叶常青"和"圭山彩虹"的传唱比赛，本村的六个文艺传唱队伍从早上8点开始，一直到晚上12点左右，都在练唱这两首歌。本村大部分妇女相约在一起刺绣，或到邻居家串门聊天。大部分男人和年轻小伙子则去狩猎，狩到了猎物又回到家里喝酒聚餐，猎物大多为各种小鸟和松鼠等小动物。

村务事宜：

因为明天大糯黑村要举办"土风计划"，进行"圭山彩虹""竹叶常青"两首歌的传唱比赛，所以早上8点钟到9点钟，村小组干部就在广播上通知要参加比赛的文艺队，把各文艺队的队名和队员名单上报到村小组。9点钟的时候，一共有六支文艺队报名。村委会的书记、主任、副主任、监督委员会主任，也因为明天要举办的"土风计划"，到石林县城去订制布标等。他们下午4点钟左右回到村里，随后开始在大糯黑村的礼堂里布置明天比赛的会场。

另外，因为明天会有众多的评委和领导到村里观看唱歌比赛，所以，虽然前天才搞了卫生，但是村小组干部还是一大早就通知所有村民，把村里的卫生搞干净。

人员流动：

约有100个游客到大糯黑村游玩。有少数游客在农家乐住宿，其余大部分的游客吃完晚饭后又各自离村。约有20个村民到石林县城做客，吃完晚饭后又回来。

2015年1月4日　晴

年节及休闲活动：

在石林县和圭山镇领导的支持和帮助下，糯黑村在大糯黑文化活动室举办了"土风计划"的歌曲传唱比赛，有600多人参加了比赛活动。

村务事宜：

由糯黑村委会主办的"土风计划"中的"圭山彩虹"和"竹叶常青"的传唱比赛在大糯黑村的礼堂举行。参加比赛的队伍共有八个：小糯黑村两个，大糯黑村六个。奖金设一名特等奖5000元，两名一等奖各4000元，两名二等奖各3000元，三名三等奖各2000元。评委由县文体部门的7个领导担任，比赛从早上9点钟开始，一直到晚上7点30分结束。前来观看比赛的观众们共有3600多人。

人员流动：

有很多县里来的人，到大糯黑村观看"圭山彩虹"和"竹叶常青"这两首歌的传唱比赛。

2015年1月5日　晴

生计活动：

有部分村民到外地人租种的三七地里打工，一些村民则到地里拉玉米秸秆，一小部分村民到食用玫瑰地里重新覆盖被大风刮掉的地膜。

年节及休闲活动：

在昨天的"圭山彩虹"和"竹叶常青"的传唱比赛中，好几个文艺队都拿到了 5000 元、4000 元、3000 元的奖金。民族民间文艺队和作比嘎兴文艺队，两支队伍各拿出一部分钱买羊、买菜，然后到各个队的队长家中聚餐。吃过饭后又一起唱歌和跳三弦舞。早上 8 点钟左右，因为在昨天的唱歌比赛中拿了特等奖，于是相约一起到弥勒县城泡温泉。一直到晚上 9 点钟才回到家中，回家后又接着吃宵夜。

村务事宜：

糯黑村委会应圭山镇政府的要求，梳理自 2013 年实施至今的"土风计划"的开支情况，以及制定第二季"土风计划"的实施方案，并把预算和方案上交到圭山镇党委。另外，国家公益林和地方公益林 2015 年来还没有完全封山。于是，村里的林业员和护林员将剩余的几座山封完。

明天晚上曾玉林家要为病逝的母亲举行仪式，从明天早上开始就要杀猪宰羊做菜，招待前来悼念老人的亲朋。今晚 10 点钟左右，村小组长和副组长就着急起来，分配该社四个小组的组长到曾玉林家中，四组为：抬棺一组、做菜一组、杀牛一组、做饭一组，其中两组还被安排招待外村的客人在村里的住宿。

人员流动：

上午 8 点钟到下午 5 点钟，大糯黑村的毕兴学等 20 人，因为在昨天的"圭山彩虹""竹叶常青"的传唱比赛中拿了 5000 元的特等奖，于是今天去弥勒泡温泉。

2015 年 1 月 6 日　晴

人生大事：

大糯黑村曾玉林的母亲于前几天病逝，定于明天出殡。今天晚上举行曾玉林母亲的悼念仪式。悼念仪式彝语为"满原"，"满"的意思是"名字"，"原"的意思是"下"，"满原"的意思为把名字放下，就是说这个人的名字和人今后将不再存在。所以，人们都会前来悼念死者。

村务事宜：

大糯黑村每逢老人去世，东家都会把葬礼的事交付给村小组长来组织，安排本村的村民帮忙做菜、抬逝者和下葬。所以今天白天，村小组负责安排村民做菜待客。

人员流动：

约80个外地游客来大糯黑村游玩。

生计活动：

因为2014年三七价格大跌，今年种三七的人不是很多。尽管如此，糯黑村周边仍有几个外地的老板来村里租地种植三七。这段时间是种三七的时间，大糯黑村的部分村民分别到各个三七种植户处打工，竖三七杆、种三七，或是拉遮阴网。一部分村民则去山上找柴，大多数村民去拉玉米秸秆。

2015年1月7日　阴

生计活动：

曾玉林为母亲举办葬礼，所以有很多村民都去曾玉林家帮忙。20个左右村民去三七地里打工，有养羊的农户则去放羊。

人生大事：

大糯黑村的李洪春，于下午6点半左右，因癌症不治去世，享年67岁。另外，今天是曾玉林母亲出殡的日子，本村600多人和外村四五百人参加了曾玉林母亲的葬礼。葬礼从午饭后的2点30分开始到5点30分结束。结束后，各村前来送葬的人各自回村。

人员流动：

约有450个外村的村民来参加曾玉林母亲的葬礼。

2015年1月8日　雨

生计活动：

近两天农活不是特别忙，少部分村民到三七地里打工，也有的村民则去地里拉玉米秸秆。

年节及休闲活动：

有些村民到石林县城里赶集，有的村民则在家里看电视或找朋友玩扑克、串门子。

人生大事：

今天是曾玉林母亲上坟的日子。早上8点左右，亲朋就将上坟用的祭品，米、香、鸡蛋、鸡、酒拿到曾玉林家，由曾玉林家请人把祭品烹熟。11点左右，所有的亲朋都到曾玉林母亲的坟地哭别，并献上祭品。在坟地吃了告别饭，最后一起回到村里。至此，曾玉林母亲的葬礼结束。

2015年1月9日　雪

生计活动：

下雪，有些村民到山上捕鸟。大部分的村民则留在家里。有二十几个村民被种植三七的老板请到三七地里帮忙把遮阴网上的雪刮掉，以免雪将网压塌。

年节及休闲活动：

下着雪，大部分村民都在家里聊天、看电视。

人生大事：

洪德家今天到宜良县城花4650元买了一台406的耕种机，用于自家耕地的同时也可以帮别人耕，并收取耕地费，耕地费一般为每户50元左右。

村务事宜：

大糯黑村小组干部在广播上通知，今年要栽种烤烟的农户，自行到村小组广播室报名，并交各自的证件复印件和上报种植面积。

人员流动：

今天是周六，有部分村民到石林县城赶集。另外上午 11 点钟，有十多个游客来大糯黑村游玩，直到晚饭后才回去。

2015 年 1 月 10 日　雪

人生大事：

李洪春于 2015 年 1 月 7 日因病去世，李洪春的儿子及家人请人看过日子后，定于 2015 年 1 月 14 日举办李洪春的葬礼。按撒尼人的习俗，死者出殡的时候，要通知本村和外村的所有亲朋前来参加葬礼。于是，今天早上 7 点钟的时候，王光明（李洪春的儿子）就将饭菜做好，请人帮忙将父亲出殡的日子告知所有亲朋。王光明家共有 25 个外村的亲朋必须来参加葬礼。来王光明家帮忙的人吃过饭后，分成了六个组，每个组分别去 4 至 6 个村子，告诉亲朋们出殡的时间。

人员流动：

帮王光明家前去告知亲朋王光明父亲出殡时间的人共计有 12 人。早上 11 点左右至晚上 7 点 30 分这段时间，一起到外村将王光明父亲出殡的时间告诉王光明家所有的亲朋。

生计活动：

下雪，除一小部分村民到三七地帮三七老板打工、清理遮阴网上的积雪外，大部分村民都留在家里。

年节及休闲活动：

大部分的村民都串门子、聊天、刺绣。男人们要么在家看电视，要么聚在一起打扑克。还有一小部分青年人到山上打猎。

2015 年 1 月 11 日　雪

人生大事：

早上 8 点钟左右，王光明召集亲朋来帮忙，并请来火化厂的工作人员，将父亲的遗体拉到石林县火化厂火化。

人员流动：

有四十几个村民到石林县火葬场参加了李洪春遗体的火化仪式。

生计活动：

山上仍有一部分积雪，所以到山上做农活的人特别少。有一小部分村民到山上铲土杂肥，养羊的农户则去放羊。

年节及休闲活动：

今天虽然是星期天，但因为雪还没有全部化掉，天气又比较冷，所以到海邑集市赶集的人不是特别多，大部分村民都在家里或聊天或聚集在一起打牌。

2015年1月12日　阴

生计活动：

天气阴，雪差不多化了。陆陆续续有一些村民到地里或山上干农活和收集土杂肥。另有一些村民则在三七地里打工。

人生大事：

李洪春的葬礼定在2015年1月14日，今天王光明请人帮忙将父亲下葬的日期告诉给本村和外村的所有亲朋，并邀请亲朋前来参加父亲的葬礼。

村务事宜：

晚饭后，村小组应王光明家的要求，将王光明父亲的葬礼托付给村小组来组织。村小组通知了本村四个小组的组长，将任务下发到四个小组。分组情况为：一组负责修坟地和抬人下葬，二组负责杀牛和将牛肉煮熟招待客人并做饭，三组负责做其他小菜，四组负责杀猪杀羊并做饭。

人员流动：

有24个村民应王光明家的要求，帮王光明家到14个村将父亲李洪春的下葬日期告知亲朋，并要求亲朋前来参加葬礼。

2015年1月13日　阴

人生大事：

王光明家为父亲李洪春举办了下葬前的守灵仪式，仪式上有五个村的亲朋还带了舞蹈队在李洪春的灵前表演节目，以告慰李洪春的在天之灵。李洪春生前特别喜欢跳舞，并参加了老年协会的文艺队。今晚，共有13个村的亲朋前来参加李洪春的守灵仪式。每个村亲朋在李洪春的灵前祭拜过后，就到村待客处吃饭。饭后，李洪春的子侄辈就在李洪春的灵前守灵到天亮。

村务事宜：

王光明家为父亲李洪春举办守灵闹灵仪式，请了村小组负责招待外村前来拜灵的人，所以今天一整天的时间村小组成员都在帮忙。

人员流动：

下午6点半到12点，约有450个外村人前来参加王光明父亲李洪春的守灵闹灵仪式。

生计活动：

同2015年1月12日。

2015年1月14日　晴

生计活动：

今天是李洪春下葬的日子，大部分的村民都去帮忙，只有少部分人外出干农活。

人生大事：

今天是李洪春下葬的日子，王光明家在本村请了约120人帮忙做菜，并将父亲的遗体抬到公墓下葬。今天有1000多人参加了李洪春的葬礼。

村务事宜：

村小组参加并负责李洪春葬礼的一切事务。

人员流动：

有400多外村人参加了王光明父亲的葬礼。晚饭后，除王光明的表姐妹兄弟和长辈外，其他大部分亲朋都回各自村里。

2015年1月15日　晴

生计活动：

连续几天的雨雪天气后，土地松软，便于耕地，本村有很多男人都去耕地。现在耕地基本都用微耕机。另外有一部分村民则去找柴或去山上收集土杂肥，以便来年耕种使用。

这段时间，在本村租地种三七的外地人正忙着种三七。本村60多个妇女，去帮外地人种三七和整理三七地。李玉明、张琼芬和少数几户农户，趁着天气好、土地酥松，都请来亲朋帮忙种油桃，种植面积约8亩。

村务事宜：

举行石林县圭山镇人民代表大会第三次会议，大糯黑村的村长李宝洋和村委会主任杨光斌、村党总支书记一起到圭山镇政府开会。

人员流动：

有部分村民到石林县城赶集，本村的8个村民到红河州泸西县旧城镇学车。

2015年1月16日　晴

生计活动：

早上，大多数村民用拖拉机到自家地里拉玉米秸秆。下午时天气比较好，村民们到山上去收集土杂肥。约有60个村民去三七地打工，从早上8点钟开始一直做到下午6点钟。每天的工钱为每人60元，支付方式为一天一付。三七种植户不止一家，所以打工的人的分工和每天的工种都不一样，有些村民种三七，有些则安装三七棚。

年节及休闲活动：

今天是礼拜五，在石林县城读书的学生要放假回家。放学的时间是下午3点钟，有些学生的家长一大早就到县城赶集，到3点钟的时候又去接自己的孩子。下午4点钟左右，在石林县城和海邑中心学校读书的学生，回来后在糯黑小学的篮球场打篮球。大一点的学生则在糯黑村文化体育广场学骑摩托车。

村务事宜：

早上8点钟至12点钟，大糯黑村的三位镇人大代表到镇政府参加圭山镇第三次代表会议，并提出议案：大糯黑村龙潭水的保洁方案和大糯黑村整村卫生垃圾处理的方案。两个方案要求在龙潭上安装顶棚和配备一辆垃圾车。下午2点钟，村委会和大糯黑村小组到红河州弥勒西三乡的可邑村实地察看"美丽家园"的建设情况。另外，晚上8点钟到10点钟，泸西县城里的三个超市人员来大糯黑村推销厨具，大约200个村民到推销会场。

人员流动：

晚上8点到10点钟，有三个泸西人来大糯黑村推销产品。下午2点钟到5点钟之间，糯黑村委会干部和糯黑村小组到弥勒可邑村查看该村"美丽家园"的建设情况。另外，约30位村民到石林县城接在巴江中学读书的子女回家。

2015年1月17日　阴有小雨

人生大事：

明天本村的村民要举办婚礼。今天早上6点，天还没亮，苏艳的哥哥就来村子的待客处放鞭炮。礼堂待客处在13号的时候被王光明家用于办白事客，放鞭炮有辟邪的意思。天亮时，苏艳家请来帮忙的亲朋就陆续到待客处帮忙，有一部分人杀猪，约12个人负责杀牛，妇女们则大多洗菜、切菜，或打扫卫生，一直忙到晚上。

人员流动：

明天苏艳结婚，今天要为明天的婚礼做准备。比如洗菜、打扫卫生等。男方的家人和亲朋一大早就来大糯黑村帮忙，男方为尼普勒村民。

生计活动：

早上天阴，特别适合拉玉米秸秆，大糯黑村大约120户村民到地里拉玉米秸秆。把草拉回来堆在家外，以备今年喂牲口。另有一部分村民去山上收集土杂肥，土杂肥即山上的树叶、草等腐烂后形成的肥料。到春耕的时候，土杂肥同牛圈猪圈粪一起混拌后用于种庄稼。

年节及休闲活动：

下雨，除早上部分村民到地里拉玉米秸秆外，下午的时候有很多的村民闲暇在家，烤火、聊天。

2015年1月18日 阴

人生大事：

苏继奎的女儿苏艳今天结婚。苏艳今年24岁，新郎系邻村的尼普勒村人。两人是自由恋爱，相处已有一年左右。天亮的时候，苏艳家请来帮忙的亲朋就陆续来到待客处帮忙，一部分人杀猪，一部分人杀牛。其他的男人则做菜，女人打扫卫生、洗菜切菜。中午11点30分开始吃饭，除本村的村民来做客外，还有外村的亲朋，做客的人数约有700人，苏艳家一共做了12道菜。

下午4点多钟的时候，苏继奎的母亲何美兰因病去世。

人员流动：

有300多个外村人来大糯黑村参加苏艳的婚礼。晚饭后，8点左右才回各自的村子。另外，大约有50个村民到泸西县城赶街买东西，天黑的时候才陆续回到家中。

生计活动：

少部分村民或者拉玉米秸秆，或者到山上收集土杂肥。

年节及休闲活动：

苏艳结婚，天气又不好，没有多少人到山上做活。有很多村民在家里打牌或斗地主。另外，为庆祝婚礼，苏艳家还请了本村和尼普勒的文艺队来婚礼现场表演文艺节目。观看节目的本村村民达到400人左右。

2015年1月19日　雨夹雪

生计活动：

天气阴，下了点雪，从早上到下午4点多钟一直在下雨。除一小部分村民到山上收集土杂肥外，其他的村民都在家里闲着，或者用玉米脱粒机脱玉米粒。

年节及休闲活动：

下雨和雪，女人们大部分都去串门子或聊天或做针线活，男人们则在聚在一起打牌或斗地主。

人生大事：

村民何美兰于昨天下午因病去世，还没有出殡，会有众多的亲朋前来悼念死者。这段时间天气特别冷，为了给前来悼念死者的亲朋取暖，何美兰的儿子苏继奎家叫上许多亲朋到山上找柴火。午饭后，苏艳家请亲朋帮忙打扫待客处的卫生。前来参加苏艳婚礼的有1000人。此外，婚礼共花费7万元左右，收到礼金3万元。

村务事宜：

2015年的村医疗保险已由公司或单位缴费，但本村四个长年在外打工的村民，在村里也交了一份保险费，重复缴费在医保系统下就交不了费，所以今早村干部就将多缴了的110元医疗保险费退还给这四个村民。

人员流动：

有30多个外村人来悼念苏继奎去世的母亲。另有部分村民乘着雨雪天气干不了农活，就到县城赶集。

2015年1月20日　晴

生计活动：

刚下过雨，路比较湿滑，所以今天到山上做农活的村民较少，只有少数村民到山上收集土杂肥，家里养羊的农户则到山上放羊。

人生大事：

何美兰于2015年1月18日因病去世。今天，何美兰的家人、子女、亲朋等人将何美兰的遗体用殡仪馆的车拉到石林县城的狮子山火葬场火化。下午4点多，将骨灰拉回。今晚8点半吃了晚饭，约10点钟时举行了入棺仪式。按照彝族撒尼人的习俗，今天晚上的仪式由毕摩主持。首先由东家准备伙食招待大约90个亲朋，然后由毕摩主持将死者的骨灰放到棺中。放骨灰之前先在棺中垫很多层黑布，等骨灰放好后，在上面放衣服，衣服由亲朋拿来。把棺木填满后，再由死者的兄弟亲自钉棺。之后，在棺木上盖上毛毯布料。因为逝者是女性，所以要放上撒尼女子服饰、包头和麻布等。随后，前来悼念的人负责上酒，并拿些钱资助东家，帮助东家渡过难关，东家则记好账。

村务事宜：

2015年2月19日至2月20日，糯黑村委会应圭山镇党委的要求，参加石林县举办的"中国梦·彝乡情"党建风采展。村委会的四个干部于今天下午商讨参演节目的人员和参演节目的名称。

人员流动：

明天王进林的大儿子要在石林县城举办婚礼，王进林家请了大概30个亲朋到石林县城洗菜、买菜。晚上，除一小部分人留在县城外，其余大部分人都在9点左右回到家中。

2015年1月21日　阴

生计活动：

天刚放晴，一会儿又变阴了，村民基本上都去山上收集土杂肥，其余村民留在家中。

年节及休闲活动：

到石林县城参加王进林儿子婚礼的村民中，有部分在待客的地方帮忙，大部分都到县城逛街，也有到公园里打牌消磨时间的。

人生大事：

王进林的大儿子在石林县城举办婚礼，本村将近一半的村民都是王进林家的亲戚，所以早上8点钟左右，就各自租车到石林县城做客。王进林大儿子现在在石林县路政部门上班，新娘也在石林县城上班，待客的地方也就安排在石林县城。今天前来参加婚礼的人有900多人。王进林家为本次的婚礼安排了12道菜，婚礼共花费8万元左右，收得礼金58900元。

村务事宜：

早上8点钟左右，大糯黑村小组干部在广播上通知：在2000年到2007年出生的小孩，家长要带着小孩的出生医学证明和家长的身份证到圭山镇卫生院进行登记注册。另外，2008年到2015年出生的小孩要在近两天到卫生院打预防针。广播还通知，村里这个星期有专家在卫生院坐诊，不论男女老幼都可以前去看病。另外，为了迎接2015年的正月初一和初二，县上举办了2015年"中国梦·彝乡情"党建风采展的调研。村委会安排大糯黑村的三支青年文艺队报名，报名人数为24人，男女各12人。

人员流动：

早上8点到晚上8点，大糯黑村一半的村民到石林县城参加王进林大儿子的婚礼。

2015年1月22日 晴

人生大事：

李向明家和杨金华家杀猪，并各自请了自家的亲朋参与杀猪和吃杀猪饭。李向明家有 70 多个人来吃杀猪饭,杨金华家一共办了 13 桌。

人员流动:

今天是周日,有一部分村民到海邑集市赶集。

2015 年 1 月 23 日　晴

人生大事:

杨文光花 28000 元人民币从李永明处买了一台拖拉机。

村务事宜:

早上 8 点钟,村长李宝强在广播上通知全体村民到村小组领取养老保险存折,并核对身份证号码、存折账号和姓名。为了初二的文艺表演,村小组请外村的老师教本村文艺队编排节目。

人员流动:

从外村和城里来的人到大糯黑的朋友家吃杀猪饭。

2015 年 1 月 24 日　晴

年节及休闲活动:

今天是腊月初四,好些农户家里都杀猪,所以大部分村民都在家里,或帮忙杀猪,或看电视聊天。有些村民到石林县城买过几天杀猪要用的菜。

人生大事:

万志英家杀了一头重 189 公斤的年猪,并请了 40 多个亲朋来吃杀猪饭。

村务事宜:

去年,本村的烤烟收购工作做得特别好。烟草公司给村民分红,每户分红的金额为 41 元。

人员流动:

有一些外村的游客来村里游玩,吃杀猪饭。

2015年1月25日　晴

人生大事：

李有辉、王光辉、李志刚等多家农户杀猪，并邀请亲朋前来吃杀猪饭。另外，毕志华家花31240元到石林县城买了一台拖拉机。

人员流动：

有一些村民到县城赶集，另有一些村民则到海邑集市赶集。

生计活动：

有少部分村民到地里拉玉米秸秆。

2015年1月26日　晴

年节及休闲活动：

近段时间杀猪的人特别多，村里的大多数男人都帮忙杀猪，杀完猪后就在一起玩扑克，下围棋。

人生大事：

曾丽萍结婚，本村的很多村民参加了曾丽萍的婚礼。婚礼共办了12道菜招待亲朋，参加的人员约计有800人。

村务事宜：

到了防火期间，糯黑村委会同大糯黑村小组签订2015年度防火工作目标责任书。

2015年1月27日　晴

生计活动：

部分妇女外出收集土杂肥，大部分男子都在家里帮忙杀猪。

人生大事：

李玉明家花了14600元从泸西人手中买了一辆二手农用车。另外，何少华、毕兴学、王刚等十多户村民今天杀猪，并请人吃杀猪饭。

村务事宜：

村小组和全村的农户签订了 2015 年度的防火目标责任书,并将责任书上交到镇防火办。

人员流动:

有 40 多个外村的村民来村里吃杀猪饭。

2015 年 1 月 28 日　晴

人生大事:

何小羊家今天花 72400 元人民币到昆明买了一辆五菱宏光车。

人员流动:

有一些外村的人来村里吃杀猪饭。

2015 年 1 月 29 日　晴

村务事宜:

防火队员到山上巡山,村小组成员到县城购买春节文艺表演用的礼品。

人员流动:

大糯黑村小组的三个干部到县城买东西。

2015 年 1 月 30 日　晴

人生大事:

村民王光明于今天到宜良县城买拖拉机,拖拉机价格为 31600 元。

人员流动:

王光明到宜良县城买拖拉机。

生计活动:

今天是腊月十一日,大部分村民都在家里,只有少数村民外出做农活。

2015年1月31日 晴

人生大事：

李召、王红光、李玉明、何有祥家杀猪。

村务事宜：

村小组成员到礼堂观看文艺队的节目排练进展情况。

人员流动：

有很多外村的村民和县城的人来村里吃杀猪饭。

2015年2月1日 晴

生计活动：

今天天晴，大糯黑村的部分男村民到地里翻耕土地，也有少数村民拉玉米秸秆或是到山上找柴火，也有村民到山上收集土杂肥。另外，今天是周日，有些村民拉着玉米到海邑集市卖，然后再用卖玉米的钱购买为杀猪饭而准备的年货。

年节及休闲活动：

今天逢周日，有很多村民到海邑集市赶集。有的村民一整天都到亲朋家帮忙杀猪并吃杀猪饭，一直闹到晚上11点多才各自回家。

村务事宜：

糯黑村委会和大糯黑村小组应邀到额冲衣村小组参加村待客处的竣工典礼。

人员流动：

有50多个外村人和县城的人来大糯黑村的亲朋处吃杀猪饭。

2015年2月2日 晴

年节及休闲活动：

有很多农户家里杀猪，并请人来吃杀猪饭。吃杀猪饭的这段时间，在彝语里就叫过年。谁家杀猪都要先看日子，选择的日子不能和家里人的出生月份相冲，否则不吉利。另外，大部分村民都不在属猪日杀。日子选好后，主人要事先通知亲朋自家杀猪的日期。然后，在杀猪的前一两天把菜买好，并把自家的房屋打扫干净。等到杀猪日子到来，主人家一大早就把水烧开，备好烟等着来帮忙的人。8点钟左右，来帮忙的人到了之后，就联手将猪捆绑好，然后由比较熟练的人来杀猪。猪杀死后，接着把猪毛全部烫干净、刮干净，然后就可以开膛破肚了。猪的骨头剔掉后，接着把肉切成长条的块，再抹一层厚厚的盐，以把肉里的血水压出。过一个星期后把猪肉挂起来，经常用烟熏。把肉切块后差不多到了午饭的时间。因为中午这一餐不是做客的正餐，所以午饭做得比较简单，一般炒新鲜肉、猪肝、青菜等，午饭后才开始准备晚餐。一部分人将骨头砍碎，以做骨头参，骨头参腌制以后可以吃一年，这是撒尼人必备的腌制食品。另外一些人则切猪肉、杀鸡，有的还要杀羊。到下午5点半、6点钟的时候，饭菜准备完毕，亲朋们也都来了，就可以开始摆菜了。在摆菜之前，主人要先拿一些祭品来祭祀逝去的人。之后，就燃放鞭炮，开始吃饭。糯黑村的村民吃杀猪饭的时候一般要做十多道菜，必备的菜为炒肉、猪肉排骨、鸡鱼熟肉等。在吃饭时，女子坐一桌，边吃边谈今年的收成和明年的计划；男人们累了一天后，聚在一起大口吃肉喝酒，一直到10点后才各自回到家中。

人员流动：

有很多城里和外村的人来村里吃杀猪饭，也有的村民到村外吃杀猪饭。

2015年2月3日　晴

生计活动：

有部分村民做育苗和整理工作，也有的村民到山上收集土杂肥或是翻耕地。

年节及休闲活动：

接到镇上的通知，糯黑村要组织一支文艺队于2月21日到县城参加文艺表演。于是，村里组织了一个20人的文艺队，在村礼堂排练文艺节目。今天有十多户村民家里杀猪，有的村民就到亲朋家帮忙杀猪和吃杀猪饭。

人员流动：

李红明家和王兴德家、几个村民今天到石林县城买菜，为杀猪饭做准备。有一些外地人来糯黑村吃杀猪饭。

2015年2月4日　晴

年节及休闲活动：

今天周三，是石林县城的赶集日。有20多个村民到石林县城赶集。村文艺队的20个队员则在礼堂排练文艺节目，另有些村民在家里杀猪。

人生大事：

何云德家经常外出打工，今年没有养年猪。他们今天到小圭山村花2860元买了一头200公斤左右的猪回家，打算过几天杀。

人员流动：

有很多外地人到村里吃杀猪饭。

2015年2月5日　晴

生计活动：

有20多个村民到三七地里打工，工钱为每天70元，另有一些村民去收集土杂肥。有的村民则开始准备培育烤烟苗。

年节及休闲活动：

村里有很多农户家里杀猪，到下午5点钟左右时，有很多外地和外村的村民来大糯黑村吃杀猪饭，本村的很多村民也去外村亲朋家吃杀猪饭。

村务事宜：

村委会今天早上通知大糯黑村小组于 8 点半在村委会开会，将今年的防火戒严期——从 2 月 1 日到 5 月底，告知村小组，要求各小组在戒严期内要配合村委会做好防火工作。

2015 年 2 月 6 日　晴

人生大事：

何志林家养了两头大肥猪，其中的一头在前几天被他们家杀了，剩下的一头今天被小糯黑村一户没有养猪的村民以 2150 元买去。

村务事宜：

早上接到镇上的通知，要求各村小组上报一到两个村委会调解不了的群众矛盾案例，到 2 月 8 日的时候，由圭山镇上的领导进行调解。大糯黑村小组上报一个村民纠纷案。大糯黑村的防火员到山上巡视。

人员流动：

很多村民到外村亲朋家吃杀猪饭，也有外地和城里的人来大糯黑村吃杀猪饭。

生计活动：

这几天部分妇女去三七地里打工，工钱为每天 70 元。

年节及休闲活动：

这几天是糯黑村村民忙着杀猪和吃杀猪饭的日子，每天都有 20 来户村民杀猪。杀猪的村民、去外村和来本村的亲朋，一整天都在忙着杀猪做菜。到晚上的时候，更多的人来吃杀猪饭。不论谁家杀猪，都差不多有 50 到 80 人来吃饭。

2015 年 2 月 15 日　晴

人生大事：

何有光家没有养猪，他们家今天去海邑集市买了一头猪和一只羊，猪的价格为 2800 元，羊花了 1240 元，准备明天杀。

人员流动：

有很多村民去海邑赶集，也有一些外地的人来大糯黑村吃杀猪饭。

生计活动：

今天周五，有部分村民为购置年货到海邑赶集，另有一些村民去三七地打工。

年节及休闲活动：

部分村民去海邑集市赶集。另外，这几天村内杀猪的人特别多，很多村民要么杀猪，要么在家里闲着，大部分人则去吃杀猪饭。

2015 年 2 月 16 日　晴

生计活动：

少数妇女到山上收集土杂肥，也有一些村民到烤烟地里撕地膜，还有几个村民去 2015 年打算种烤烟的地里用微耕机整地。

年节及休闲活动：

为参与 2 月 21 日的石林县城举办的春节文艺比赛活动，大糯黑村的文艺队在村礼堂排练文艺节目。另外，有很多村民在村里吃杀猪饭。

村务事宜：

村组干部到圭山镇政府开烤烟生产工作会。会上，布置了 2015 年的烤烟亩产为 156.9 公斤一亩。要求今年的烤烟育苗费为每亩 75 元，其中自筹 50 元，烟草公司资助 25 元。并要求各个村委会在 3 月 10 日前完成烤烟育苗工作，在 4 月 20 日前完成移栽烤烟的任务。收购时间安排在 8 月 20 日。糯黑村的烤烟总面积为 1380 亩，要交售的数量为 107181 公斤。并要求每个村在本次会议后要对烤烟连片面积的土地进行翻耕。

人员流动：

有很多外村及城里人来大糯黑亲朋家里吃杀猪饭。

2015年2月17日　晴

年节及休闲活动：

糯黑村文艺队的队员继续排练节目。另外，因正月初二和正月初三，糯黑村要举办本村自己的春节联欢晚会，本村的七八个文艺队，近几天都在排练节目。

村务事宜：

昨天接到通知，市上的领导要在今日来村里视察。一大早，村长就在广播中通知村民打扫卫生。9点钟左右，全村的公共卫生全部打扫完毕。11点半，昆明市、石林县领导来到村里视察。

人员流动：

昆明市、石林县的领导一行20多人，于上午11点半到下午2点钟，来村里视察。

2015年2月18日　晴

生计活动：

今天是大年三十，除整理烟叶苗圃地的村民外，大部分村民待在家里。

年节及休闲活动：

应石林县文化体育局的邀请，在2月21日，本村要组织20名男女到石林县城参加文艺比赛。所以，村文艺队的20人今天继续在村礼堂里排练文艺节目。另外，今天是大年三十，所有的村民都在家里，或看电视，或串门聊天。十多户村民今天杀猪，有几十户村民去吃杀猪饭。

村务事宜：

2月21日去石林表演文艺节目的村文艺队，是由村委会和村小组组织起来的。马上就到比赛的日期了，村委会和村小组人员今天去看文艺节目排练的情况。

人员流动：

今天是大年三十，常年在外打工的村民大部分都回到家中。另有部分外村人来大糯黑村吃杀猪饭。

2015年2月19日　晴

村务事宜：

村里的文艺队要去石林县城参加文艺表演，村干部于早上8点钟召集村民在本村礼堂里排练节目。

人员流动：

有部分村民外出游玩。

年节及休闲活动：

明后天就要在村里举办文艺晚会了，所以本村的很多文艺爱好者相约一起排练文艺节目。另外，今天是正月初一，有很多村民外出游玩。

2015年2月20日　晴

村务事宜：

每年的正月初二，村委会都要将村里的军烈属集中在村委会召开座谈会，并进行短暂的慰问。但因村委会明天有事，所以今年的军烈属慰问会改在今天上午10点钟举行。通知好军烈属来报到后，村委会就将买好的水果和糖分发给军烈属，然后由书记汇报一年来村内发生的事情和新的政策，并邀请军烈属就现在的政策将自己的困难反映给村委会干部，由村委会作记录，以待解决。慰问活动持续到12点钟。

人员流动：

本村40多个村民去外地游玩。另外，石林县城举办灯会和跳大三弦舞活动，吸引了很多村民去城里游玩。

生计活动：

有部分村民整理烤烟苗床，也有的村民开始培育烟苗，另有部分村民去拉玉米秸秆。

年节及休闲活动：

大年初二，是村民到山神庙祭山神的日子。天还没亮，就有村民把祭祀的饭菜做好。太阳出来后，就背上做好的米饭、猪肉、鸡蛋、鱼、香和各种水果，还有一只活鸡上山，把祭品放在山上，然后就开始向山神祈祷：保佑自家平安，五谷丰登。之后，朝山神庙的四个方向跪拜祈福。

2015年2月21日　晴

村务事宜：

应石林县文体部门的邀请，本村文艺队的20个队员，于今天12点，在村干部的带领下到石林县文化广场参加2015年的春节文化文艺比赛。今天来参加比赛的队伍共计有26个，糯黑代表队获得了文艺表演的第一名。2点到4点钟，在文体局和旅游局领导的要求下，糯黑文艺表演队又去石林风景区表演节目给游客看。

人员流动：

今天白天，石林县城举办文艺表演，本村的文艺队和村民去石林县城看文艺表演活动。

年节及休闲活动：

晚上9点半，由村里组织的文艺晚会在村礼堂举行，前来参加文艺晚会的有本村的400多个村民。晚上共有11支文艺队表演了具有撒尼特色的33个文艺节目给所有的村民看。表演从7点半开始，一直到11点半。表演节目的过程中，村干部还给村民发喜糖，恭贺村民新年快乐。

2015年2月22日　晴

人生大事：

因种种原因，何毕祥家的烤烟没有卖得多少钱。他家这两天在种植烤烟。何毕祥得知海邑中寨有一农户有一个养鸡的温室大棚，该农户有外出打工的意向，想把鸡圈租给别人。何毕祥的舅子跟该农户协商后，让何毕祥今天到海邑谈出租的事。两家协商后，何毕祥以每年8600元的价格租用了该鸡圈。该鸡圈面积约460平方米，一次性可养鸡5000只左右。

生计活动：

刚过了正月初三，就有很多村民外出做农活。这些天的农活主要是将家里的农家肥拉到地里，也有的村民翻耕地，另有一些村民在村里培育烟苗。

年节及休闲活动：

一部分村民外出游玩。今天是周日，有很少一部分村民去海邑集市赶集。

2015年2月23日　晴

生计活动：

有很多农户开始整理烤烟育苗的苗床，有部分村民翻耕地，有的村民去拉化肥，还有的村民拉农家肥到地里，或是收集土杂肥。

人生大事：

何雄家前些年买了一辆农用车，但只能拉4到5吨的货。今天，何雄又从海邑的张家买了更大型的，大约能装8吨的货车。原先的农用车又找到合适的买家，出售价格为38000元。

村务事宜：

村小组接到烟站发出的通知，规定了不准种植和培育的品种。今天早上10点钟左右，村长在广播中通知，今年想种植烤烟的村民，不能栽种除了"云87"外的烤烟品种。

2015年2月24日　晴

人生大事：

高有胜家烤棚盖了近十年了。由于各种原因，当时的烤烟没有现在的长势好，那时长的烟叶只有60分左右，而现在的烟叶基本都在80分以上，所以原来的烤棚不再适用。因此，他们今天请人将原先的烤棚拆掉一部分后，又重新盖。

村务事宜：

接到烟草公司的通知，今天早上村长在广播中通知所有的村民：2015年要栽种烤烟的农户，每户都要写申请，并要求在今天晚上全部交齐。到晚上10点钟的时候，共收到169户村民写来的烤烟种植申请书。

2015年2月25日　晴

生计活动：

有很多村民去地里，用拖拉机翻耕地。另外有一些村民去拉玉米秸秆，大多数村民则培育烟苗，养羊的农户去山上放羊。也有少数村民将家里的肥料拉到自家地里，做春耕准备。

人生大事：

这段时间，村里很多村民都将家里的农家肥拉到地里。王建平家的手扶拖拉机已经用了十多年，现在基本上已开不了，又因家里人多，经济收入少，买不起新车。因此，王建平花了9000元人民币，买了一辆二手驱动拖拉机。

村务事宜：

今天早上村干部将昨天收到的烤烟种植申请书交到烟站。可是烟站职工又要求每户申请者必须要交户主的户口册和身份证复印件。村长又在广播上通知，要求村民在今晚和明天11点之前，交自己的身份证和户主户口册复印件。

2015年2月26日　晴

村务事宜：

接到烟站的通知，要求今年申请种植烤烟的户主必须交自己的身份证复印件和户口册复印件。今天早上8点钟到11点左右，村民去海邑复印材料，并将复印件全部交到村长李家辉（兼烤烟辅导员）处，由李家辉交到海邑烟站。

人生大事：

王云辉家今天去昆明花8万多元买了一辆大众车。

2015年2月27日　晴

生计活动：

这段时间有很多村民在家里培育烤烟苗，还有些村民去翻耕地，养羊的农户则去放羊，少数一部分村民拉土杂肥到自家地里。

人生大事：

何建学家这两年新建了一所房子，但一直没有装修。为把房子装修好，必须尽快赚到钱。而要赚更多的钱，只有多栽烤烟。可是他们家只有一个烤房，烤不了太多的烟。因此，他们家今天请来本村的建房人王进辉等，以10800元的价格，要求王进辉等人帮他们家新建一个烤房。

村务事宜：

烟草公司要求每个自然村都要有一片烤烟连片地，王家辉等村组干部到实地查看，并将大糯黑西北边一片面积约120亩的空地，定为2015年烤烟连片地，并于今天下午3点钟上报烟草公司下属的烤烟合作社。

2015年2月28日　晴

生计活动：

一部分村民去翻耕土地，预备今年种烤烟。一些村民去将牛厩、猪厩的肥料拉到自家地里，还有部分村民去育苗地里培育烟苗。

年节及休闲活动：

周六是石林县城的赶集日，有30多个本村的村民去石林县赶集。

人生大事：

一个陆良牛贩子拉着四条牛，来到大糯黑村的文化广场，其中一条是水牛，另外三条为黄牛。刚拉到村里不久，就有很多养牛爱好者来看牛。何光德家都喜欢养牛，前些年共养了四条，但分家后就没有再养。这些年何光德家种烤烟存了不少钱，还买了车，经常跑去看斗牛比赛。今天拉来的四头牛中，唯一的一条水牛经村里的几个朋友看过后，认为是一条可以做斗牛的牛，并跟何光德说可以买。何光德一人做不了主，就让父亲来看牛，父亲看过后同意何光德买这头牛。何光德家没有养过水牛，所以还是有些顾虑。经本村的水牛养殖人王绍兴介绍后，何光德的顾虑被打消，开始和牛贩子讨价还价，刚开始要价25000多元，后经还价，最后以18000元将这头牛买下。

2015年3月1日　晴

生计活动：

近段时间，有很多村民都去山上收集土杂肥，有的村民到地里耕地，也有的村民去拉玉米秸秆，少数一些人则把厩肥拉到地里。今年不打算种烤烟的人则到三七地里打工。

年节及休闲活动：

有很多村民都到海邑集市赶集。

村务事宜：

晚上8点半，村小组通知村民明天早上9点钟以前，把所有的道路卫生全部搞好。

2015年3月2日　晴

人生大事：

明天王晓东在县城结婚，他们家在村里请人帮忙到县城为婚礼做准备。

村务事宜：

3月1日西街口镇发生森林大火，本村的防火人员和村组干部到西街口镇防火灭火。

人员流动：

14个村组干部和村民及防火员到西街口镇防火，直到晚上8点钟才回到村里。

2015年3月3日　晴

人生大事：

王晓东在城里举办婚礼。在城里结婚，婚礼既有撒尼的特色，也有汉族的特色。今天共有300多个村民到城里参加了王晓东的婚礼。

村务事宜：

早上8点钟，村委会召集村小组会议，传达这一季度的防火措施，并要求召集所有村民参与防火。

人员流动：

有300多个村民到县城参加王晓东的婚礼。

2015年3月4日　晴

生计活动：

有部分村民到山上拉玉米秸秆，有的培育烟苗，也有一部分村民去地里耕地。

人生大事：

王新明家和李向明家一起到石林县城，花28500元买了一辆农用车。

村务事宜：

晚上9点半，村长在广播上通知本村8个小组长到广播室开会，并要求全村每户每天在防火值班室轮流值班。

2015 年 3 月 5 日　晴

村务事宜：

村委会召开防火工作会议，两个村小组参加了会议。县上派了 24 个职工到村里参加防火值班。晚上，村小组通知明早 9 点钟之前打扫村寨道路的卫生。

人员流动：

县上的 24 个职工工作组来值班防火。

年节及休闲活动：

今天是元宵节，所以大部分村民都在家收看元宵电视节目，晚上就过元宵节。

2015 年 3 月 6 日　晴

村务事宜：

早上 8 点到 9 点，糯黑村接到通知后发动全村人搞卫生，老年协会负责水泥路面的卫生，村民负责其他道路的卫生。

人员流动：

石林县领导来糯黑视察。

2015 年 3 月 7 日　晴

生计活动：

有部分村民到防火值班室值班，另有一些村民去拉玉米秸秆，大部分村民去耕地。另外，少部分村民去培育烤烟苗。

村务事宜：

村小组到山上巡视防火值班的情况，并规定防火值班室值班时间为上午 8 点钟，到下午 6 点半。

2015年3月8日　晴

人生大事：

王文学家今天到石林县城买了一台拖拉机，价格为28500元。

村务事宜：

早上8点钟，村干部到圭山镇林业站拉了五个帐篷到五个防火值守点，并安装帐篷和标牌，要求防火人员认真做好防火值班登记。

年节及休闲活动：

今天是周日，有部分村民到海邑集市赶集。今日虽是3月8日国际妇女节，但因天气比较干燥，防火形势很严峻，所以村委会决定不举办妇女节活动。

2015年3月9日　晴

人生大事：

李向明家今天为刚满一个月的女儿举办了祝米客，前来参加祝米客的本村和外村人共计800多。

村务事宜：

早上10点钟，村小组、村委会到圭山镇政府交付"土风计划"的工作经费8万元。"土风计划"内容为传唱撒尼剧"圭山彩虹"和"竹叶常青"。

人员流动：

外地的100多个美术专业的学生到村子里写生，并住在毕兴学家中，预计要在村里待一个星期。

生计活动：

村里的大部分男子都到山上耕地，女人们就去收集土杂肥。有一些村民去拉玉米秸秆，并堆起来用于喂牲口，少数一些村民则去三七地里打工。

2015年3月10日 晴

人生大事：

曾荣华家的房子为老式石头结构的房子，现基本成了危房。曾荣华和母亲商量后，将老房子拆除。房子的重建工程以9680元承包给本村的村民卢家友等人。卢家友是原来在糯黑做石头工作的贵州人，大糯黑已将其招为上门女婿近19年。曾荣华家的房屋重建工作预计需要25天才能完成。

村务事宜：

近段时间天干物燥，防火形势非常严峻，虽然大糯黑的8个护林员和县上下来的24个单位职工在10个防火点防守，但是糯黑村的山林面积比较大，森林覆盖面积比较广。

2015年3月11日 晴

人生大事：

昨天李向明家为女儿办祝米客，今天早上还要招待一次客。被请来帮忙的亲朋一大早就开始做菜，到11点半吃饭。吃好饭后又帮忙收拾东西。本次待客，李向明家共花费4万元左右，收到礼金38000元。

村务事宜：

村组干部到山上巡视村民防火值守的情况。

2015年3月12日 晴

生计活动：

这段时间是春耕的备耕期间，本村的很多村民都到地里积肥。之前没有收集土杂肥的村民则到山上收集土杂肥，一些村民则去耕地。近些年，因农民生活水平有所提高，所以大部分村民都购买了微耕机，基本不再用牛耕地。有劳力的农户，则去三七地里打工。

年节及休闲活动：

晚上8点钟到12点半之间，本村11个钓鱼爱好者在村子里的水塘钓鱼。

人生大事：

何佳华家的老烤棚和猪厩已成危房，打算翻新。因此，他家以12000元将翻新工程承包给本村的村民卢家友等6人。危房拆除后再建盖住房，预计工期为一个月。

村务事宜：

上级领导到糯黑村视察，村长李宝强一大早就要求村民清扫村内道路。9点钟左右，村内的道路全部清扫完毕。

晚上11点钟时，烟站要求2015年的烤烟种植户必须将卖烟专用的信用社银行卡的复印件交一份给圭山烟站。村长李宝强在广播上通知村民：明天早上将复印件交到李宝强处。李宝强是村长，还是驻村的烤烟辅导员。

人员流动：

13点钟到18点半，县上的23个领导来村调研。

2015年3月13日　晴

生计活动：

近段时间是春耕生产的前期准备期，有很多村民都外出做各种农活：有的耕地，有的堆肥，也有的村民到山上收集土杂肥。耕好地的村民则将地里的玉米根拾到地外，还有的村民去食用玫瑰种植基地，给玫瑰浇水。

年节及休闲活动：

为录制"土风计划"中的"圭山彩虹"和"竹叶常青"两首歌，本村25个村民在毕兴学家练歌，练歌时间一般从晚上9点到11点左右。

人生大事：

上午9点钟左右，曾文光到昆明的山水驾校考驾驶证的路考，并顺利通过。

村务事宜：

早上，应烟草公司的要求，村长李宝强在广播上通知村民将复印好的信用社银行卡的复印件交到李宝强手中。从早上8点钟到11点钟左右，全部烤烟种植户的银行卡复印件收齐。11点半，李宝强将所有的银行卡复印件交到圭山镇烟叶收购站。

人员流动：

早上8点钟到11点钟，有很多村民到海邑信用社办理卖烟专用的银行卡。今天星期五，在石林县城和海邑小学读书的学生于下午4点钟到6点半全部回到家中。

2015年3月14日　晴

生计活动：

有部分村民到山上收集土杂肥，有的村民则去割绿肥。绿肥晒干后，用机器打成糠，用于喂牲口。有几户农户则去挖雪莲果，然后将雪莲果拉到老宜政村卖，价格为9角到1元。雪莲果每亩地产量在4000千克左右。有二十几户村民到食用玫瑰种植基地，将地膜覆盖的玫瑰捞出来后，再在玫瑰根部盖上土，然后浇一遍水。

年节及休闲活动：

晚上7点半到12点钟左右，10个钓鱼爱好者在村子的猴子塘里钓鱼，钓到的鱼大部分为两个指头宽的鲫鱼。王志高钓到的鱼最多，约1.6公斤。

人生大事：

王玉昌家去年新盖一层三间的住房，今天要请人帮忙砌第二层的墙。该住房面积约120平方米。早上8点钟左右，王玉昌就到石材厂拉石料。王玉昌打算一个人做这项工程，去年第一层的土墙也是由王玉昌自己完成的。王玉昌家里有五个劳动力，他本人既会做石活，又会做木活，所以打算一个人将所有的房子建好。

村务事宜：

村组干部和村民继续到各自的防火值守点值班防火。

人员流动：

早上，有部分村民到海邑买化肥，也有人到海邑卖玉米。

2015年3月15日　晴

村务事宜：

白天，村小组长和副组长巡视村民在四个防火值班室的情况。

人员流动：

雨胜村和豆黑村举办斗牛比赛。有的村民到雨胜村和豆黑村观看比赛。另外，今天是周日，有部分村民到海邑集市赶集。还有，今天是学生收假回学校的日子，本村在石林县城读书的学生，在海邑读书的学生都回到学校。

生计活动：

高德昌等人给石材厂的老板毕红生干活，还有部分村民到三七地给三七老板干活，工钱为每天60元。有的村民到山上收集土杂肥，另有一些村民到地里耕地，还有的村民到地里割绿肥。

年节及休闲活动：

上午10点钟到下午7点钟，豆黑村和雨胜村都举办斗牛比赛，本村大约80个斗牛爱好者到这两个村观看斗牛比赛，另有一些村民到海邑集市赶集。

2015年3月16日　晴

村务事宜：

今年的护林防火工作形势严峻，负责糯黑村委会的防火值班人员的工作餐的负责人常常到镇上买菜和肉，导致费用开销较高。为了节省资金，村委会从村民王光辉家买了一头重 140 公斤的猪，价格为 1 公斤 15 元。并通知村委会成员负责杀猪。另外，今天早上村小组和村委会的干部不断巡山。下午 4 点半，圭山镇海邑烟站的人员到糯黑村视察 2015 年烤烟春耕情况。早上 11 点钟，圭山镇镇长和人大主席到大糯黑安排和规划大糯黑村下一年的起步工作。

人员流动：

来大糯黑村采风写生的云南艺术学院的 100 多位学生，在大糯黑村待了几天后，于今天上午 8 点半离开本村。另外，今天有几个外地的游客到大糯黑村旅游，并在农家乐里吃饭。

生计活动：

有部分村民到海邑集市卖玉米，收购价格为每公斤 2.02 元到 2.15 元不等；有四五家农户在家里用脱粒机进行玉米脱粒。近段时间天气比较干燥，正是收玉米的最佳时间。等到了清明节时下过雨，玉米就会生虫，所以大家都忙着收玉米，然后将玉米粒收起来，并放驱虫药。有部分村民则到山上收集土杂肥或去地里积肥，还有的村民去耕地或是割绿肥。

年节及休闲活动：

早上有部分村民到石林县城赶集，大约到晚上 7 点半才回到家中。晚上 8 点左右，几个村民在家吃过饭后，到村子的水塘里钓鱼，直到 11 点半左右才各自回家。

2015 年 3 月 17 日　晴

村务事宜：

早上 10 点钟时，石林广播电视台的记者到糯黑村采访近段时间的防火工作情况。村委会和村小组的干部陪同新闻记者到山上采访护林员，记录巡山的全部过程。糯黑村现在的山林面积有 3 万多亩，共设了 10 个防火点。防火人员的职责主要是巡山和对进山村民实名登记，并告诫进山的村民不得毁林开荒。另外，本村的烤烟辅导员将昨晚收集的烤烟种植户的身份证带到烟站进行登记。

人员流动：

早上 8 点半，约 120 个昆明理工大学的学生来大糯黑村，估计要到 3 月 21 日才会回昆明。

生计活动：

有部分村民到地里割绿肥，大部分村民到地里收集土杂肥。另有一些村民则到食用玫瑰种植基地给玫瑰花浇水，还有村民则去拉玉米秸秆。

2015 年 3 月 18 日　雨

人生大事：

王光珍家今天上午到石林县买了一台价值 29000 元的拖拉机，并于今天将拖拉机的户口落实。

村务事宜：

村委会、村小组到镇上拨付 2014 年的一户一档和防火工作经费，共计 7700 元。

人员流动：

王光珍和丈夫到县城买拖拉机。

生计活动：

下雨，大部分村民都在家里，只有少数人去地里收集土杂肥。

2015 年 3 月 19 日　晴

人生大事：

王祥家喜欢斗牛，今天下午 3 点钟用 21000 元人民币在邻村买了一条斗牛，这条斗牛曾先后拿过五次奖。

村务事宜：

村小组到山上巡查防火值班室。

2015 年 3 月 20 日　晴

生计活动：

有很多村民到地里割绿肥，有些则去地里积肥，也有的去收集土杂肥，另有些村民则到食用玫瑰种植基地里干活，有些则去拉玉米秸秆。

年节及休闲活动：

下午 5 点半放学回家的学生到篮球场打篮球。

人员流动：

前些天在本村写生的学生于今天早上 8 点钟离开本村回学校。今天周五，去外地读书的大部分学生都回到村里。

2015 年 3 月 21 日　晴

村务事宜：

晚上村长去广播站通知，后天要到安宁看食用玫瑰的种植情况，并要求去参观的村民到广播室报名。

2015 年 3 月 22 日　晴

村务事宜：

晚上村长在广播上通知：种植食用玫瑰的农户要去参观安宁的食用玫瑰种植情况，前来报名的村民有 24 人。

人员流动：

有 100 多个村民到海邑集市赶集。另外，学生回到各自的学校。

生计活动：

有些村民拉玉米到海邑集市上卖，价格为每公斤 2.12 元，比去年同一时期下降了 0.2 元左右。大部分村民都去割绿肥，并将晒干的绿肥拉到工厂打成糠，用于喂猪牛羊等牲口。另有一些村民去耕地或收集土杂肥等。

2015 年 3 月 23 日　晴

村务事宜：

早上 8 点钟到下午 6 点钟，大糯黑村组干部和 24 个村民租了四辆面包车到安宁市参观食用玫瑰的种植和管理情况。

2015 年 3 月 24 日　晴

人生大事：

何小平今天用 14680 元买了一辆二手拖拉机，用于做农活。

村务事宜：

本村今年新修建了公路，村小组将共计 5732 元拉石料的运费支付给参与修路拉石料的村民。

2015 年 3 月 25 日　晴

生计活动：

有些村民去拉绿肥和玉米秸秆来打糠，每打一公斤糠的价格为 0.25 元到 0.3 元不等。有一部分村民去地里割绿肥，还有的村民去耕地。另外，快到烤烟移栽期了，有的村民便去整理烟地，有的村民则去拉土杂肥或积肥。

村务事宜：

村小组长在广播上通知：如有种植食用玫瑰失败的村民，今晚将死苗的数量上报村小组，由村小组通知公司于近期将玫瑰苗拉到村里。

2015 年 3 月 26 日　晴

村务事宜：

本村食用玫瑰的种植和管理办法不到位，苗被晒死后需要补种。今天村小组到苗木公司领苗，拉回两万多棵食用玫瑰苗，并通知村民于明天早上到村小组领取。

年节及休闲活动：

应王宏昌家的要求，何建光组织文艺队将参加王宏昌儿子的婚礼并跳舞。今天晚上，文艺队在王春花家排练节目。

2015 年 3 月 27 日　晴

年节及休闲活动：

今天周五，有一些学生放学回家后到村里篮球场打篮球，也有几个学生到村子鱼塘里钓鱼。

人生大事：

杨光斌家前几年花 18600 元买了一条牛，这些年在斗牛比赛中拿了很多名次，奖金共计 8000 元。近段时间牛生病，没有办法再养下去。杨光斌在今天以 19600 元的价格，将牛卖给了牛贩子。

村务事宜：

早上，村小组通知农户，要发放昨天上报的食用玫瑰苗，并要求村民尽快补种食用玫瑰。

人员流动：

王宏昌的儿子明天要在县城举办婚礼，本村的 30 多个人前去帮忙洗菜和买菜。

2015 年 3 月 28 日　晴

人生大事：

王宏昌的儿子在石林县城举办婚礼，本村的 400 多个村民都去城里做客。

2015年3月29日 晴

人员流动：

今天周日，有很多村民去海邑集市赶集，卖玉米以及买化肥来积肥。学生回到自己上学的学校。

生计活动：

约有60户村民去整理烟地，也有些村民去拉玉米秸秆和绿肥来打糠。有的村民去积肥，也有的去拉土杂肥回自家地里。家里培育烟苗或已出苗的农户，则将多余的苗给拔掉。

2015年3月30日 晴

村务事宜：

近段时间有人举报，部分村民没有在防火值班的时候值好班。因此，村小组一整天都在各个防火点巡视。晚上，村长在广播室宣传防火的重要性，并督促村民防火值班，不得缺席或迟到。

人员流动：

毕金凤全家去泸西县的凤干村做客，直到晚上才回到家中。

2015年3月31日 晴

生计活动：

有部分人去拉玉米秸秆和绿肥来打糠，有少数几户去割绿肥，有些村民则去积肥，一部分人去耕地或整理烟地。何建生、曾荣华等几户村民则去亲朋家帮忙挖雪莲果，并将雪莲果拉到宜政村卖，收购价格从0.7元到0.45元不等。

人生大事：

毕曾李家的温室养鸡场接到公司交售鸡的要求后，请亲朋帮忙拉鸡到县公司出售。共拉了3200只公鸡，是今年头一批出售的鸡，每只鸡赚3.5元，共计获得11200元。

村务事宜：

早上，村组干部和村委会领导在村委会开会，并于下午一起到各个防火点巡视防火值班的情况。

2015年4月1日 晴

村务事宜：

因为石林县烟草公司要求每个村在2015年度都要有连片的，不低于100亩的烤烟种植面积。因此，大糯黑村小组今年将连片种植地规划在大糯黑村的莽潘么（糯黑村地名，撒尼话音译），涉及的农户共计62户，面积约102亩，其他常规面积为648亩。烟站要求4月25日前必须完成连片的烤烟小苗（膜下小苗）的移栽。所以，大糯黑村小组和村委会今天到连片规划处划大线（大线也就是行的意思），预计三天才能完成大线的定位和划线。

生计活动：

村长在广播上通知，今年要在连片规划的烟地里划线，督促村民尽快将农家肥拉到地里，并把地里的玉米秸秆拿到地外，以免影响划线。有连片地的农户，纷纷到地里拾玉米秸秆，也有的村民拉农家肥到地里。另外，近两天天气比较干燥，村民搁在地里的绿肥已晒干，有很多村民拉绿肥去打糠。还有一部分村民去积肥、堆肥，把土杂肥、厩肥和化肥充分拌匀后发酵，差不多20天左右就可以做底肥。

2015年4月2日 晴

村务事宜：

早上通知全体村民，近段时间拉玉米秸秆的农户比较多，村内道路不够清洁，所以要求在早上9点钟之前将村内所有的道路清扫一遍。另外，还通知2015年的烤烟种植户，于下午1点半到烟站领取烤烟物资，每户合计596.8元。下午1点半到6点半，烤烟辅导员将烤烟物资地膜、硫酸钾、硝酸钾和烤烟复合肥分发到农户手中。

人生大事：

随着农民经济收入的提高，农村生活日渐富裕。为方便日常外出，李向国和弟弟李向明到县城花82000元买了一辆长城哈佛车。

2015年4月3日　晴

生计活动：

在2015年度的烤烟连片地里，很多村民在拾玉米秸秆和自行划线、划株距线。往年的烤烟株距为50厘米，栽种出来的烤烟不好。今年的规格为行距120厘米，株距为70厘米。另有一些村民则给刚种植的食用玫瑰浇水。

村务事宜：

村委会和村小组干部到各个防火值守点巡查村民的值守情况，并对早上迟到的值守村民提出了批评。

2015年4月4日　晴

村务事宜：

大糯黑村的水塘漏了一个洞，存不住水。于是，村小组请人做水塘的堵漏工作，费用为2300元。

人生大事：

赵付义家养的三头大肥猪，今天早上以6260元卖给了海邑集市的肉贩子。赵付义家因土地面积少，经济收入不高，又要同时供两个孩子读书，为了能供子女读完书，家里一直在养猪。每年也都能出售6到8头大猪，收入1万元，这给家里增加了一定的收入。

2015 年 4 月 5 日　晴

人生大事：

为提高经济收入，李宝祥、王光珍、何有光、李玉明和李琳等五户村民到泸西县的午街铺镇实地查看，并订购了 2000 多株油桃苗，并由李琳于今天将油桃苗拉到村里。苗的价格为每株 4 元。之后，五户村民商量于明天请人用挖机到各户的地里挖塘种树，挖机的费用为每小时 170 元，另外加 600 元的运输费。

村务事宜：

村小组组长李宝强在广播上通知：2015 年没有连片烤烟面积的农户必须在 4 月 15 日之前把烟塘全部挖好，并要求在 25 日前将小苗全部移栽完成，20 日进行清塘点株。

生计活动：

听到李宝强的通知后，今天陆续有一些村民到连片地里挖塘，并填底肥。另外，还有一部分村民在地里用微耕机耕地，准备在 4 月 25 日的时候移栽烤烟小苗。一部分村民则拉已经晒干的绿肥到海邑和糯黑村里等不同地方打糠，在海邑打糠价格为 1 公斤 0.3 元，本村为 1 公斤 0.25 元。玉米糠一般用于喂牛，绿肥糠则主要喂羊和猪。

2015 年 4 月 6 日　晴

人生大事：

毕曾李家在前段时间把头一批养的鸡全部卖掉后，又于今天到温室公司购进 4500 只鸡苗。鸡苗价格为 1 只 8 元，鸡苗这些费用要等到小鸡养大并出售后再扣除。

年节及休闲活动：

泸西县的瓦舍村举办斗牛比赛，本村十多个斗牛爱好者去观看比赛，直到晚上 9 点钟左右才回到村里。

2015年4月7日 晴

村务事宜：

早上8点到下午6点半，大糯黑村小组组长和副组长到糯黑辖区内五个防火值守点巡山，并通过广播室宣传：近日不下雨，天气干燥，外出干活要特别重视防火，以免引起森林火灾。另外，水塘的道路堵漏工作已基本完成。村小组和村委会开会讨论堵漏工程资金的支付问题，会议要求由村小组支付一部分工程款，另一部分则由村委会和水务局协商支付。

人员流动：

今天是小糯黑村何德光同志（老党员）下葬的日子，糯黑村委会、大糯黑村的党员和何德光家的亲朋前去小糯黑参加何德光的葬礼。

2015年4月8日 晴

生计活动：

有的村民去拉玉米秸秆；种有绿肥但还未留种子的村民，乘着绿肥籽已成熟，就去割留种的绿肥。大部分村民都去整理烟地。王绍学、王天学等村民则去种玉米。这段时间种玉米的方法叫作"三干"种植法，即土地干、肥料干和雨水干，等到下雨，玉米就长出了。这种种法种出的玉米粒的饱满度很好，但产量不高。尤其雨水不够时，出粒特别低。往年种三干的农户特别多，但是碰到了雨水少，很多村民的玉米种下后烂在了地里，出芽率不到30%，导致市场上的玉米种子价格上涨，从前些年的1公斤24元涨到了今年的1公斤50元。因此，今年种"三干"的村民就比较少了。

2015年4月9日 晴

人生大事：

大糯黑村民赵付义家前不久将自家养的大猪卖掉，今天买了六只小猪。

年节及休闲活动：

进入清明已经五天了，今天有很多村民去上坟烧香。中午时，已经有些村民扫墓上坟。为防止清明期间发生不必要的麻烦，村小组长在广播中通知村民：今年上坟扫墓不能烧香，也不能燃放鞭炮。

2015年4月10日　晴

村务事宜：

早上9点钟，糯黑村小组的组长兼烤烟辅导员到烤烟连片地察看村民挖塘的情况，并在广播上通知还没有挖塘的农户必须在4月15日之前完成挖塘。之后，又到各个防火值守点巡查防火值守的情况。

人生大事：

杨光斌家3月份的时候将自家的斗牛卖掉后，今天又花了24600元买了另外一头斗牛，现在他们家还养有两头斗牛。

2015年4月11日　晴

村务事宜：

快到烤烟育苗的时候了，为能使村民正常栽种烤烟，在极度干旱和缺水的情况下，经村小组研究并决定，于今天早上到镇水电站为大糯黑村安装一个临时烤烟移栽的抽水点，并进行抗旱保苗。

年节及休闲活动：

今天是周六，有十几个学生相聚在糯黑村篮球场打篮球。

人员流动：

早上11点钟，来自曲靖师范学院艺术学院的30多个学生来写生，并住在村子里。

2015年4月12日　晴

生计活动：

连片烟地的挖塘工作已做得差不多了，今天有很多村民在已打好烟塘的地里施底肥。另外，快到烤烟移栽的时间了，烟苗的烂叶子比较多，有一些村民就去育苗基地用剪子将烂叶子剪掉，以便烟苗更好地生长。

人生大事：

曾光跃在近期被查出患有肾衰竭，而孙子曾凯自小患有先天性心脏病，家人为给两人治病，花光了所有的钱，生活特别困难。曾光跃特向村小组和村委会提出申领农村低保，经村小组和村委会研究决定后同意，并上报镇民政管理处。

2015年4月13日　晴

村务事宜：

为抗旱保苗，4月11日，村小组向水管站提出请求，在村里设一个临时的抗旱保苗取水点。今天早上8点钟到10点钟，村小组的干部和水管站的员工在密枝林的旁边，临时搭建了一个取水点，保证了2015年烤烟移栽的工作。

人生大事：

王光强家为了能在今年收玉米时有地方摆放玉米，花8600元请人用彩钢瓦做了一个面积60平方米的粮仓。何云德家以前养了一头价格为7600元的小水牛，但最近何云德家长时间在三七地里干活，没有时间照顾牛，小牛瘦了很多。何云德感到非常不忍心，于是又以7600元将牛卖给了本村的李新民。

2015年4月14日　晴

村务事宜：

明天就是烤烟移栽的日子了，村长李宝强一大早就在广播上通知，有连片面积的烟农做好准备，并通知村民明天早上全部到连片地里培训膜下小苗的移栽方法。去年举行小苗移栽培训会，不是很成功，有很多村民的烟苗被闷枯了，损失很大。因此，今年特地请人进行小苗移栽前的培训，同时要求培训人员签名。

人员流动：

有40多个外地游客到糯黑村游玩，因旅游景点比较少，差不多玩了3个小时就离开了村子。

生计活动：

大部分的村民都在整理烟地和种玉米，另有三四户村民挖雪莲果到海邑镇去卖。

2015年4月15日　晴

生计活动：

今天是糯黑村2015年移栽烤烟苗的第一天，一大早就有村民到抗旱取水点。早上8点钟参加了小苗移栽的培训会。小苗的移栽办法：苗高约8厘米左右，先在烟塘里打除虫的药，或放除虫剂，然后在塘里浇足水。浇水3到5公斤之后，将小苗移栽到塘里，在小苗周围撒化肥，再用细土将化肥盖住，以免化肥不能被烟苗充分吸收，之后再用地膜盖住小苗，在烟苗的位置挖个小洞，等过两天再把小洞挖成大洞，用于排放膜下的热量。如果气温比较低，则不用挖洞。另有一些村民去种植雪莲果。已到4月中旬，陆续有一些村民开始点种玉米。

村务事宜：

早上8点钟，村长在广播上再次通知，今年种烟的农户到连片地参加小苗移栽的培训，并由村组干部主持，烟草公司辅导。11点钟左右，完成了小苗移栽的培训课程。

2015 年 4 月 16 日　晴

生计活动：

从 4 月 15 日起，不论是连片地，还是常规烟地都陆续有村民种烤烟，大约 40% 的村民去种玉米，另有一部分村民去整理烤烟地或玉米地。

村务事宜：

村小组干部早上去烤烟连片地里查看，了解有多少村民移栽烤烟小苗，之后又到防火值守点巡查。

人生大事：

杨宏德家今天放羊时，在与外村交界的地方不慎弄丢了两只山羊，价格约 2800 元。回到家中后，请人帮忙找羊，但一直没有找到。

2015 年 4 月 17 日　晴

人生大事：

曾学峰的儿子和女儿都在外工作，每次回来都会要求家里弄个洗澡间。今天他家请小糯黑村的李中华帮忙，为他们家盖一个面积约 9 平方米的洗澡间，工钱为 1860 元。另外，毕增学家花 6840 元买了一辆微耕机，还带有拖兜。

村务事宜：

还有少数几户有连片地的村民没有移栽小苗，因此，晚上 8 点半，村长在广播上通知，没有移栽的村民要尽快移栽，并通知 4 月 20 日可能会下雨。

2015 年 4 月 18 日　晴

杨红明家猪厩的石棉瓦有些破损，他早上 10 点钟左右到猪厩上换石棉瓦，不慎踩空，从 3 米高的地方摔了下来，导致右手骨折，由弟弟杨红学用车拉到石林县天奇医院医治。

年节及休闲活动：

村子里水塘自去年老年协会把所有的鱼捕掉后，一直没有再放养。但池塘里的小鱼特别多，经常会有人到鱼塘里钓鱼。今天适逢周六，有20多个村民和周末放假的学生到水塘里钓鱼，而且钓到很多小鱼。

2015年4月19日　晴

村务事宜：

早上，烟站联系点的领导在村干部的陪同下，到连片地里查看村民栽烟的进度。当看到还有几户村民没有按时移栽，就督促村小组通过广播通知村民尽快移栽。晚上，村长又在广播上通知村民，要尽快移栽完连片地的烤烟。

年节及休闲活动：

今天周日，逢海邑集市赶集，有些村民要移栽烤烟，可烟草公司下发的化肥有些少。所以，村民们就拉玉米到海邑集市卖掉，再买些化肥。手头比较宽裕的村民则直接买。另有些村民去买日用品和逛街。

人员流动：

星期天学校收假，在外读书的学生回到各自上学的学校。

2015年4月20日　晴

村务事宜：

近段时间农活开始忙起来，村内卫生已经好几天没有打扫。李宝强村长今天晚上通知村民，明天早上打扫卫生。另外，本村上报2014年已完成的爱心小水窖的农户补助资金，已下拨到镇三资管理中心。应圭山镇政府的要求，村委会今天早上到镇上将10500元的爱心小水窖补助金，全部打到26位村民的存折上。

人生大事：

何俊于去年用自家的收割机收玉米时，不慎将右手弄伤，动了4次手术，至今没有痊愈。今天又到昆明动手术，将大腿上的肉补到右手上。

何俊这次手术共花费了5万多元。

2015年4月21日　晴

村务事宜：

村小组长今天早上在广播上通知村民打扫卫生。同时，村小组又组织村干部用一早上的时间，清理公厕旁边排污的管道。

2015年4月22日　小雨转晴

生计活动：

早上8点之前下了一点雨，一大早就有很多村民到地里移栽烤烟。20多户连片地的烟农这几天都到自家的地里移栽烤烟。约70到80户的村民到地里种玉米。这两年大糯黑村种的玉米品种基本为路单3号、路单8号和林兴4号，烤烟为云87。

人生大事：

何建明家建了四排温室养鸡场，需要经常拉鸡饲料。因此，何建明今天到石林县城的农机公司花费27800元买了一辆后驱动拖拉机，并同时为拖拉机落了户。

2015年4月23日　晴

村务事宜：

早上昆明市环保部门和石林县环保局的领导来大糯黑村调研，并查看本村的卫生情况和排污沟。经村委会、村小组协商，拨付100万元资金用于盖养殖场所，并要求用这100万元在村外选址建一个集中的养殖区域。

人员流动：

早上10点钟左右，昆明市、石林县环保部门的领导来到糯黑村，对村内的环境进行调研。

2015 年 4 月 24 日　晴

村务事宜：

明天就是连片烟地移栽小苗的最后期限，一大早村长就在广播上通知，要求村民无论如何都要完成明天的烤烟移栽，没有完成任务的扣除所申报面积的收购合同。

人生大事：

这段时间是烤烟移栽的时间，村里有很多村民在移栽烤烟，王天祥家也在移栽。因为天气干燥，需用拖拉机拉水浇灌，而王天祥家的老式拖拉机一次只能拉 1.2 吨水，只够浇 400 棵烟，特别麻烦。王天祥想到明年还要栽烟，也还要拉水，尽管手头比较紧，还是跟亲朋借了些钱，到县城买了一辆 28600 元的拖拉机。

2015 年 4 月 25 日　晴

生计活动：

今天是连片烟地必须移栽完烟苗的时间，所以很多村民都在移栽烟苗，有些农户则去请亲朋帮忙移栽。除连片地外，其他大部分村民这些天都在移栽烤烟，有的村民整理烟地，有的村民忙着种玉米。

村务事宜：

从早上到下午 7 点左右，本村的村组干部都在今年的连片烟地里督促村民移栽烤烟。晚上 10 点半，村小组长又在广播里通知，有连片烟地的农户明天到地里进行烤烟的清塘点株。26 日到常规烟的地里清塘，看农户有没有虚报烟地面积和烟株数量。

2015 年 4 月 26 日　晴

村务事宜：

村小组应农科站的要求，到镇农业科技站领取粮食种植面积和化肥使用量的统计表。

年节及休闲活动：

今天周日，有很多村民到海邑集市赶集，也有一部分村民到村子里的水塘里钓鱼。

人员流动：

4月25日逢学生周末放假，大一些的学生相约自己回来，年纪小一点的则由家长接回。

2015年4月27日 雨

生计活动：

下雨虽然种不了玉米，但特别适合种烤烟。所以，今天村里半数以上的农户都去移栽烤烟。

村务事宜：

前几天村小组接到通知：4月26日要对常规烟进行清塘点收。但临时烟站有事没有来清塘，所以村长在广播上通知清塘点株的工作等烟站再通知。

2015年4月28日 晴

村务事宜：

一整天，村小组的干部和农科员在广播室里填写村民的玉米地物资使用情况表。晚上10点钟，接到烟站通知后，村长又在广播通知：村民从明天开始进行清塘点株，明天的清塘点株范围为村子东边连接额冲衣和戈冲里（和大糯黑相邻的两个村子）的地方。并要求指定要清塘的、地面有烟地的农民必须到场，清塘后签字。

2015年4月29日 晴

生计活动：

烤烟连片地里的烤烟移栽下去四五天了，这两天天气还是很干燥，烟苗有随时被闷枯的危险。有部分村民就按照移栽培训时的要求,将地膜通风口开大一些;有些村民则拉水浇烟。这几天,烤烟移栽的活计做得差不多了,只有少部分村民的烟没有栽完。大部分村民都去种玉米。

村务事宜:

大糯黑村的村组干部和村委会及烟站职工,还有外村的烤烟辅导员共十多个人,分成三组,对大糯黑村的各户村民烤烟进行清塘点株,并让村民确认清塘点株的株数,并签字。

2015 年 4 月 30 日　雨转晴

生计活动:

天还没亮的时候下了一场雨。有的村民去地里补种干死的秧苗;烤烟没有移栽完的村民则去移栽烟苗。

村务事宜:

本村种植烤烟的农户比较多,种植面积比较广比较大。昨天清塘点株的工作没有做完,今天村小组继续昨天的工作,对旅游线以西的烟地进行清塘点株,并在下午 5 点左右,完成了所有烟地的清塘点株。

2015 年 5 月 1 日　晴

生计活动:

近段时间,还没有栽种烤烟的农户去地里盖膜(常规烟),常规烟的移栽方法:在已挖好塘的烟地上盖地膜,然后在塘的位置上填土。等到雨水来临时,塘里有了水,就将烟苗移到塘里,塘里的水就成了定根水。这样移栽的烟苗成活率特别高,并且能省下很多劳力。最大的缺点就是:要等雨水。雨水未到就要一直等。有的村民去拉水栽烟,大部分村民都去种玉米。

2015年5月2日　晴

年节及休闲活动：

今天周六，学生从各自的学校放假回来。有许多本村的学生相约到石林赫石工贸有限公司的篮球场打篮球。

生计活动：

这几天都是晴天，大部分的村民都去种玉米，有少部分村民去拉水给烟苗浇水。近段时间气温特别高，部分烤烟因缺水而干枯死了。

2015年5月3日　晴

年节及休闲活动：

今天周日，玉米种得早的农户，把家里的玉米拉到海邑集市卖，每公斤2.12元，然后买化肥，准备给玉米追肥。给玉米追肥用的化肥一部分为尿素。

人员流动：

周日，是每个学校收假的日子。今天下午6点钟之前，在外读书的学生又各自回到学校。

2015年5月4日　晴

人生大事：

何跃光和妻子今天下午赶着他们家40多只山羊去邻村的额冲衣交界处的"四岩阿波"（山名，撒尼话汉语音译）放羊。大约下午4点钟左右，三只山羊跑丢了。之后，他们打电话给亲朋帮忙找羊。但是山特别多，到天黑时都没能找到羊，于是大家都回家了。晚上8点的时候，何跃光请村长在广播上播了一条寻羊启事，但还是没能找到。这三只羊的重量都在40公斤到50公斤，按市场价，他们家丢的羊共值5000多元。

2015 年 5 月 5 日　晴

人生大事：

曾光兴于今天早上 8 点钟左右因病去世，享年 92 岁。得知曾光兴的死讯后，曾光兴的亲戚朋友和儿子、侄儿等多人就去他们家，给曾光兴换衣服。曾光兴的儿子曾玉林和曾文祥两家人则做饭给亲朋吃。

晚上，曾玉林到何文彬家选定曾光兴火化和下葬的日子。曾光兴下葬的日子的属相不能和子女的出生日期属相冲突。曾玉林家又请了哥哥曾文祥和家里长辈把曾光兴出殡时必须请的亲朋的名单列出来，然后定下讣告的日子和讣告上所需人员的名单。

2015 年 5 月 6 日　晴

村务事宜：

大糯黑村今年申报省级卫生村，省上领导过两天要来村里检查卫生。今天晚上村长在广播上通知村民：明天和后天都要打扫卫生。

人生大事：

曾光兴于昨天去世，定于今天火化。今早，曾光兴的子女和子侄辈等亲朋约 60 人，请石林县狮山殡仪馆的人用车将曾光兴的遗体拉到狮子山火化。

2015 年 5 月 7 日　晴

人生大事：

晚上 12 点钟，曾玉林为父亲曾光兴举办下葬前的入棺仪式。东家曾玉林要杀一只羊，做一些别的小菜，招待前来参加入棺仪式的亲朋。晚上 8 点左右，所有亲朋在吃饭之前，要把饭、菜、烟、酒拿一些到曾光兴的骨灰前祭拜。吃完饭后，就开始将死者的骨灰按头、躯干的位置摆放在棺材内。入棺前由毕摩念经，所有参加入棺仪式的亲朋，将各自带来的布料（六尺布，黑布和白布各一半）交给毕摩，由毕摩将所有的布料垫在棺底，将死者的骨灰按照顺序依次放到棺内，再将子女买的衣服、麻布衣服和汉族的服装盖到尸骨上。如果棺椁里还有空的地方，就用棉布和衣服等填起来。盖好棺材板后，须由死者的子侄（不能是女性）将棺盖抬到棺椁上。在上面钉棺盖时，必须由曾玉林的舅舅钉。钉好后，亲朋送来的多余的毛毯和棉被等物品就放到棺椁上，棺椁上还要放一卷由死者的女儿自己编织的麻布。这些事情做好后，所有的亲朋就在曾光兴的棺椁旁哀哭。之后，外村的一些人各自回去，死者的子侄辈或村里的亲朋就在死者的灵柩前守灵，一直守到死者下葬前的一个晚上，这段时间里，村里会陆续有人来陪死者的子女一起守灵。

村务事宜：

糯黑村今年申报省级卫生村，明天省里将有人前来视察糯黑村的卫生。因此，今天一整天的时间村民自行打扫卫生。公共部分的卫生还有些地方没有搞好，村委会和村小组又组织人将道路两边的食品袋垃圾清除。下午6点半的时候，还没有清理完，所以村委会要求明天早上继续搞卫生。

2015年5月8日　晴

村务事宜：

早上8点钟到中午12点钟，村小组继续组织人员搞卫生。直到把村内的所有卫生全部搞好为止。

人生大事：

李向明家的女儿出生已有一个月的时间了，他们家定于明天上午为女儿办祝米客（满月酒）。为更好地招待明天前来祝贺的亲朋，李向明家今天早上6点钟就到县城买菜，并请了200多个亲朋帮忙杀羊、牛和猪，并将明天要用于待客的各种菜清洗干净。

2015年5月10日　晴

休闲活动：

今天周日，很多的村民去海邑集市赶集，购买生活用品。

人员流动：

今天逢周日学生收假，早上8点到下午5点去外地城里读书的学生陆续回到学校。

人生大事：

早上8点半左右，陆良县的猪贩子来村里。李有华叫猪贩子来看他家养了一年零十个月的大猪，猪约重320公斤。李有华家起先询问猪贩子给多少钱，猪贩子要求以4260元卖给他，而李有华家则要5000元。经过近20分钟的讨价还价后，猪贩子和李有华达成一致，以4800元将猪买走。

2015年5月11日　晴

生计活动：

大糯黑村约40%以上的村民都去种玉米。种得比较早的村民，玉米现在已长出5到6片叶子，村民们便去给玉米打除草剂。约20%的村民已种下烤烟，可近段时间连续干旱，烤烟有可能因缺水而干死。因此，村民们就从村子的水塘里拉水到地里浇烟苗。没有种植完烤烟的少数几家农户继续种植，边浇水边移栽。

2015年5月12日　晴

村务事宜：

糯黑村申报2015年的省级卫生村。接到圭山镇政府的通知，2015年5月13日，石林县环保局和卫生局的人要来村里视察。所以早上7点钟左右，村小组长就在广播通知村民自行清扫分配好的路段，同时村组干部在村民清扫过后进行视察，并将部分没有清扫好的路段进行再次清理。

人生大事：

为提升毕兴学家农家乐档次，以吸引更多的游客前来食宿，毕兴学对家里原有的住房和周边环境进行了装修，并于今天到石林县城更换营业执照，将农家乐改成"阿文客栈"。

2015年5月13日　晴

村务事宜：

糯黑村的土地管理员何俊，于早上7点钟在广播上通知：本村今年要申请建房的农户，在今天之内将建房申请写好，并将申请交到何俊处，再由何俊统一上报到圭山镇土管所。申请书必须经村小组和村委会审批才有效，申请书的内容中必须写明申请建房的地基位置、占地面积，以及是否属于危房改造等信息。同时，该地基不能和邻居产生纠纷。

早上县环保局前来视察糯黑村的卫生情况，并对没有做好的地方提出整改要求。

人生大事：

在接听到关于上交2015年新建房的申请的相关广播信息后，下午6点钟的时候，共有6户村民：李宏雄、曾文林、高金志、王云平、高金跃和李云昌提交申请书，并决定在2015年12月份之前建房。

2015年5月14日　晴

人生大事：

继毕兴学家的农家乐档次提升后，王春花和王光珍家也于今天向上级相关部门申请办理将农家乐改为客栈的相关手续。另外，随着村民生活水平的提高和农作物的增产，前些年本村所使用的手扶拖拉机，已渐渐不能满足现在的生产生活所需。所以，大糯黑村的村民毕赵祥于早上8点钟到昆明市的宜良县，花30800元买了一辆后驱力的拖拉机。

2015年5月15日　晴

人生大事：

杨天德家的住房因年久失修，已成危房。杨天德今天申请了2015年的危房改造。

村务事宜：

上午9点半，大糯黑村将今年新建住房户的申请书交到圭山镇土地办。

2015年5月16日　晴

生计活动：

这段时间，大部分玉米都已经发芽。村民们各自用拖拉机拉水到地里，再用喷雾器喷除草剂，也有的村民给玉米追肥。

村务事宜：

大糯黑村的食用玫瑰种植基地里的玫瑰苗枯死了很多，有部分村民就去补种玉米。得知这一情况后，村小组长在广播上通知禁止补种玉米的行为。因为玉米长大后会影响玫瑰的生长。村小组长同时要求玫瑰种植户做好玫瑰的管理，除草浇水。

2015年5月17日　晴

人生大事：

早上9:40左右，高文兰在家里做活时不慎将右脚摔伤，走路困难。之后，由丈夫拉到圭山镇卫生院检查。因伤势严重，卫生院要求送至石林天奇医院治疗。高文兰和丈夫又到石林看病。医生诊断出右脚骨折，并有部分骨头碎片，要求高文兰住院并动手术，高文兰就在天奇医院住院并等待动手术。

村务事宜：

大糯黑村2015年的烤烟清塘点株已公示，应烟站的要求，村长于今晚 9 点钟在广播上通知今年种烟的农户，在明天早上 8 点到 11 点，到村小组广播室签清塘点株的审核表。

2015 年 5 月 18 日　晴

村务事宜：

晚上 9 点半，村小组接到圭山镇党委的通知：明天下午有外事接待任务。村小组长李宝强在广播上通知所有的农户在明天早上 9 点之前把各家的道路卫生搞好，同时通知村老年协会的会员明天早上把村子里、游客集散中心、文化体育广场和进村的水泥路全部打扫干净。

2015 年 5 月 19 日　晴

村务事宜：

早上 7 点钟，大糯黑村的村长在广播上再次通知村民搞卫生。所有的农户在 9 点钟之前把各家的卫生搞好了。村委会和村小组则协同老年协会一起搞村子里的公共卫生。下午 3 点钟，村委会的领导和村小组长接待石林县、圭山镇和外国专家一行 18 人，并向外国专家和县镇领导介绍大糯黑村的情况。

2015 年 5 月 21 日　晴

人生大事：

如今，大糯黑村民的生活水平比往年提高了许多，近两年村里的很多农户家里存了钱，很多村民家里都买了车。何绍华家这些年种植烤烟，积攒了十来万元，眼看着邻居和许多村民都在买车，何绍华家也去石林县城的云南德州汽车城买了一辆五菱宏光车，车价为 7.8 万元，加上落户费，共计 8 万多元。他的儿子不久前刚考到驾驶证，于是今天就把车开回了家。

2015年5月23日　晴

年节及休闲活动：

今天周六，是石林县城赶集的日子。趁着这段时间农活不是特别忙，本村的何进明等16个文艺队的队员，于早上8点钟出发，到石林县城赶集，并订购他们平时表演用的服装（撒尼服装）。

村务事宜：

建房农户的建房申请书已上交到镇土地办了，但还没有丈量地基。所以，早上7点钟村长在广播上通知，今年申请建房的农户要在家里丈量地基。村小组和村委会用一天的时间丈量土地。按照国家的要求，每户地基不能超过200平方米。同时，为能保持糯黑村的石头房特色，要求农户建造的材料必须用石头。为避免农户私自用别的材料建房，还收取了住房3000元和烤棚猪厩1500元的押金。按国家政策，今年丈量房子地基没有收取一分钱。

2015年5月24日　晴

人生大事：

李云昌家原先要在5月23日丈量地基，但因为他和丈母娘闹了一点小矛盾，因此昨天没有丈量。李云昌昨天晚上打电话给他的小姨子，于今天早上和丈母娘协商后，请村委会和村小组的干部帮他们家丈量了房子。

人员流动：

30多个玉溪师院美术学院的学生来大糯黑村写生，并住在王春花家的农家乐里，预计要住5天。

2015年5月25日　晴

人生大事：

王云平家今年也申请建房，获得村小组、村委会及镇土地办的批准后，于 5 月 23 日顺利丈量了地基。为尽快把新房子建好，王云平家请了本村的 12 个亲朋把原来的猪厩和牛厩全部拆除。

村务事宜：

晚上 9 点半钟左右，大糯黑村的村长在广播上通知今年种烟的烟户，明天早上在村小组领取今年的烤烟保险单。

2015 年 5 月 26 日　晴

村务事宜：

昨天晚上，村长在广播上通知村民来广播室领取 2015 年的烤烟保险单。今天早上 8 点钟到 10 点钟，烟农来领取保险单。保险费于 3 月份上交，上交的保险费为农户自筹 15 元、镇政府补助 15 元、烟草公司 20 元，合计 50 元。到 10 点钟的时候，除了 6 户村民还没领取外，其他农户的保险单全部由农户自己领取。

人生大事：

王云平家昨天把老房子拆了，今天早上请了本村的建房师傅王绍先来给新房钉桩。之前，电力公司未经王云平家的同意，把一根电杆竖在他家的地基位置上，导致王云平无法挖地基。所以，今天王云平写申请要求电力公司尽快将电杆移去。

2015 年 5 月 27 日　晴

休闲活动：

石林县西街口镇的威黑村举办斗牛比赛。本村 60 多个斗牛爱好者去看斗牛比赛。

人生大事：

大糯黑村的斗牛爱好者杨光斌，前去威黑看斗牛比赛。在第一轮的比赛过程中，杨光斌看上了外村的一头战斗力很强的斗牛，于是就询问牛主卖不卖。得知牛主有出售斗牛的意向后，杨光斌就和牛主商讨价格，起先牛主要价 25600 元，而杨光斌只出 23600 元。在一番讨价还价后，最后这头牛以 24600 元成交。这头斗牛是第一轮的赢家，杨光斌在买到斗牛后又将牛拉去斗。经过四轮的战斗，这头斗牛拿了第二名，并得到了 3000 元的奖金。

2015 年 5 月 28 日　晴

人生大事：

王光华家新建房的两层已浇灌好长时间了，到了保养期。因此，今天他们家又请了原来建房的老板开始浇筑第三层。

人员流动：

前几日来大糯黑写生的玉溪师院美术学院的学生，于今天早上 10 点钟左右乘车回玉溪。

2015 年 5 月 29 日　晴

人员流动：

早上 10 点钟左右，湖南的 60 多个学生来大糯黑村游玩，并住在开有农家乐的村民毕兴学家中，预计要在大糯黑写生和采风三天。毕兴学家里住不下这么多学生，毕兴学于是就把部分学生安排到李学珍家和何小平家里。每个学生一天的食宿费为 50 元，伙食为 6 道菜，2 个素菜。这次学生来他们家食宿，估计能给他家带来 4000 多元的收入。

2015 年 5 月 30 日　晴

村务事宜：

下午大糯黑村小组接到圭山镇烟叶收购站的通知，要求所有的烟农参加明天早上的烤烟揭膜培训。晚上 10 点钟左右，村长李宝强在广播上通知今年种烟的农户明天早上在大糯黑村的烤烟连片地参加培训。

2015年5月31日 晴

村务事宜：

昨天晚上村长李宝强在广播上传达关于烤烟揭膜培训的通知，今天早上6点半，村长又在广播上再次通知村民8点钟到连片地参加培训。8点钟的时候，等村民和烟站的工作人员和技术人员到场后，烟站的工作人员就将揭膜的要领和方法告诉村民。烤烟揭膜的好处：在烤烟种植期间天气比较干燥，没有雨水，盖地膜能保持水分，能保苗，同时地膜能阻止杂草正常生长，到后期雨季来临的时候把地膜揭掉，以便雨水更好更多地渗入地里，便于烟草充分地吸收水分。

2015年6月1日 晴

村务事宜：

今天是6月1日儿童节，糯黑小学举办活动并杀羊庆祝儿童节。学校里的老师大多为女性，没有人手。应学校的要求，大糯黑村的村组干部帮忙杀羊并做菜，同时参加儿童节的庆祝活动。

休闲活动：

今天是国际儿童节，糯黑小学也举办了儿童节的庆祝活动，在学生庆祝活动期间，很多家长也参与了活动。

2015年6月2日 晴

生计活动：

这段时间，大部分村民都去玉米地里给玉米追肥或打除草剂。一部分村民则去烟地里给烤烟打农药。另有30多个村民去三七地为三七老板打工，工钱为每人每天60元，不供伙食。

人生大事：

何毕祥近些年烤烟没有种好，今年他没再种烤烟。当听说海邑村有个农户出租养鸡场的消息后，于今天前去商讨租养鸡场的协议，并和海邑的养鸡场主人达成一致，以每年 8600 元的价格将这个养鸡场租下，租期为两年。

2015 年 6 月 3 日　晴

人生大事：

李红兵家这些年没有仓库，收回来的玉米棒子都是露天摆放着，导致很多玉米都被雨水泡湿发霉。因此，李红兵家今天去海邑集市上请一个做彩钢瓦的老板，让他帮忙在住房旁边焊接了一个面积为 74 平方米的小仓库，价格为 7400 元，每平方米 100 元。

2015 年 6 月 4 日　晴

村务事宜：

自 2013 年 12 月和 2014 年 12 月由县旅游文化体育局移交一部分书给大糯黑村的农家书屋后，今天早上又送来价值 840 元的书籍。

人生大事：

就快到雨季了，一到雨季，李洪亮家一段必经之路拖拉机无法开进去。因此，李洪亮今天从本村的石场用拖拉机拉了三车砂子和一吨水泥回来，自己浇这段路。

人员流动：

大糯黑村的村民曾兰芬、王光明和李玉林三家人，去泸西县的凤干村参加亲朋的婚礼（李琳的表妹），直到晚上 8 点钟才回到村里。

2015 年 6 月 5 日　晴

人员流动：

今天学生周末放假，下午 3 点半钟的时候，小糯黑村的部分村民来大糯黑村接自己的孩子，另有些家长到海邑接孩子，在石林县城读书的本村学生也在 5 点钟左右回到家里。

人生大事：

村民何正明家在小糯黑村边办了个温室养鸡场。今天是他们家卖鸡的日子，虽然今年只卖了4500只鸡，但由于鸡养得好，每只赚了4.8元，所有的鸡共卖了21600元。这批鸡只养了82天，三个月就赚了这么多。何正明说往年她们家一年的收入也就差不多21600元。

2015年6月6日　晴

人生大事：

大糯黑村的村民曾光跃多年来感觉不太好，经常生病，一直都在小诊所打针。这几天感觉不舒服，于是今天和儿子一起去石林天奇医院检查，检查出患有肾衰竭。在医生的建议下，曾光跃在儿子的陪同下，在天奇医院住院治疗。另外，曾丽华家今天到石林，花8.8万元买了辆宝骏车回来。

休闲活动：

今天周六，部分村民到石林县城赶集。一些放假回来的中学生在糯黑村小学篮球场打了一天的篮球。

2015年6月7日　晴

村务事宜：

接到石林县国土所的通知，今年要对农村地区的宅基地进行实地占地面积的确权，并于今天早上下放了6个技术人员来糯黑村委会。今天上午在接到通知后，村委会安排两边村小组各领三人到村里的具体位置定点，然后再对农户的住房确权并定位。今天一整天的时间里，村小组的干部都在陪技术人员选定地址。

另外，大糯黑村小组的5月份账务没有上报到圭山镇三资管理中心，村委会要求村小组的出纳和会计（报账员）明天早上到村委会办公室整理5月份的账务并及时上报。

人员流动：

今天周日，小糯黑村在糯黑小学读书的一年级到三年级的学生，在家长的陪同下于下午5点钟之前回到学校。另外，在外读书的本村的学生又各自回到学校。

2015年6月8日　晴

村务事宜：

昨天，接到村委会的通知：要求大糯黑村小组整理5月份账务。今天早上8点到10点钟，大糯黑村小组的出纳和会计到糯黑村委会整理账务，并经村委会主任和监督委员会审核签字后，于今天下午2点钟向圭山镇三资管理中心上报5月份的账务。

晚上8点钟，村长在广播上通知了关于今年土地确权的相关政策，并要求在十几天里对各户的房子定位确权，规定明天的确权范围。通知村子的东边几户村民找好以前的土地使用证，以及相关证件在家里等候技术人员前来定位照相。

2015年6月9日　晴

村务事宜：

6月7日和6月8日，土地确权的技术人员在村里设好了20多个点，于今天早上开始给各农户的住房进行定位和确权。确权时由技术人员用仪器对各家互联定位，一所房子需要一份单独的身份证，不能一人多房。同时，确权的范围只针对住房，不包括厨房、畜厩或烤棚。第一天确权的速度比较缓慢，一整天的时间里只有20多户的农户被定位。大糯黑村的260多户，400套房子预计要近20天才能做完。

2015年6月10日　晴

村务事宜：

本村的土地确权工作刚开始，而且这项工作不可能在几天内做完，所以村小组和土地确权的技术人员继续工作。

人生大事：

村民杨某今年28岁了，一表人才。可惜自小就是聋哑人，没读过书，一直没有结婚。今年5月份的时候，杨某认识了小糯黑村的一个孤儿，经人介绍后，这个男孩打算上门到杨某家。两个人的感情很好，杨某的父母亲也特别喜欢这个男孩。为了让这个男孩成功上门，杨某要求父母到海邑集市花5800元买了一辆摩托给男孩。

2015年6月11日　晴

生计活动：

这段时间，大糯黑村大部分村民都在给玉米打除草剂，或者给玉米追肥，也有的村民去给烤烟打预防药，少数村民则去三七地里打工。

村务事宜：

广播通知，大糯黑村2007年以后出生的小孩，6月14日前到圭山镇卫生院打乙肝疫苗的预防针。

2015年6月12日　晴

人员流动：

今天周五，在外读书的学生纷纷回到村里。

村务事宜：

村小组干部和村委会集体，以及土地确权的技术人员继续帮农户对住房定位和确权。

2015年6月13日 晴

休闲活动：

圭山镇海邑中寨的王金强家今年新建了一个斗牛场，斗牛场离本村只有4公里左右。今天举办第一场斗牛比赛，程序为：只许小水牛组和黄牛乙级组参赛，大牛组明天举行比赛。门票为每人10元。近一段时间到农忙，斗牛比赛的赛事较少。今天本村400多人前去观看斗牛比赛，直到比赛结束，才回到家里。今天本村只有一头斗牛参加了比赛，没有拿到名次。

人员流动：

大糯黑村村民毕曾学的妻子是雨胜村人，雨胜村前几天有一人去世，是毕曾学的亲戚，今天晚上举办祭祀仪式，明天举办葬礼。毕曾学家和本村40多个亲朋一起到雨胜村做白事客。

2015年6月14日 雨

休闲活动：

今天是海邑的新斗牛场举办斗牛比赛的第二天，虽然今天陆续下着雨，但本村还是有很多村民去观看比赛。今天的斗牛比赛中，村民王有才家的斗牛连续打败了四头牛，荣获本次比赛的黄牛甲级组的第三名。

村务事宜：

村小组接到村委会的通知，要求在6月份之前，将各户的种植面积上报到镇农业信合服务中心。

2015年6月15日 晴

村务事宜：

村小组人员继续配合土地确权技术员，做土地确权的工作。另外，大糯黑村的村长于今天晚上8点半，在广播上通知：2015年有愿意当兵的年轻人，在6月底之前报名。征兵的具体要求为：小学初中和高中毕业生，报名年龄限制在 18～22 岁，大专生最大年龄不超过 23 岁，本科生的录用年龄为 24 周岁以下。

人生大事：

大糯黑村民杨红明家，今天到石林花 48000 元买了一辆五菱宏光面包车。

2015 年 6 月 16 日　晴

村务事宜：

早上 8 点半，圭山镇的副镇长来大糯黑村调查卫生，并对大糯黑村村内卫生环境没有做好的地方提出整改要求。到晚上的时候，村长在广播上将不干净的、需要整改的街道告知村民，并要求占道的建筑材料须于近期内清理完。

2015 年 6 月 17 日　晴

村务事宜：

早上 9 点半到 12 点半，石林县党风廉政督导组来糯黑村委会督导工作，有 24 名村干部和督导组员。他们就糯黑村的发展思路和村组干部之间的矛盾，村干部和农户的矛盾、沟通问题进行商讨。之后，督导组要求各村小组在工作期间，要按章办事，同时强调两公开的程序的重要性，并要求各成员都要写工作总结。

人员流动：

红河学院的一些学生来糯黑村写生，并住宿在毕兴学家里。这些学生要到明天下午 5 点钟才离开本村。

2015 年 6 月 19 日　晴

休闲活动：

明天是中国的传统节日——端午节。为庆祝端午节，海邑的亚太斗牛场——石林县最大的斗牛场，分别于19日、20日、21日举办斗牛比赛。今天为本地小水牛组和黄牛小牛组的比赛。本村有6头斗牛参加比赛，村里有100多人前去观看斗牛比赛。

2015年6月20日　晴

休闲活动：

亚太斗牛场举行端午节第二天的斗牛比赛，参加比赛的斗牛级别为本地大水牛和本地甲级黄牛。杨光斌家的两头黄牛，王正学家的黄牛，王友和家的黄牛分别参加了比赛。有近240个村民去看斗牛比赛。今天是端午节，所有的村民都在家里做了包子，庆祝端午节。

人生大事：

大糯黑村的村民王正学家的斗牛，今天在比赛中在斗赢五轮，输了一轮的情况下，勇夺黄牛甲级组的第二名，拿到了6000元的奖金。斗牛比赛的第一名奖金为8000元。

2015年6月21日　晴

休闲活动：

亚太斗牛场举行第三天斗牛比赛，是野水牛组比赛。有很多村民去观看了斗牛比赛。今天周日，有很多村民去海邑集市赶集。

村务事宜：

晚上，村委会通知大糯黑村小组的三职干部、村党支部的几个负责人明天早上到村委会开会，并带着自己的工作笔记和工作台账。

生计活动：

这段时间，大部分村民都在为玉米打第二道除草剂，有的村民给烤烟打农药。快到烤烟烘烤期了，少数几户农户翻修烤棚的炉子，也有一些村民去给烤烟封顶。

2015年6月22日　雨

村务事宜：

早上8点钟到12点钟，以及下午2点到5点，村委会召开村组干部会议，传达石林县委督导组的工作要求，要求每个村组干部在7月3日之前必须写一份半年内的工作总结，以及下半年的工作计划。村小组要写一份村小组的工作总结和计划，并要求再写一份经济发展思路。各党小组要督促党员认真填写党员工作手册。

另外，每个在职干部要把手里的工作目标责任书交一份到村委会，由村委会装订成册。最后，村党总书记强调了日常工作值班的重要性，要求每位干部按照值班的日程表值好班，并每天写一份值班的心得体会。

2015年6月24日　晴

村务事宜：

土地确权工作自6月9日开始，到今天已持续了16天。除去确权时没有在家的30多户村民外，其余村民的房子已基本定位。今天第二轮的确权定位工作，在村干部和技术员的主持下继续进行。由于还有几户没有定位，村长在广播通知没有定位的农户，明天必须安排一个人在家里。确权工作打算在明天全部做完。

人生大事：

大糯黑村村民何跃林家办了一个温室养鸡场，占地面积约四亩。每一轮可以养1万多只鸡，前些天他们家这一轮的鸡卖了4万多元，今天他家用卖鸡的钱买了一台耕地用的拖拉机。

2015年6月25日　雨

村务事宜：

经过十六七天的努力，大糯黑村200多户村民300多套住房的确权工作已全部完成。在技术人员的要求下，村长李宝强在广播中通知所有的村民，明天早上到广播室，再次确认自家房子的定位是否符合实际。

休闲活动：

下雨，不适合做农活。因此，大部分的村民都在家里，或看电视，或找人聊天。

2015 年 6 月 26 日　晴

村务事宜：

早上 8 点钟到下午 3 点钟左右，大糯黑村的村民到广播室，核查自家住房的确权定位是否符合实际。

2015 年 6 月 27 日　晴

生计活动：

这段时间，大部分村民地里的烤烟已基本开花，为能使烟叶更好更长更宽，村民们都去地里给烟叶封顶，并涂上抑芽敏。抑芽敏的作用是抑制烟芽的生长，从而使烟叶长宽封顶，也可以使烟株长得更好更大。另外，没有给玉米除草和追肥的农户去给玉米追肥和除草。现阶段玉米地里使用的除草剂大部分都是百草枯。

2015 年 6 月 28 日　晴

休闲活动：

今天周日，有 100 多个村民去海邑集市赶集，买日用品和各种菜。

村务事宜：

村委会通知村小组和其他村干部，写个人的工作总结和工作计划，以及目标管理责任书，已有一个星期了。今天村委会要求将各自的工作总结交到村委会副主任处，到下午 4 点钟的时候，所有村干部的工作计划和总结全部交到村委会。晚上 10 点钟，李宝强在广播上通知村民，近段时间没有打扫村内道路卫生，道路卫生比较差，要求全体村民明天早上搞卫生。

2015年6月29日　晴

村务事宜：

大糯黑村民在昨晚听到打扫卫生的广播后，于今天早上9点钟左右，将村内道路卫生全部打扫好。

2015年6月30日　晴

人生大事：

大糯黑村民李云昌家今年申请将老房子拆除后重建，今天是他们家浇筑圈梁的日子。另外，村民曾玉芬家花4860元买了一套太阳能淋浴用的器具。

生计活动：

这些天大部分村民都在给烤烟封顶，有的村民去给玉米追肥，一部分村民去放羊，少数妇女去三七地里打工，还有的村民修烤棚的炉子。

人员流动：

大糯黑的村民毕丽珍家今天到唉维哨村做祝米客。

2015年7月1日　晴

村务事宜：

今天是中国共产党成立94周年的纪念日，所以由村党总支于今天下午2点钟在村委会召开了党支部的扩大会议。会议主要内容是：给党员上课，由村党总支和村委会分别对2015年上半年的党员工作总结计划和村委会的总结及计划做汇报。今天参加会议的有本村的党员和村民会议代表，全称为"2015年糯黑村党支部扩大会会议"。会议由村监督委员会主任高映峰同志主持。议程为：一、由书记曾敬和同志总结2015

年上半年的党建工作，下半年的工作安排；二、由主任杨光斌同志就村民代表的职责做详细的汇报；三、由石林县史志办公室主任刘世生同志讲授党课；四、由圭山镇人大主席做新农村建设指导讲话；五、请圭山镇党委书记对党员扩大会议做指导。

2015年7月3日　雨

生计活动：

下了一整天的雨，所以外出做农活的人特别少，只有少部分去烤烟地里除草。用锄头除草既可以将杂草铲除，又可以将土铲松，以便烤烟更好地生长。

村务事宜：

大糯黑村的水塘前些年由于一直由老年协会管理，平时放一些鱼苗，供钓鱼爱好者钓鱼，收些钓鱼费，用于老年协会的日常开支。但这两年因管理不善，时常亏损，无奈只好交回给村小组管理。前些天共有200户村民在村小组的提议下，每户各交了50元，共计1万元，于今天买了900公斤的鱼放养，准备明年4月或3月份左右时，全村人一起捕鱼，然后平均分给交钱的村民。

2015年7月4日　雨

村务事宜：

2015年7月1日，糯黑村党总支召开了2015年度的党员扩大会议，会议要求糯黑村党总支管辖的两个党支部，在7月10日之前召开一次支部生活会。所以大糯黑村委会于今天早上召集党员，对大糯黑村水塘周边的杂草进行清理。今天除在外打工的党员由家里抽人务工外，其余的党员全部到场务工。

人生大事：

大糯黑村的村民何绍兴于今年审批建房，已得到上级相关部门的批准，今天请泸西县全马镇的唐姓老板给他们家的新建房屋打地基圈梁。

2015年7月6日　阴

村务事宜：

今天早上村委会主任和副主任到圭山镇政府开会。这段时间气候原因，多个地方的村民发生因饮水而腹泻不止去住院的情况。所以要求每个村委会辖区有水窖水塘的农户都要编造成册，登记储水立方数目，然后分发漂白粉进行消毒。中午的时候，村委会就将该项任务交给村小组办理，并要求明天下午5点钟之前上报圭山镇卫生院。

生计活动：

天阴没有下雨，所以去烟地除草的农户特别多。另有一部分村民去烟地里给烤烟封顶，封顶的好处就是促进烟叶长宽。也有的村民去给玉米追肥，有追第一道肥料的，也有追第二道肥料的。

2015年7月7日　晴

大糯黑村的村民张琼芬家养了一年的两头肥猪，今天早上以4960元卖给糯良的猪贩子，另有村民毕学芬家也以2145元将猪卖给这个猪贩子。

人员流动：

有56个艺术学院美术系的学生来大糯黑村写生，并住在村民王光珍家里。

2015年7月9日

村务事宜：

早上7点钟，村小组长兼烟站驻村烤烟辅导员李宝强在广播上通知烟农，为认真完成烤烟，优化烟叶结构，定于2015年7月11日，对2015年的烤烟实施优化烟叶结构的下脚烟下两片烟叶的处置工作，将下部烟最下边的两片叶摘除，并做统一的处理，以便中上部的烟更好地生长。

生计活动：

听到广播上的通知后，大糯黑村的很多村民到自家地里，将下脚烟的两片烟叶摘除，并拉回家中，以便 11 号的时候拉到村小组指定的地方处理。另有很多村民去给烤烟封顶，将烤烟的花摘除，滴上抑芽敏，以防止叉叶生长，促进烟叶更好地生长。另有一些村民因烟株烟叶得了气候性斑点病，去打药。

2015 年 7 月 10 日

人员流动：

晚上 10 点钟左右，贵州省一批艺术学院的学生约 70 人，到大糯黑村采风写生。因为毕兴学一家住不下，毕兴学家将这些人分别安排到杨光斌和毕金凤家里住，估计要住四天才走。

生计活动：

早上 6 点半左右，大糯黑村的李红明家地里摘烟叶回来，并将烟叶编好进行烘烤。他家是 2015 年第一家开始烤烟的农户，今天开始会陆续有人烤烟，另有大部分村民去摘烤烟的底脚烟叶，也有的村民去给玉米打除草剂，追肥。还有少数村民去给玉米打矮壮素，打矮壮素的好处在于，在玉米长到 7 到 12 片叶子的时候，可以使玉米不再长高，而是长粗，以免被风刮倒而影响收成，同时提高玉米的产量。

2015 年 7 月 11 日

村务事宜：

今天是大糯黑村 2015 年处置不合格烤烟脚叶烟的时间，一大早村长就在广播上通知村民，将近两天摘好的烟叶底脚叶统一拉到大糯黑村的"线奔说山"（大糯黑村地名，撒尼话汉语音译）进行处置。该处有一个大坑，方法就是将村民摘下来的底脚叶拉到这个坑里，按每亩处置75公斤不合格的烟叶数量交上来处理。要求将烟叶倒在坑里后销毁，前来处置的农户要签名，因处置烟叶的农户比较多，所以拉烟叶的拖拉机一直排到村里，长有800米。因早上没有全部处置完，下午村组干部继续对后边的烟叶进行处置统计，直到下午7点半左右，才将今年种烟农户的不合格底脚烟叶全部处理完。

2015年7月12日

人生大事：

大糯黑村的村民李寿福家今天卖了两只羊给本村的鼓号队李光荣队，价格为37元1公斤，两只羊共计84公斤，羊价合计3108元。

休闲活动：

今天周日，大糯黑村有一部分村民去海邑集市赶集，直到天黑才回家。

2015年7月13日 晴

生计活动：

有40多户村民去烟地里摘烟叶回来烘烤，另有一些村民去玉米地打除草剂，而大部分村民则去玉米地追第二道肥。

2015年7月14日

村务事宜：

晚上8点半钟，村小组长在广播上通知所有的村民，因石林县上报审批国家级生态卫生县，所以明天早上9点钟之前，所有的村民必须把各家范围内的环境卫生搞好，以迎接上级部门的卫生检查。

人生大事：

大糯黑村村民毕王志祥家，到泸西县用14600元买了一头水牛回来。

2015 年 7 月 15 日　晴

村务事宜：

因今天下午上级部门要来检查卫生，所以村小组通过广播要求全体村民搞卫生，到 9 点钟的时候，全村的村民已将自家的卫生搞完。但公共部分和公路两边仍有一些食品袋，所以村小组成员，村委会的几大员又组织起来，将进村口两边的垃圾全部处理完。另外，位于游客集散中心处的公厕，多年来没有抽过粪水，村小组和村民苏建忠等人协商，用 1200 元钱请苏建忠等四人将公厕的粪便和粪水全部处理完。

晚上 10 点半，村长在广播上通知，2016 年要种烤烟的农户因明年的烤烟合同数要以连片面积为准，并且连片面积不能低于 50 亩，要求农户自行约足 50 亩的面积，由村小组对连片面积进行定位和测量，并上报到烟站。

2015 年 7 月 16 日　雨

村务事宜：

大糯黑村小组对农户申报的 2016 年的烤烟连片地进行测量，从雨胜交界处，一直量到海邑和戈冲里村的交界处。

另外，早上 7 点半，因老年协会之前的活动室现已改成大糯黑村对外招商用的农家乐，所以经由村小组协商，将村里委托老年协会管理的鼓号、狮子面具等用于文体活动的道具和乐器，全部搬到大糯黑村的老学校里。

休闲活动：

应人邀请，大糯黑村的 20 个年轻女子到石林县城跳大三弦舞。

2015 年 7 月 17 日　阴

村务事宜：

因 2016 年的烤烟合同数字面积要以 50 亩以上的连片面积为准，所以今天到大糯黑村小组和烟站的职用卫星定位测量农户自行上报上的连片面积，今天测量的总面积达到 860 亩左右。

休闲活动：

因定于 2015 年 8 月 5 日在糯黑村举行糯黑村民婚礼及撒尼剧的表演，所以这段时间大糯黑村的撒尼剧的演员们每天晚上都在大糯黑村礼堂进行撒尼剧"竹叶常青"和"圭山彩虹"的排练。

人员流动：

白天，有 100 多个外地游客来大糯黑游玩，下午天快黑的时候坐车离开村子。

2015 年 7 月 18 日　阴

生计活动：

这段时间，因为天气比较晴朗，气候比较干燥，地里的烤烟脚叶大部分发黄，正好摘回家进行烘烤。所以这两天除下雨天外，大部分村民都在烤烟叶，另有一些村民给玉米追肥，也有一些村民修烤棚的炉子或翻修（烤棚的炉子，因去年烤了一年的烟，有的炉子和烟囱里都是烟灰，不把烟灰清除会堵塞，导致火力不够，不能及时将烟叶中的水分烘干，从而导致烟叶烤坏掉），还有一部分村民去给烤烟封顶。

2015 年 7 月 19 日　雨

人生大事：

大糯黑村村民高金志家明天要为今年新建的房子浇筑屋顶，为不影响明天浇房子，所以今天高金志家请了本村的几个亲朋用拖拉机到糯黑村的石材加工厂拉公分石和碎石，用于明天浇筑房子，公分石的价格为每吨 45 元，石粉价格为每吨 35 元，碎石价格为每吨 30 元。

休闲活动：

今天逢周日，海邑集市赶集，一大早就有许多村民到海邑集市赶集。

晚上10点钟到12点钟,为参加8月5日由石林县火把节狂欢活动领导小组在糯黑村的撒尼剧展演,本村的20个村民在大糯黑村的礼堂排练"圭山彩虹"和"竹叶常青"两部撒尼剧。

2015年7月20日　晴

村务事宜:

根据圭山镇人民政府"关于印发圭山镇打击非法占用林地即毁林开荒专项整治工作方案的通知",糯黑村委会大糯黑村民小组成员及护林员、林业员等,一行9人到糯黑村辖区内的山林进行巡视,并对出现的毁林开荒等现象拍照取证,将出现的状况上报给圭山镇政府。

人生大事:

大糯黑村的村民高金志家今年审批建盖的新房为抗震房,占地面积约62平方米,于今天请亲朋帮忙浇筑第一层,结构为石混结构。

2015年7月21日　晴

村务事宜:

早上7点,糯黑村小组长李宝强在广播上通知两件事:第一,因今年石林国际火把狂欢节要在糯黑村设一个撒尼剧和婚俗展演点,并要求在8月5日之前村内的卫生一直保持最大程度的整洁,故通知全体村民认真搞好公共卫生和自家卫生。第二,通知65岁以下的已婚妇女在早上8点到村委会检查妇科。

7点到9点,全村的道路已全部打扫完成。从上午8点到下午5点半,共有130个妇女到村委会检查身体,负责检查的单位是石林县天奇医院。下午2点半,村小组的职工干部到圭山镇参加三资管理调研会。

2015年7月22日　晴

人生大事：

大糯黑村王光华家新建的房子第三层今天开始浇筑。

休闲活动：

大糯黑村的何友祥、王兴德等人去山里找马蜂窝。找马蜂窝的方法：找一只死鸡，将鸡挂在山上有马蜂觅食的地方，当马蜂找到死鸡并将死鸡肉一块一块叼到马蜂窝里的时候，就跟踪马蜂，找到马蜂窝。因这时的马蜂窝不是特别大，蜂蛹特别少，所以只有等到晚上的时候，将马蜂窝移到家里，等马蜂窝长大就可以烧来吃了。

2015年7月23日　雨

村务事宜：

今年年初的时候，村里将山路修复并扩宽，但没有付挖机的费用。今天早上7点到9点半，村民小组要将所有的挖机使用费合计4万多元付给维则村的王勇。下午1点到5点，大糯黑村小组和村委会邀请了石林大酒店的张总和两位从事旅游规划的领导，到大糯黑村勘察旅游路线和旅游点，并对此作了说明，要求村小组干部下一步将旅游作为村寨发展的重点。晚上8点钟的时候，村小组在广播上通知全体村民，明天早上，所有的村民都必须搞卫生，包括自家庭院的卫生。因2015年8月5日石林县火把节要在糯黑村设立撒尼剧和婚俗的展演点，所以这段时间的卫生必须是一个星期搞两次。

2015年7月24日　晴

生计活动：

大糯黑村的大部分村民都去摘烟，少数村民去给玉米追肥，养羊的农户则去山上放羊。

人生大事：

大糯黑村的温室养鸡户李新明家，应温室养鸡公司的要求出售成品鸡。李新明家请了本村的几家养鸡户帮忙抓鸡，并将鸡拉到石林县温室公司出售。李新明家出售的鸡共8640只，售鸡所得43200元，每只鸡平均赢利5元。李新明家这批鸡养殖时间为79天。

2015年7月25日　晴

人生大事：

大糯黑村的村民何光德家，和姐夫一起去石林县城，花7.8万元买了一辆面包车。

生计活动：

除部分村民去自家地里做农活外，在大糯黑村种植三七地的一个外地老板，请20个村民到他的地里摘三七花，工作时间从早上7点半开始，到下午7点，工钱为每人60元。

2015年7月26日　晴

休闲活动：

今天周日，大糯黑村一部分村民到海邑集市赶集，还有一部分烘烤烟叶的农户因没有煤炭烤烟，家里的钱也没有了，所以就拉玉米到海邑集市卖，并用卖玉米的钱买煤炭。今天的玉米收购价为每公斤2.25元，煤炭的价格为一吨550元到600元。

人生大事：

大糯黑村的村民毕曾学经过45天的培训，于今天顺利拿到驾驶执照，毕曾学报考的驾校为泸西县旧城镇的为民驾校，学费和伙食费共计16600元。

2015年7月27日 雨

村务事宜：

因村小组的报账时间有些混乱，2015年7月25日的时候，应村委会村党总支和村级监督委员会的要求，村委会和村小组的账务要在每个月月底上报一次，次月月初的时候公示。

生计活动：

因下了一整天的雨，大部分村民都在家里整理烟叶，将烘烤好的烟叶按烟叶的大小、颜色差异和部位进行分级。另有一部分村民去铲土杂肥，用作明年春耕的底肥，也有的村民去砍刺，放在地边防止庄稼被牛羊吃。

2015年7月28日 雨

村务事宜：

应糯黑村委会大糯黑村小组和圭山镇党委和政府的要求，早上7点到下午5点，云南商贸有限公司的副总来大糯黑村，就大糯黑村和云南商贸有限公司合作搞旅游开发的事进行讨论，并实地查看。早上9点到12点半，在大糯黑村选了五个景点，分别为杜鹃山一条线、阿支家、阿诗玛寄养地、盘江日报社旧址和王家大院，并就五个点的情况提出了相应的要求。另要求再增加水果的采摘点（分季）和文体活动开展的地点。

2015年7月29日 雨

人生大事：

大糯黑村的村民何绍兴，因为房子年久失修而成危房，今年申请新建一幢抗震房。所以今天何绍兴家请了本村的亲朋约20人帮忙浇筑房子地基。圈梁浇筑的师傅由红河州泸西县的唐老师担任，浇筑时间从早上8点半开始到下午3点钟左右结束。

村务事宜：

因定于 2015 年 8 月 5 日在大糯黑村举办撒尼婚俗展演和撒尼剧的表演，而准备展演的糯黑村文化广场上的绿化树木有部分已经枯死。所以今天村小组成员和村委会的领导一起补种树木，以迎接 8 月 5 日的展演。

2015 年 7 月 30 日　雨

生计活动：

这些天连日下雨，上山做农活的路特别难走，所以大部分村民都在家里整理烟叶，有部分村民已烘烤好第二炉烟叶。有部分村民去铲土杂肥，有些村民因为雨水多，就去地里清沟，以防止洪涝灾害。

村务事宜：

这段时间，大糯黑村时常有学生和游客来游玩。今年火把节的时候，要在大糯黑村定点表演撒尼剧，进行婚俗展演，村小组在广播上通知，在 8 月 6 日之前，必须每天都清扫道路。

人员流动：

有外地的 60 多个学生来大糯黑村，和大糯黑小学的学生举行联谊活动，并向本村的学生捐赠学习用具。

2015 年 7 月 31 日　雨

村务事宜：

早上 8 点到 12 点，大糯黑村小组三职干部到海邑制作 8 月 5 日举办的撒尼剧展演和撒尼婚俗展演的节目单和海报。下午 4 点左右，糯黑村下了近 30 分钟的冰雹，地里的玉米和烤烟受损面积特别广。下午 5 点钟的时候，村小组组长在广播上通知村民，自行到自家地里查看玉米和烤烟的受灾情况，并要求在晚上 10 点半之前，将自家的受灾面积分别上报到村小组。晚上 10 点半左右，统计到的受灾情况和受灾面积分别为：烤烟受灾面积 700 多亩，玉米受灾面积 2740 亩左右。11 点左右，村小组成员将受灾面积上报村委会，村委会又将受灾面积上报到圭山镇政府。

2015 年 8 月 1 日 雨

生计活动：

因昨天大糯黑村下冰雹，玉米和烤烟受损面积达到 3000 多亩，烤烟受灾的农户达到百分之百，约 70% 的村民一大早到地里将那些被冰雹打断的少部分可用的烤烟捡回家中烘烤，另有一些玉米受灾的农户则去将那些被风刮倒的玉米扶正。

村务事宜：

早上 9 点到下午 4 点半，圭山镇党委政府在糯黑村和大糯黑村村民小组的带领下，到大糯黑村查看 2015 年 7 月 31 日的玉米和烤烟的受灾情况。

2015 年 8 月 2 日 雨

休闲活动：

今天逢周日，有部分村民到海邑集市赶集。因为很快到火把节了，按照往年的惯例，每年的这个时候，村民都会相约买一头牛，杀来庆祝火把节。今年也不例外，今年有 78 户村民相约到海邑，花了 8660 元，买了一头牛准备明天杀了吃。

村务事宜：

早上 8 点半到下午 3 点，糯黑村委会和大糯黑村小组的干部，与石林县人寿保险公司、昆明市保险公司和石林县烟草公司一起到大糯黑村，查看烤烟的受灾情况，并对受灾赔率进行协商，3 点钟和村小组达成 50% 的受灾率保险赔率口头协议。为了 8 月 5 日更好地将糯黑的撒尼剧和婚俗展演展示给游客，村小组和村委会的干部在下午 4 点到 6 点，检验村民的排练情况。

2015 年 8 月 3 日　雨

村务事宜：

因后天就要举办撒尼婚俗展演和撒尼剧的表演，村小组也将海报宣传出去了。为了更好地迎接上级领导和游客的到来，村小组在广播上通知这一个星期村民都要搞卫生，今天早上村小组也在广播上通知村民搞卫生。

休闲活动：

为庆祝火把节的到来，大糯黑村有 78 户村民，于昨天在海邑集市买了一头牛。今天 8 点钟，这 78 户村民分工合作，在早上将牛杀好。杀牛的分配了 16 人，另外安排了 8 个人烧水煮牛肉，到下午 2 点的时候，另外 20 人切牛肉，剩余的人员负责分牛肉和挑水，以及打扫厨房。到下午 5 点半的时候，村小组在广播上通知这 78 户村民，到大糯黑村的广场分牛肉，牛肉分成 78 份，每户 125 元。到下午 7 点半的时候，全部牛肉都已分完。

2015 年 8 月 4 日　雨

村务事宜：

大糯黑村小组和村委会筹备明天在大糯黑举办的撒尼剧的展演和撒尼婚俗的展演，并对展演会场进行精细的布置，同时在杜鹃山顶和进村的公路两边插上彩旗，又安排并通知明天展演现场的工作人员的工作时间。另外，要求村民今天和明天都要搞村内道路卫生和自家院里的卫生。

2015 年 8 月 5 日　雨

年节及休闲活动：

今天是 2015 年石林国际火把节，大糯黑村作为火把节的分会点，也有大糯黑村撒尼婚俗展演和撒尼剧表演。所以，一大早就有很多小商贩来大糯黑村摆摊设点卖东西。村委会村小组和相关工作人员负责布置会场，到中午12点的时候，陆续有石林县昆明市领导和新闻记者来到村里。吃过饭以后，下午2点，在主持人的主持下，大糯黑村、小糯黑村、野核桃树村和小圭山村的四支文艺队先后向观众表演了最具民族特色的叉舞、霸王鞭舞和"圭山彩虹""竹叶长青"等八个撒尼剧，获得众多观众和新闻记者的阵阵掌声和喝彩声。原来计划向观众和新闻记者展示撒尼婚俗，但因一直下雨，所以直到17点的时候，婚俗展演才正式开始。因为这些年人民生活水平逐渐提高，撒尼婚俗的举办和汉族的婚礼大同小异，所以这次重点请了本村的老人和媒人，将以前的撒尼婚俗展演给外面的人看。虽然下着雨，但伴郎还是在媒人的带领下，和新郎一起，冒雨挑着礼品、菜和糖果到新娘家接新娘。在途中，新郎和伴郎们唱着歌，一直到新娘家门口，和新娘的家人对唱了半个小时的情歌后，新娘的家人才开门放新郎进来，之后新娘的家人又给新郎和伴郎们抹花脸，让他们吃大块的腊肉。在婚礼的宴席中，新娘的家人想尽各种办法，戏弄前来接新娘的人，之后新郎用牛车将新娘接回家中。到晚上10点左右，村里的很多年轻人和游客又来到广场上，点起火把跳大三弦舞和集体舞，直到晚上12点多才尽兴而归，这次展演共有村民和外地的游客2000多人参加。

2015年8月6日　雨

村务事宜：

村小组的十多个村干部，今天一整天都在昨天办撒尼剧展演的地方收拾东西，打扫广场的卫生。

休闲活动：

圭山镇的亚太斗牛场举办斗牛比赛，本村有许多斗牛爱好者前去看斗牛比赛。亚太斗牛场这次举办斗牛比赛的时间为三天，门票为50

元。村里的许多养牛户今天拉牛到亚太斗牛场参加比赛,但因斗牛太多,所以没有拿到名次。今天斗牛比赛的奖金,第一名为2.8万元。虽然下了一整天的雨,但斗牛爱好者们还是坚持到了斗牛比赛结束才回到家中。

2015年8月7日　雨

年节及休闲活动:

今天是亚太斗牛场举办斗牛比赛的第二天,大糯黑村依然有100多个村民前去看斗牛比赛,直到晚上才回到家里。

2015年8月8日　雨

年节及休闲活动:

今天是农历六月二十四日,是石林国际火把节。一大早就有很多村民去石林县城参加火把节,另外有很多村民去长湖镇看斗牛比赛,一些村民去海邑看斗牛比赛。今天共有亚太斗牛场、长湖斗牛场和彝族第一村斗牛场等五个斗牛场举办斗牛比赛。每到火把节的时候,所有的撒尼人都穿着节日的盛装,参加火把节。

人生大事:

大糯黑村的村民李树林家今年养了一头斗牛,之前没有参加过比赛。今天李树林拉着自家的斗牛去参加了长湖斗牛场的比赛,并拿到第四名的好成绩,奖金为3000元。高兴之余,李树林家买了几斤牛肉,请了二十几个亲朋好友,晚上到他们家吃饭喝酒。

2015年8月9日　雨

人生大事:

大糯黑村的村民张琴芬家,在石林县人民医院生了一个女儿。得知这一消息,她的家人和亲朋都到石林县城看望张琴芬和她的女儿。

休闲活动：

继昨天的斗牛比赛之后，长湖镇在石林县政府的支持下，又在今天举办摔跤比赛。大糯黑村的很多村民也去长湖镇观看摔跤比赛。

2015年8月10日　晴

生计活动：

连续下了几天的雨，也看了几天的斗牛比赛，这些天大糯黑村的许多烟农都没有摘烟叶回来烘烤了。快到烟叶收购期了，所以今天有约70户烟农去摘烟。

人生大事：

大糯黑村的何文峰明天要为女儿举办婚礼，今天一大早，何文峰就请了本村的许多亲朋前去帮忙，到石林县城待客处帮忙买菜和摆桌椅。

2015年8月11日　晴

人生大事：

今天是村民何文峰女儿结婚的日子，何文峰家为女儿举办婚礼的场所在石林县城。所以早上9点到10点何文峰找了五辆公交车来大糯黑村，拉大糯黑村的亲朋到县城做客。今天的婚礼宴席开始时间为11点半到13点半。何文峰为女儿的婚礼办了12道菜来接待宾客。

村务事宜：

晚上10点钟，村小组在广播上通知，明天云南省民委的领导要来大糯黑村调研，所以要求村民明天早上搞卫生。

2015年8月12日　雨

村务事宜：

因今天下午省民委的领导来村里调研，所以本村的村民在接到搞卫生的通知后，就在早上8点到9点，各家拿着扫把清扫各家的卫生，道路卫生已由村小组按照各家的情况进行分配。在村民自家住房边的，划分给村民。村组干部则打扫公共卫生。下午 2 点半，村小组、村委会和省民委的领导对大糯黑村做调研，具体分析大糯黑村的现状和不足，并由领导做重要的讲话。

2015 年 8 月 13 日　雨

村务事宜：

大糯黑村小组于年初的时候申报了云南省的省级卫生村，并顺利通过了第一轮的巡视和检查，具备了省级卫生村的条件。但今天省里的第二轮巡视要在下午 4 点钟左右来检查，所以村小组的干部和群众今天早上又做了一次彻底的卫生清扫工作。

人生大事：

大糯黑村的村民王明平家以每平方米 170 元的价格，请泸西县的一伙人帮他们家新建的住房浇筑第一层的房顶。

2015 年 8 月 14 日　雨

村务事宜：

上午 9 点半，村小组和村委会的三职干部到圭山镇政府开会，会议内容为"秸秆还田"，并分配各村委会的秸秆还田面积。因很多年以来，过多的化肥使用和农药的使用，土地的土质变坏，所以把多余的秸秆用于还田，能改善土质，确保粮食作物的产量。

下午 2 点半到 4 点半，烟草公司和烟站在圭山镇政府宣布今年的烤烟收购日期，并安排收购日，大糯黑村的收购截止日为 2015 年 8 月 20 日，并要求村组干部做好农户交售烟叶的准备工作，通知下级的收购量为每亩 7 公斤，并要求在 20 日之前全部交售完，过后就不收。晚上 8 点钟，村长在广播上通知了今天开会的内容，并传达给所有烟农。

2015年8月15日　雨

生计活动：

昨天晚上接到广播通知后，大糯黑村大部分村民都按照要求在家里整理烟叶，分级烟叶。因下雨，所以没有多少人外出做农活，只有一些养羊的农户去山上放牧。

村务事宜：

村里安排的烤烟分级员于今天开始挨户指导村民对烤烟进行分级，以免村民将烟叶混级。

2015年8月16日　雨

休闲活动：

今天周日又逢下雨，所以只有少部分村民去海邑集市赶集。另外，大糯黑村的村民王春花等约20人最近组织排练节目，是30年前的老歌，并自弹自唱。

人生大事：

大糯黑村的村民张文林家今年申请建房，今天请人帮忙浇筑房子，因为下雨，没有全部浇筑完。

2015年8月17日　雨

村务事宜：

石林赫石工贸有限公司租的大糯黑村小石场的租期已到，为能继续租用，今天早上10点，石材厂的老板和村委会村小组就继续租用的问题进行了商讨，并要求按以前的租用价格每年6666.66元，租用20年，租金为十年一付。村委会和村小组通过协商回复石材厂老板，对于是否租用要经过村小组和党支部党员协商才能答复。晚上8点钟，村长在广播上通知本村的党员和村民代表，明天早上9点钟到广播室开会，讨论小石场的续租问题。

2015 年 8 月 18 日　雨

村务事宜：

鉴于大糯黑村之前承包给石林赫石工贸有限公司的小石场的租期已到，石林赫石工贸公司要求续租小石场，所以今天早上 9 点钟，村小组和村党支部通知村民代表和党员在糯黑村的礼堂里开会。会议开始的时候，村小组长向村民公布了石材厂老板的要求，将租期延长 20 年，租金为每年 6666.66 元，和之前的相同，付款方式为，前十年付一次，第二次的租金到 20 年满的时候支付。在经过半个多小时的讨论后，党员、村干部、村民代表达成一致，同意石材厂续租，但租金要相对提高，租金需一次付清，租金以 6666.66 元为底数，再由村民代表、党员代表和村干部具体和石材厂老材商讨，商讨时间另定。

2015 年 8 月 19 日　雨

村务事宜：

明天是糯黑村 2015 年度第一天交售烟叶的时间，所以早上 7 点村长就在广播上通知村民，将理好的烟叶拉到村礼堂进行预检并定级。因为收购时间只有一天，所以所有的烟农都把烟拉到村礼堂进行预检，并在下午 5 点钟的时候，将预检好的烟叶数量、烟农姓名、烟农户数上报给烟草公司。

2015 年 8 月 20 日　雨

村务事宜：

上午和下午，大糯黑村的烟农在村干部的带领下，将昨天预检好的烟叶，拉到圭山镇海邑烟站交售。因为昨天的烟叶数量过大，没有全部预检好，所以今天的烟叶没有全部交售完。

人生大事：

大糯黑村的村民李珊，今年 19 岁，之前在石林县一中读书，今年高中毕业，并以较好的成绩考取了辽宁省经济学院税收学专业，为庆祝女儿考上大学，李珊的家人买菜杀羊，请了23桌亲朋吃饭。

2015年8月21日　晴

村务事宜：

因昨天有部分村民的烟没有交售，所以今天村小组的干部和预检员在早上8点到12点帮助村民预检烟叶。在定级时，定级员接到烟站通知，级别的要求上调，大部分村民的烟叶达不到交售级别，只有少部分烟叶合格。另外，小糯黑村里的烟农在早上交售烟叶时，因为烟站级别要求太高，不愿交售。所以大糯黑村的村民合格的烟叶也没有能完成交售。

2015年8月22日　晴

村务事宜：

2015年8月18日那天，村小组和村委会召集全村的党员和村民代表，就大糯黑村的小石场续租问题达成共识。所以，今天上午9点钟，村委会和村小组的干部和村民代表到石林赫石工贸有限公司协商。但今天早上老板没有在公司，公司的经理做不了主。大糯黑的村干部就把要求提出去，要经理向老板传达提出的要求。如果租期20年，十年一付款的话，租金需达到8000元一年。如按老板说的租金为6666.66元一年，则所有20年的租金需一次付清，并要求公司尽快和村小组联系。

人员流动：

有外地的学生和老师来大糯黑村。前几天来村里写生住在王春花家里的学生离开本村。

生计活动：

下了很多天的雨，很多村民地里的烤烟没有及时采摘，所以今天刚一放晴，就有很多村民去山上采摘烤烟。村民到烟地里将成熟变黄的烟叶约三片左右摘回家，用绳子拴到烟杆上，然后放到烤棚里，头三天左右烧小火，等叶子和烟筋变黄时，用大火将烟叶烘干。因今年8月份雨水特别多，烟叶水分大，烤烟的时候难度也特别大，经常会将烟叶烤坏，而烤坏的烟站就不收。另有一些村民在家里整理烟叶，今年的收售办法比往年复杂了很多，所以烟的级别和成色要分得很清楚才行。另有一些村民如王光明家的烤烟，因连续十多天都在下雨，地里的烟叶不会变黄，烤不了，而烟站收购烟叶的期限到10月5日左右，为使烟叶尽快变黄，今天是晴天，王光明和妻子就拉水到地里，给烟叶打硫酸钾，硫酸钾能使烟叶更黄。

2015年8月23日　晴

村务事宜：

上午9点钟左右，大糯黑村小组接到圭山镇人大主席的通知，说石林县县长和昆明市的领导要来大糯黑村参观，要求村小组通知村民搞卫生。接到通知后，时间已到9点多钟，村小组就通知村民下午2点钟之前必须把村内的道路卫生全部搞完。往日是在9点钟之前扫完，但因大部分村民都已外出做农活，所以就推迟时间，到下午2点钟之前。有部分村民没有在家，所以听不到广播，大部分的都已经打扫完毕，到下午3点钟的时候，县长和市上的领导来村里参观视察，直到4点钟左右才离开本村。

另外，上午10点的时候，大糯黑村的村长李宝强在广播上通知，在8月20日那天，有部分村民的烟叶因烟站收购不完，所以那天没有交售烟叶的烟农，今天下午4点钟之前必须把烟叶拉到礼堂里预检。因为4点钟以后，要将今天预检的数量和农户的预检名先报给烟站，以便明天收购。

人员流动：

上午12点左右，昨天来村里的外地游客和学生离开本村，另有30多个外地的学生来大糯黑村游玩，上午又开车离开。下午3点到4点钟，县长和市上的部分领导来糯黑村参观。今天是周日，有部分村民去海邑集市赶集。

2015年8月24日　晴

生计活动：

本村大部分村民都去摘烤烟并烤烤烟，一些村民则在家里整理烟叶，少数村民则去玉米地里打除草剂，或是给玉米追肥。

村务事宜：

村组干部和烤烟预检员继续在村礼堂里预检烤烟，到下午4点钟的时候，共有68户村民来预检烟叶。

2015年8月25日　晴

村务事宜：

昨天预检过烤烟的68户村民于今天早上由村组干部陪同，把所有的烟叶拉到海邑烟站出售。

人生大事：

何建明家拉了500多公斤烤烟到烟站卖，除有80多公斤是中级外，其余大部分都是30多元一公斤的中一、中二和中三级，共卖了31486.95元。

人员流动：

白天共有70多个村民去海邑烟站卖烟。

2015年8月26日　晴

生计活动：

白天，村里有80多个村民去地里摘烟叶，回来编好后抬到烤棚里烘烤，另有10%不到的村民去玉米地追肥，一些村民则在家里整理烟叶，将烤好的烟叶分级。另外一些村民则拉烟叶到村礼堂烤烟预检点预检烟叶。

村务事宜：

预检员和村组干部今天继续预检烟叶。

2015年8月27日　晴

村务事宜：

又轮到大糯黑村卖烟了，早上8点钟村长就在广播上通知，昨天拉烟来村礼堂预检烟叶的农户尽快到礼堂里，等所有的预约单开好，给农户烟打好包，并贴好封条后，村长就按照昨天预检的顺序，叫农户将烟包一直抬到村里安排的运输车上，拉到烟站后，农户将烟包抬下车，再由村长按照顺序卖烟。因昨天预检好的烟共有47户，比较少，所以到11点钟，所有的烟就全部卖完了，而下午则轮到小糯黑村卖烟。

2015年8月28日　晴

生计活动：

有部分村民拉已分好级的烟到预检点预检烟叶，另有一些村民去给玉米追肥，大部分村民则去地里摘烟。

村务事宜：

村民继续在预检点预检烟叶。

人生大事：

村民何玉林家2007年在小糯黑村建了2排温室鸡圈，但他家的长辈何跃林家也有4排，何玉林是招亲上门，所以只有管一边，只养得了何跃林的4排，所以今天他们家与何正明家协商，以每年6800元的价格，将2排鸡圈出租给何正明家养，租期为5年。

2015年8月29日　晴

村务事宜：

轮到大糯黑村的村民卖烟，昨天预检烟叶的农户一大早就在村组干部的带领下，去海邑烟站卖烟。

生计活动：

有很多村民去摘烟叶，另有部分村民在家里给烤烟分级，一些分好级的农户拉烟到预检点预检，另有一些村民去海邑交烟。

2015年8月30日　晴

生计活动：

有很多村民去地里摘烟叶，也有的村民去给烤烟封顶打杈，另有一些村民在家里整理烟叶，另有一些今年没有种烤烟的村民去三七地打工，或是给玉米追肥，打除草剂。一部分村民到预检点预检烟叶，还有一些村民去雪莲果地里给雪莲果打杈或施钾肥。

村务事宜：

村组干部和预检员帮村民预检烟叶。因这段时间交烟的农户比较少，所以村长在广播上通知村民，这段时间烤烟收购比较好，要求烟农尽快整理烟叶并交售。

2015年8月31日　晴

村务事宜：

轮到糯黑卖烟，所以今天白天，村组干部组织并协助村民卖烟。

人员流动：

有60多个村民去海邑烟站交烟。

2015年9月1日　晴

村务事宜：

今天是糯黑村交售烟叶的日子，一大早村长兼烤烟辅导员李宝强就在广播上通知，昨天已预检过烟叶的村民，将烟拉到村礼堂里，统一用运输车拉到海邑烟站。今天前来交烟的烟农共有62户，烟叶交售总量为 7584 公斤。

生计活动：

这段时间是村民交售烤烟的日子，所以本村除 60 到 70 个村民到烟站卖烟外，其余大部分村民都去摘烟叶，并用烤棚烤烟，也有部分村民在家里整理烟叶，给烟分级打包。另有一部分村民去给玉米追肥，或是给烤烟封顶打杈。

人员流动：

今天是各处读书的学生新学期开学的日子，所以本村有很多学生去学校上学。

2015 年 9 月 2 日　晴

生计活动：

今天不是糯黑村民交烟的日子，但因为明天要交烟，所以今天有 30 多户村民将烤烟拉到村礼堂，由预检人员预检烟叶。预检过的烟要把分级单、定级单和明天的交售通知单夹到烟包里，同时明天要卖烟的要在下午 4 点钟之前报名，报数字到烟站，以便明天交烟。没有预约的村民则不能去卖烟，其余大部分村民都在摘烟和烤烟，同时也有部分人在给烤好的烟分级，也有一部分村民去玉米地里打除草剂，或是给玉米追肥。

2015 年 9 月 3 日　晴

人生大事：

大糯黑村民毕金凤家，前些年买了一头水牛，一直养在家里，但没有干过活，也没有斗过架，被村里的李树林看上，要求毕金凤家将牛卖给他做斗牛。最后经过协商，毕金凤家同意以 18000 元的价格，将牛卖给李树林家。

村务事宜：

今天轮到糯黑村烟农到海邑烟站卖烟，7 点钟左右，在村组干部的带领下 30 多户村民的烟叶由车拉到烟站，于 11 点半全部交售完。因今天的烟叶数量比较少，所以交售情况令很多村民满意，级别特别好，价格都在 31 元左右。

2015 年 9 月 4 日　晴

村务事宜：

接到上级部门的通知，今天下午有县里的领导来糯黑村调研。早上 7 点钟的时候，村长在广播上通知村民把各村的道路卫生全部在 9 点钟之前打扫好，公共卫生则由村组干部和村委会在 9 点钟左右搞好。今天调研的内容为如何保护好大糯黑村的民居。早上，在通知搞卫生的同时，烤烟辅导员在广播上通知，家里已经整理好烟叶的农户尽快交烟，因昨天交烟的情况对农户有利，卖得特别好。共有 70 多户村民来预检烟叶，预检的烟叶总共有 8000 多公斤。

人员流动：

今天是周五学生放假的日子，所以有很多学生从学校回到家里，小一点的学生，特别是在海邑小学和民族小学读书的学生，则由家长亲自到学校里去接。

2015 年 9 月 5 日　晴

生计活动：

今天是糯黑村 2015 年度烤烟收购的又一天，昨天预检过烟叶的烟农去海邑烟站卖烟。另有一些村民摘烟和烤烟，或是整理烟叶，有的村民去玉米地追肥，而村民何小平家则因今年栽了四亩多的小米辣，现已成熟。今天请了 36 个人帮他们家去摘辣子，并把摘好的辣椒售给别人，请的人每天 70 元的工钱，辣子的售价为 3.6 元一公斤。

人生大事：

村民王哲今年刚初中毕业，但没有考上高中，前段时间被报考的嵩明的一所技校录取，原本9月1日就要去读的，但因家里比较困难，没能及时去上学。这些天卖烤烟卖了7000多元，王哲的学费和生活费加起来差不多要6000元，所以王哲就拿了6000元，今天独自一人到学校报到上课。

2015年9月6日　晴

生计活动：

有部分已整理好烟叶的村民将烟拉到村子的预检点礼堂预检，其余大部分村民去摘烟和烤烟叶。另外，因今天是周日海邑集市赶集日，有40多个村民到海邑集市赶集。

村务事宜：

村组干部和村里烤烟预检员，白天都在预检点值班并预检烟叶，之后将预约的农户名单和烟叶数量上报给烟站。

人员流动：

周五回村的在城里和海邑读书的学生，于今天全部回到各自的学校。

2015年9月7日　晴

生计活动：

今天轮到糯黑村民卖烟，昨天预检过烟叶的农户将烟拿到海邑烟站去卖。

村务事宜：

今天是糯黑村卖烟的日子，所以村组干部一大早就在广播上通知，昨天预约好的村民将烟装到运输车上。村组干部陪同村民一起到烟站交售。交售的时候，村组干部要在烟站值班，维持村民卖烟的秩序，并督促烟站收好烟叶。

2015年9月8日　晴

人生大事：

大糯黑村民毕曾学这两年都在养鸡（温室），卖鸡卖了不少钱，眼看着村里很多农户都盖了新房，买了车，他打算再养一批鸡，也买辆私家车，但一直没有驾驶证，听村里的很多人说，泸西的为民驾校不论学车或是考试都很好，而且村里只是去年就有60多位在泸西的为民驾校顺利拿到驾驶证，所以他也于今天到该驾校报名学车，学车的费用全额为4500元人民币。驾校通知毕曾学下个星期一早上9点钟到泸西县城去考理论。

村务事宜：

村委会和村小组的干部组织村民约70户，将家里整理好并自行分级好的烟叶拿到村里的预检点，预检烟叶。

2015年9月9日　晴

生计活动：

今天是9月9日，是糯黑村民卖烟的日子，因圭山镇今年只有三个烟站收烟，每个站有两个收烟点，总共六个收烟点。但是种烤烟的村委会有13个，所以一个收烟点要收购2到3个村委会的烟，刚开始收购烟的时候，镇政府就已经分配好了村委会交售烟叶的点，糯黑村委会、和合村村委会交售的点在海邑的第二个烟点，也称为第二条交售线。和合村村委会要求在每个月的双日交，糯黑村委会则为单日。今天，已在昨天预检好烟叶的村民就去海邑烟站的第二条交售线卖烟。除去卖烟的农户外，其余大部分村民都去地里摘烟叶，并把烟叶拉回家里，编好后放进烤棚里烤。少数村民则在家里整理烟、分级。大多数时候因为白天要烤烟，没有时间整理烟，所以晚上12点之前，村里80%左右的烟农都在整理烟叶，都想尽快把烟叶整理完，卖个好价钱，因为越到后面越不好卖。

2015 年 9 月 10 日　晴

村务事宜：

烤烟收购已经有好长一段时间了。按照今年收购烤烟的要求，9 月中旬烤烟的收购量必须达到收购总数的 20%。因村里有些村民的交售量还没有到 20%，而交售的最后期限为 10 月 5 日。到期完不成任务的组，从明年也就是 2016 年，要削减一部分交售量。为争取明年多要一些数字，让村民多一些收入，村委会村小组，于早上召开会议，并在广播上通知交售量没有达到 20% 的农户，尽快想办法交售烟叶。因今年下冰雹，损失了一些烤烟，影响了交售的速度。今天村委会和村小组的干部到预检点视察，要求村民把烤烟等级分好后，由预检人员做好预检工作。不能因农户的烟分得不是特别好，就要求农户把烟拉回去，或是不预检，要求预检人员尽心尽力帮助村民预检，尽可能让村民更多地将烟叶拉到烟站。

2015 年 9 月 11 日　晴

村务事宜：

今天是本村到海邑烟站交售烟叶的日子，所以村委会和村组干部一起到海邑烟站值班，并帮助村民交烟。村委会和村干部及烟站的职工协商，因今年糯黑村的烤烟被冰雹打坏了很多，希望烟站职工能根据情况尽可能地把基本进站的烟全部收购完，以保证下一年的栽种数量。这一建议得到烟站职工的认可，同时也得到了村民的拥护。

人员流动：

又逢周末，在石林县城、昆明和海邑等地读书的学生们又回到家中，大一点的孩子还帮家里摘烟，给烟叶分级。

2015 年 9 月 12 日　晴

人生大事：

本村一户人家，夫妻俩吵架，丈夫还动手打了妻子。妻子的父母劝架，没有效果。妻子的姐夫（外村人）来劝架。结果丈夫和姐夫又打起来。请了村干部来调解，也没有结果。妻子报警，警察将丈夫带走。

2015年9月13日　雨

生计活动：

因今天下雨，所以不适合到地里摘烟烤烟，大部分村民都在家里整理烟叶。因今天轮到糯黑的烟农卖烟，所以昨天预检好烟叶的烟农就去海邑烟站卖烟。

村务事宜：

村组干部到烟站值班，维持烟农卖烟的秩序。

年节及休闲活动：

今天逢周日，又是下雨天，这段时间农忙，好些农户没有到海邑集市赶集，所以今天有很多村民到海邑集市赶集。

2015年9月14日　雨

村务事宜：

接到圭山镇政府的通知，早上8点钟，村委会到圭山镇政府开有关烤烟的会议，并于11点将7644元的烤烟奖励交付大糯黑村小组。今天一整天，村小组和烤烟预检员在村礼堂帮明天要卖烟的村民预检烟叶，并在4点钟将今天预检烟叶的农户姓名和预检的烤烟的数量上报给烟站。

生计活动：

因昨天刚下过雨，路不是特别好走，本村大部分村民都在家里将整理好的烟叶进行分级，也有的村民把整理好的烟叶送到村礼堂临时烤烟预检点预检。少数村民则去地里摘烟叶，还有一小部分村民去给玉米追肥或打除草剂。

2015年9月15日　晴

村务事宜：

今天轮到糯黑村大小糯黑两个自然村的烟农到海邑烟站的二线交售烟叶，早上为大糯黑村，下午为小糯黑村。村委会的干部和村小组的干部负责将烟押运到烟站，并维持烟农卖烟的秩序。

生计活动：

有近80户烟农到海邑烟站卖烟，另有一些村民到地里给种得比较迟的烤烟封顶打杈，大部分村民则去地里摘烟叶，并烘烤烟叶，也有的村民去玉米地里打除草剂（农药一般为百草枯）和给玉米追肥。

2015年9月16日　晴

村务事宜：

村委会、村小组和烤烟预检人员继续为烟农预检烟叶。

人生大事：

大糯黑村的村民李厚明家这段时间卖烟卖了4万多元，估计全部卖完有10来万元。特别是昨天，他们家一次性卖了500多公斤烟叶，折合人民币18000多元，他们家去年新建的房子里面还没有家电等物品，所以今天他们家准备到海邑买一套3680元的沙发和4000元的电视机。

2015年9月17日　晴

村务事宜：

村组干部继续到海邑烟站，维持本村村民卖烟的秩序。

晚上8点钟的时候，村干部在广播上通知所有的烟农，因今年的烤烟收购形势比较好，要求尽快将自己的任务完成，特别要求烤烟收购合同量比较多，但是7月31日被冰雹袭击而受损的烟农，尽快将合同数字处理给烟量多而合同数字小的亲朋，帮忙完成任务，以免影响明年全村的烤烟合同面积。

另外，因今年烤烟收购形势比较好，经村委会村小组开会研究，于明天买一头猪到烟站杀吃，这一意见得到了大多数村民的一致赞同。所以村组干部就到村民李有德家中看猪，并谈好价格为每公斤18元，等到明天早上再拉到烟站去杀。

2015年9月18日　晴

人生大事：

大糯黑村民李有德家养了三头猪，昨天因村委会村小组要杀头猪到烟站已谈好，18元1公斤，所以早上8点钟村组干部就来到他们家称猪，猪重124公斤，折合人民币2232元。

村务事宜：

因答应烟站，今天由糯黑村委会和大小糯黑村小组买猪到烟站杀，所以村组干部于早上8点钟买猪到烟站，但因今天前来交售烟叶的农户比较多，所有的烟站职工都要值班，没人帮忙杀猪，所以糯黑村的干部又将猪拉到新寨子专门杀猪的猪肉贩子处加工，加工费150元，之后又将猪肉拉到烟站。

2015年9月19日　晴

人生大事：

虽然今年大糯黑村下了一场冰雹，很多村民的烤烟都受了灾，但王光明家的烤烟没有受灾，烤烟长势好，烟叶烘烤出来也特别好，今年他们家共种了11000株烤烟，现在已经卖了3万多元钱。他们家今天到海邑的诚信电器商店，花3680元买了一台45英寸的电视机。

村务事宜：

村组干部今天继续到烟站值班，维持本村村民卖烟的秩序，先预约的农户的烟先卖。

2015年9月20日 晴

人员流动：

今天周日，在城里和镇上读书的学生，在周五放假回来后，又于今天下午5点钟之前，全部回到各自的学校。另外，曲靖美术学院的90多个学生，于今天早上10点钟左右，在老师的带领下，来到大糯黑村写生，并吃住在开有农家乐的村民王春花家。他们要在村里写生一个星期，因为王春花家没有太多的卧室，所以又安排到杨光斌、李刚、毕金凤家住宿，每个学生的食宿费一天为60元。

人生大事：

大糯黑村的村民曾剑锋特别喜欢看斗牛比赛，也特别喜欢养斗牛。前些年养过两头黄牛和一头水牛，但不是特别会斗，所以卖掉了。之后，他和父亲经常到海邑集市上专门卖牛的地方看牛，今天他去集市上看牛，看上了一头两岁多一点的小水牛，打算养大后做斗牛。但一谈价格，牛贩子要12600元，曾剑锋就打电话叫父亲过来看牛，经过半个小时左右的协商，牛贩子愿意以9600元卖给曾剑峰。曾剑锋父子俩付过钱后，将牛拉回家中。

村务事宜：

村小组和预检人员今天继续在村礼堂为烟农预检烟叶。另外村长在广播中通知村民，尽快将烟烤完，并及时拉到海邑卖，因为距烟站关闭收购期限只有15天，而又只有一半的时间轮到糯黑村卖烟，其余的时间轮到村委会卖烟。

2015年9月21日 晴

村务事宜：

就快到烤烟收购结束的时候了，糯黑村的烤烟收购量已经完成了60%左右，为能尽快将任务完成，为明年争取更多的烤烟合同，村组干部一方面要求村民尽快烤烟和交售烤烟，同时在每一天都到烟站值班，协助烟农卖烟。

生计活动：

这段时间大部分村民的烤烟基本摘完，所以有很多村民都在家里给烤烟烟叶分级，另有部分村民到烟站卖烟。少数几户则去玉米地里打除草剂，而村民何正祥家今年没有栽种烤烟，则去地里把没成熟的玉米棒子和秸秆砍好，拉到老挖村的养牛场卖，做奶牛的饲料，价格为每公斤青玉米 0.4 元。因路程比较长，他们家一天只能拉两趟，约 3.5 吨左右。

2015 年 9 月 22 日　晴

村务事宜：

烤烟作为糯黑村的支柱产业，每年都有很多农户种植，烤烟一般分为上中下三个部位。前段时间因为烟站的仓库摆不了太多的烟，所以只收下部烟和中部烟，下部烟的数量已全部收购，中部烟已收购好长时间，中级四也已收购完成。接到烟站的通知，自明天开始，烟站只收购中部烟的中级三、中级二和中级一，同时开始收购上部烟。所以今天晚上村长在广播上通知，已烤好上部烟的烟农，自明天开始可以卖上部烟，而中级三以下的烟不能再拿去烟站卖。

2015 年 9 月 23 日　晴

人生大事：

大糯黑村的村民王红光，今年已 28 岁了，但一直没有娶妻，去年王红光去县城打工，认识了海邑村的一个女孩，并很快确定了恋爱关系。同时，女孩也来过王红光家很多次，并同意和王红光结婚。按照撒尼的习俗，在结婚之前，王红光必须找说媒人去女方家提亲，所以王红光家里就找了本村村民何文航和曾进。到女方家提亲的时候，王红光要买一瓶酒，让说媒人抬着，王红光也要陪同。到女方家，请女方的家长同意和王红光的婚事，等到这次提亲过后一段时间，如果女方家不把酒退还给王红光家，则说明女方家里人同意这桩婚事。王红光和女方就可以商量，并在老人的安排下选定定亲的日子定亲。如果在此之前，女方家把酒退回来，则说明女方家里人不同意，而女方和王红光情投意合的话，就必须想尽办法，无论如何说服女方家人。

2015年9月24日　晴

村务事宜：

自2013年开始，大糯黑村在两年多的时间里计划排练的"圭山彩虹"和"竹叶常青"的传唱，也有了一定的成就。大糯黑村现已有200多人学会了这两首歌，为能更好地传唱，村委会积极向上级部门要求，于今天给村小组1万元的计划工作经费，并要求村小组再接再厉，做好全村的特色文化传承。

生计活动：

今天是今年烤烟上部烟预检的第二天，本村有近120户村民，14000公斤左右的烟拿到预检点预检。另有十多户村民的烤烟，因前期天干长得慢，就给烤烟追肥，但后期雨水多，不太容易翻色，烤不好，所以一直到现在都没有烤完，故去摘烟回来烤。其余的村民基本上都在家里整理烟叶。

2015年9月25日　晴

村务事宜：

早上8点半到下午6点半，糯黑村委会和大糯黑村的村组干部到烟站值班，维持秩序。早上，有一些农户的烟虽然已经预约，但没有预检，故预检人员继续预检烟叶。

人员流动：

学生今天放假，所有在城里和海邑读书的学生回到家里，其中年龄比较小的小学生，则由家长去学校接回家中。

2015年9月26日 晴

人生大事：

大糯黑村民毕学芳家今年辛苦栽种了12000株烤烟，但在今年的7月31日，因糯黑村下冰雹，他们家所有的烤烟全部受灾，一株都没有剩，烤烟收入全无。其中有两块地还是给亲朋租种的。他们家去年花7万元买了一辆车，欠了银行的贷款，今年年底必须还贷款，至少也得还利息，但今年的收入不够还利息，无奈之下，毕学芳和丈夫一起四处打听后，今天去了上海打工。

人员流动：

上午10点钟，前几天来大糯黑村采风写生的曲靖美术学院的学生和老师全部离开大糯黑村。

2015年9月27日 晴

村务事宜：

村组干部全部都在烟站值班。

生计活动：

今天是星期天，同时也是海邑烟站轮到大糯黑村卖烟的日子，所以有很多村民去海邑烟站卖烟，卖完烟后又在集市上赶集。另外，大部分村民都在家里分级烟叶，只有少数村民去摘烟，并编烤烟。

2015年9月28日 晴

村务事宜：

烤烟收购的截止日期就要到了，本村最多再卖四天就到烟站关门的时候了。为能在2016年多争取收购合同，村委会和村小组研究决定，在10月3日把任务完成，因最后完成收购任务的村会被扣减第二年的烤烟合同面积。另外，本村的烤烟合同任务现在只剩下2万多公斤了，所以今天晚上村长在广播上将收购的最后期限告知村民，并要求村民争取在

10月3日完成收购任务。

人生大事：

大糯黑村民李向明是村里的农机员，同时，他和父亲在村里开了一个拖拉机维修点，一边修拖拉机，一边卖拖拉机，家里有钱了。为能更好地当好农机员，他们家今天请电信公司的人帮他家拉电脑网线和安装电脑，全部费用共计5600元。

2015年9月29日 晴

村务事宜：

再过几天就到烤烟收购最后期限了，所以从早上7点半到下午7点半，村组干部都在烟站里值班，一是维持村民卖烟的秩序，让村民按照预检的顺序卖烟，二是帮烟站的人称烟，以最快的速度和效率将烟叶收购的任务完成。

2015年9月30日 晴

村务事宜：

村组干部、预检员等，早上7点半就在村礼堂里给烟农预检烟叶，直到下午4点钟，将今天预检的72户村民的姓名和烟叶，约9100公斤的数量上报到烟站。

生计活动：

有70多户村民将分级好的烟拉到村礼堂里，让村里的烤烟预检员预检并写好预检单，开好预约单后，预检好的烟，用预检袋打好包，贴上封条，等明天早上统一用大车拉到烟站交售。另外，大部分村民都在家里给烟叶分级，少数几户村民因家里已烤好的烟特别多，但一时分级不完，整理不完，而烤烟收购期限又将来临，所以就请今年没有栽烟或已卖完烟的村民帮忙整理烟叶，并支付每人100元的工钱。

2015年10月1日　晴

村务事宜：

早上7点钟，村长在广播上通知，昨天预检好烟叶的农户，尽快到礼堂里将烟装车，并在8点半将烟装好车拉到烟站交售。上午10点钟左右的时候，烟叶收购的级别定得特别硬，很多农户都不愿意卖，为能更快地完成收购任务，村委会的干部就去和烟站的站长商量，要求在定级的时候，能尽量为烟农考虑，不要太硬。之后又顺利交售。

人生大事：

这些年村里很多人都买了私家车，大糯黑村村民李红明去年就拿到了小车驾驶证，他们家今年的烤烟特别好，但因为近几年建了一栋3层的房子，又想买一辆后驱动的拖拉机，所以经别人介绍，今天买了一辆二手面包车，价格为16000元。

2015年10月2日　晴

人生大事：

大糯黑村的村民王云平家的新建房的第一层，已经建了好长时间，因最近这段时间都在忙着烤烟，卖烤烟，所以一直建不了第二层。这几天家里的所有烟已经烤完卖完，所以就跟泸西建房的一个老板说，帮忙建第二层并谈完价格，连浇墙砌墙，每平方米120元，今天开始请人砌墙。

村务事宜：

明天是糯黑村卖烟的日子，整个糯黑村委会的烤烟任务只剩下7000多公斤了，村委会和村小组打算明天之内完成任务，所以今天早上7点钟的时候，村小组就在广播上通知所有的烟农，尽快将烟整理好，将整理好的烟带到礼堂预检，同时村委会和村小组的干部，协助预检员，同时派预检员到农户家中预检。

人员流动：

今天逢周五，所有在城里和海邑读书的学生全部回到村里。

休闲活动：

今天学生放周末假后，有部分学生到糯黑村小学篮球场上玩篮球。

2015 年 10 月 3 日　晴

村务事宜：

糯黑村委会和两个村小组打算在今天之内将今年的烤烟收购任务（除中级烟外）完成，所以一大早就通知村民，安排村民卖烟。因是最后一天，所以今天早上由小糯黑村先卖，小糯黑村的烟的数量只有大糯黑村的一半，到 11 点半的时候，小糯黑村的烟才全部卖完。但因为太散，所以有部分村民的任务，还有几公斤没有完成。到下午的时候，大糯黑村的烤烟任务也因少数几户合同多的剩十来斤，少数剩几公斤，而没有能够完成。下午 7 点的时候，村委会和村小组跟烟站协商，因部分村委会已经完成任务，要求明天准许糯黑的烟农将剩余的任务完成，并得到烟站站长的认可之后，村长在广播上通知，没有完成任务的农户，明天将烟叶在家里称好拉到烟站交售，以便更好地完成任务。

2015 年 10 月 4 日　晴

村务事宜：

因昨天本村的烤烟收购任务没有能够完成，所以今天早上村组干部又组织没有完成任务的农户，将烟拉到海邑烟站交售。下午 2 点半的时候，顺利完成收购任务。糯黑村今年的烤烟收购完成，排在全镇的第六名。

生计活动：

今天周日，所以本村有很多村民到海邑集市赶集，另外没有完成烤烟任务的村民，今天去烟站卖烟。另外，虽然合同任务已完成，但还有部分不符合合同种植的村民也去摘烟回来烤，有 20 多户村民去海邑集市，卖烟站不收的丑烟。

2015年10月5日　晴

生计活动：

烤烟收购任务已完成，有部分玉米种得早，且已经成熟的农户去收玉米。将玉米一堆堆地堆在地里，等玉米的水分差不多干的时候，再将玉米运回家中。另外不符合合同种植烤烟的农户，因烟站关站，所以就将烟拉到海邑集市卖给烟贩子。虽不是周日，但每年的这个时候都有烟农卖烟，也有烟贩子买烟。这段时间的烟卖给烟贩子的价格都偏低。以前能进烟站的，最好的烟价格为38元，而卖给烟贩子的价格，一般在每公斤25元左右。有比较差的烟，一公斤为3元左右。也有的村民在家里整理烟叶。

村务事宜：

大糯黑村的烤烟指令性任务已完成，但出口备货没有收购。接到通知，要求在10月7日或8日的时候统一收购。所以村长在广播中通知村民，明天交出口备货。

2015年10月6日　晴

村务事宜：

因明天要交烤烟出口备货，所以村长在广播上通知村民交出口备货。备货的级别分为四个，其中上级四每亩交6.7公斤，中级三每亩交1.3公斤，下杂一每亩交3.1公斤，上杂一每亩交4.6公斤。要求农户在自己家里称好后交到礼堂里，在礼堂里由预检员对烟叶进行分级和定级，称好重量，各级做各级堆到一边，等明天统一拉到烟站交售。同时将村民手中的身份证和卖烟存钱的卡收起来，因为卖烟的时候要用到身份证，然后把钱打到各自的卡上。因要称每个级别的重量，并算好各家的数量，所以特别麻烦，直到7点左右的时候，所有的农户的烟才称完。

2015 年 10 月 7 日　阴

生计活动：

今天有 40 多户村民到海邑卖烟，大部分村民去砍玉米，也有的村民则在家里整理烟叶。部分村民把玉米砍掉后，因地里有很多杂草就去打除草剂，如草甘膦等，这是一次性能将草叶根杀死的农药。另有本村村民四五个到农户家中或是海邑集市上买烟，把丑烟买回来后，又转手卖给烟贩子，以赚取中间价。

村务事宜：

原本和烟站商量好了轮到大糯黑村的村民交烟，所以今天早上村组干部和预检员就将昨天称好的烤烟装车拉到烟站。但因小糯黑村今天早上也卖，所以直到下午 3 点半才轮到大糯黑村，因要一户一户称烟，每户的数量只有十几斤，称的时候特别麻烦，所以今天只称了两车烟就到下班时间，没能够卖完，只有等明天再拉过来卖。

2015 年 10 月 8 日　雨

村务事宜：

因昨天的烤烟出口备货没有全部卖完，所以今天早上 7 点钟，村组干部和预检员继续将剩余的烟拉到海邑烟站，卖到下午 4 点多，才顺利把所有的烟卖完。

生计活动：

因下雨，有很多烟民到海邑街上卖丑烟。其余的大部分村民都在家里整理烟叶，另有少部分村民到山上收集土杂肥。

2015 年 10 月 9 日　雨

生计活动：

昨天今天连续下雨，地里的农活不是特别好做，所以大部分村民都在整理烟叶，也有的村民把丑烟或是没有来得及卖的烟，一大早就拉到海邑集市的农贸市场去卖，今天的价格有所下降，昨天能卖25元的，今天只能卖21、22元，最低的价格为20元。到12点钟左右，烟贩子都回家了，所以不论卖完或是没有卖完的，都回家了。

人员流动：

今天周三，石林县城赶集日，又逢下雨，外出做不了农活，所以本村有20多个村民去石林县城赶集买东西。

2015年10月10日　雨

村务事宜：

大糯黑村出口备货的烟已卖完两天了，但还没有将各户卖烟的钱退给村民。因昨天银行有别的村在取钱，所以插不上队，取不了钱。今天早上8点钟，村小组的报账员和出纳就到银行取钱，因今年有174户村民种烟，所以要取174份钱。直到下午5点半的时候，才把所有的钱取出来，把钱取出来后，村组干部又把每户的钱整理一份出来，以便通知村民前来领钱。

人生大事：

因今天下雨不好做农活，村民杨光斌家的面包车比较陈旧，毛病特别多，而杨光斌今年卖烟也得了5万多元钱，所以决定再买一辆车。早上8点半左右出发去昆明的二手车市场花38600元买了一辆二手的雪佛兰小轿车。

2015年10月11日　晴

村务事宜：

早上8点钟左右，村长李宝强在广播上通知，所有种了烤烟出口备货的村民，于早上9点钟到广播室领卡、身份证和卖烟的钱。但因农户众多，且要核对数目和发放身份证，早上没有能够全部发放完。到晚上8点，又将剩余的全部发放给村民。

人生大事：

村民王红光上个月提亲的事情已经有了着落了，女方家并没有把酒退还给他家，王红光和女朋友前几天商量，同时通知了各自的父母亲，且已同意于今天吃小酒定亲，所以今天早上王红光就去石林县买女朋友和家人的衣服及糖果。到晚上八九点钟，王红光和说媒人就开车到海邑村定亲去。吃小酒的时候，男女双方的父母亲第一次相见，女方家要把所有的爷爷奶奶、叔叔阿姨、父母亲朋请来吃喜糖和喝酒，并和各自的亲朋相识。

2015年10月12日 雨

村务事宜：

因明天省民委、市民委和县上的领导来村视察，所以村干部在今天晚上广播，通知村民，明天早上9点之前把各自的卫生打扫好了。

休闲活动：

因今天下雨不能外出干农活，所以有很多已经卖烟的村民就在家里，或者看电视或者串门子聊天，也有少部分村民到石林县城赶集。

2015年10月13日 雨

村务事宜：

因今天省市县的民委领导来糯黑村视察，具体了解现在大糯黑特色问题和民居保护情况。所以早上村干部就协同村民，在9点钟之前把全村的卫生搞好。等到10点半，省市民委领导来了以后，就和村干部一起视察大糯黑的基础设施情况和民居保护情况，并提出了一系列保护措施。村组干部也将近期的工作和工作中存在的困难向省市民委领导汇报之后，又在村里的农家乐吃饭。

年节及休闲活动：

今天周日又逢下雨，所以有很多村民去海邑集市赶集。另外，村里去城里读书的学生在各自家长的陪同下，回到了学校。

2015年10月14日　晴

生计活动：

天刚放晴，就有60%左右的村民去收玉米，也有的村民去撕玉米，部分村民去卖丑烟，也有的村民在家里整理烟叶。

人生大事：

大糯黑村的村民何绍华家早上卖了两头猪给海邑的猪肉贩子，价格为1公斤19元，两头猪共有387公斤，合人民币7353元。因离过年的时间还比较早，所以何绍华打算周日的时候再买两头猪回来养，用作过年猪。另外本村的村民毕曾学学驾驶已经好长时间了，今天通过考试，刚刚拿到小车驾驶证。

2015年10月15日　晴

生计活动：

大部分村民都在砍玉米或是撕玉米，有部分村民去放羊，也有村民去烟地里将摘完烟叶的烟杆砍掉。

人生大事：

大糯黑村的村民杨家明家新招了一个姑爷，但因之前只有一辆手扶式的拖拉机，为能让姑爷定心在家（杨家明的女儿是个聋哑人），于今天花了32000元人民币，买了一辆后驱力的拖拉机。

2015年10月16日　晴

人生大事：

大糯黑村民毕金凤家今年的玉米，在7月份的时候基本被冰雹打完了，所以全家人就给别人打工。玉米已经砍完，但至今没有撕过一包玉米，今天他们家特意请了本村的村民李红明等10人帮他们家撕玉米，并于今天把所有的玉米全部撕完，拉回家中，而他们家则供李红明等人吃饭，并支付了每人100元的工钱。

人员流动：

今天周五学生放周末假，有部分村民去石林县城或是海邑接读书的子女回家，其他大一些的学生则各自回到村里。

2015年10月17日　晴

人生大事：

大糯黑村的村民毕金凤家的玉米昨天已请人全部收回家中，但多年来收回来的玉米一直都是搬到楼上晾晒，以后又用脱粒机脱粒，接下来或卖掉或用来喂牲口，上上下下特别费力。今年的玉米收回来以后就没有搬到楼上，而是放在外边，为了不让玉米被水淋湿致玉米腐烂，他们今天请海邑专做彩钢瓦的人来帮他们做彩钢瓦房，彩钢瓦的总面积为76平方米，价格为每平方米100元。今天把所有的彩钢瓦房全部做好，毕金凤家又把收回来的玉米全部摆放在彩钢瓦房里。

2015年10月18日

村务事宜：

因这段时间旅游专线至村里的水泥路两边绿化带的树木被刺棵困住，难以长高，所以白天小组的干部和村委会的干部去路边修树枝。

生计活动：

今天周日海邑集市赶集，有部分村民去海邑集市卖丑烟，今天的烤烟价格比前些时候有所下降，最低的时候为1元1公斤，最高不过5元1公斤。大部分村民都撕玉米，也有一些村民去砍玉米。

2015年10月19日　晴

生计活动：

早上12点钟之前，有20来户村民拉烟去海邑集市中心卖，也有的村民去砍玉米或是撕玉米。

人生大事：

大糯黑村村民李红学家去年新建了一幢三层的房子，因去年没钱，第二层和第三层还没有装修。今年的烤烟有一些被冰雹打坏了，但剩下的烤烟还是卖了4万多元，所以他们家今天请人来帮他们家装修房子，贴地板砖，粉刷墙壁。

2015年10月20日　晴

人生大事：

大糯黑村民金小红家，前些年买了一辆面包车，但现在他们家有钱了，打算把之前的面包车卖掉买一辆新车。本村的村民杨金华家有要买他家面包车的意思。所以他们家就去昆明，花了75600元，买了一辆五菱宏光。

人员流动：

红河学院的60多个学生来本村写生，并住在村民王春花的家中。

2015年10月21日　晴

人生大事：

大糯黑村村民曾文学家的儿子，近些年一直在昆明机场打工，租车将机场的客人从机场拉到市区。但因租金太贵，自己一年没有太多的收入，很早的时候就有买车的意思，今天用父母亲卖烟的5万元钱左右，加上他自己积累的一部分，到昆明的二手车市场，花6万元买了一辆二手的江淮牌商务车。

生计活动：

这段时间，本村大部分村民地里的玉米已经基本砍完，所以基本上都在撕玉米。还有一些烤烟没有卖完的村民则拉烟到海邑去卖，价格一般在 1 元到 5 元。

2015 年 10 月 22 日　晴

村务事宜：

下午县旅游局的领导要来大糯黑调研，所以早上村长在广播上通知所有的村民 9 点之前把村内所有的道路全部打扫干净。

人生大事：

大糯黑村民李志和家去年新建的四间平房，全都没有装修，今年的烤烟又被冰雹打坏，所以今年没有多大的经济收入。但去年和泸西一个老板约好这段时间来装修，无奈之下，他们家今天早上将家里养的两头猪中的一头，以 3148 元卖给猪贩。

2015 年 10 月 23 日　晴

人生大事：

大糯黑村的村民高德昌的母亲今天因病去世，高德昌家就打电话给石林火葬场的人，用车将高德昌的母亲拉到火葬场火化。到下午 2 点多钟火化了之后又将骨灰拉回家中。到晚上吃饭的时候，高德昌家就请本村的何文斌帮忙看母亲下葬的日子，并决定于 10 月 25 日举行守灵仪式，26 日下葬。同时通知所有的亲朋，告知母亲装棺的日期定在明天晚上，另外打电话给本村的亲朋明天帮忙出殡。

人员流动：

今天周五，学生放周末假，在县城和海邑读书的学生大部分回到家里，大一些的学生自行回家，小一些的学生则由家长接。

2015年10月24日　晴

人生大事：

村民高德昌的母亲已于昨天去世，并已火化回来，明天晚上就要举办守灵仪式，今天晚上要将骨灰装棺。今天早上他们家很早就将饭菜煮好并请来村里的20多个亲朋帮忙。吃过饭后，将要请的亲朋的姓名和村民，先告诉给这些人，并一人拿一包烟，给一些车费，要求帮忙把母亲的守灵和下葬的日期告知外村的亲朋，邀请亲朋明天晚上来参加守灵仪式和葬礼。晚饭过后，等高德昌家把所有的东西准备好，所有的本村和外村比较亲的亲朋来了以后，高德昌家就在毕摩的主持下，为母亲举行了骨灰的入棺仪式，同时还通知村组干部，由村组干部叫四个小组的组长前来高德昌家分工，分工的内容为：一个小组负责做菜，一个小组负责修坟和抬人下葬，一个小组负责杀牛，另一个小组负责杀猪并煮饭。同时，四个组都要抬碗筷来负责招待外村的人。

2015年10月25日　晴

人生大事：

村民曾红明多年来一直患病，医治无效，于今天早上去世。去世后他的家人今天将他的遗体火化掉，然后拉回家中。

另外，因高德昌的母亲的守灵仪式要在今天晚上举行，所以村组干部就在高德昌家的要求下，负责安排村里的人接待外村来参加高德昌母亲守灵仪式和葬礼的亲朋住宿。早上8点钟，村长就在广播上通知村民各组长，按照昨天晚上分好的工，各自到村待客处干活。有的做菜，有的杀牛和杀羊、杀猪。负责抬人的一组，则在白天5点钟之前，在高德昌家门口摆好了一个灵堂，灵堂面积在50平方米以上，地上铺满松毛，以便前来的亲朋在此闹灵、守灵。

到下午5点半钟左右，帮忙的村民已基本将饭菜都做好了，村长就在广播上通知帮忙的人和参加宴席的人前来吃饭。饭后，陆陆续续有外村的人来，6点半钟左右，村里帮忙的人先吃完饭，要把所有的碗筷洗干净，以备接待外村的人。等到外村的人来了以后，有村民将外村的人接到高德昌家外面。进灵堂前，外村的人要先在高德昌家外面燃放鞭炮，而高德昌的家人听到鞭炮声后要跪下来跪拜前来闹灵守灵的外村的人。在燃放鞭炮后，将带来的鼓号吹起来、打起来，女人边哭边往里面走，一直哭到灵堂里，然后蹲在死者的棺椁两边哭诉对死者的思念之情。男人们也随着哭着进灵堂给死者拜三拜，敬上烟酒。如果来的人和死者是平等的，只拜一拜，如果是长辈都要拜三拜，等拜过死者后出来外边，将跪拜（表示对来人的尊敬）的这些死者的子女拉起来后给儿子等人敬上烟酒。跪拜的顺序为大儿子靠死者的第一排第一位，其后为儿子或是侄子等人，女儿等人则跪在儿子的后边。来人要劝子女节哀，子女则说"你们辛苦了，快点去吃饭"。等所有的亲朋来闹过灵以后，这时候饭也全部吃了，就在广播上通知死者的亲朋，前来死者的家里戴孝。和其他的亲朋一起来的外村人则由村里的村民安排住宿。等大部分的亲属到来后，就由毕摩主持，把高德昌家准备好的孝衣孝帽拿出来，要多少孝衣孝帽高德昌家事先已经算好并做好了。毕摩最先给死者的兄弟披麻，说高德昌的舅舅和姑妈等人辛苦了，因为死者的不幸去世，麻烦舅舅和姑妈等人前来的话。然后给舅舅等人披麻，之后又由舅舅和姑妈等人，将孝布挨个地给死者的子侄等人戴在头上。儿子等人则要戴孝帽，并跪着给舅舅戴。等这些仪式结束后，孝男孝女们和舅姑等人就在灵堂里守灵到天亮。

2015年10月26日 晴

人生大事：

今天是村民高德昌母亲下葬的日子，一大早村长就在广播上通知帮忙的人到待客处做菜。而不是高德昌家的亲朋，但分到事情做的，每户交30元到组长手中，用于帮东家。午饭后在毕摩的主持下，约3点钟左右，外村的人和本村的亲朋就参加高德昌母亲的出殡仪式。因现在的政府要求火化，并将骨灰安葬在公墓，所以死者的棺椁在抬到村里的坟地后也要烧掉（只是仪式），而骨灰则统一安葬在圭山镇的公墓处。另外，村民曾红明（已故）的入棺仪式，已于今天晚上举行。

人员流动：

因高德昌家为母亲举办葬礼，所以有400多个外村的亲朋于昨天来参加葬礼，直到今天晚饭后才各自回到村里。

2015年10月27日　晴

人生大事：

昨天高德昌母亲已经下葬，但按大糯黑的习俗，今天早上要为母亲举办上坟仪式。所以，在毕摩的主持下，高德昌家和亲朋为母亲举办了上坟仪式，又招待村里帮忙的人吃饭。饭后，请亲朋帮忙，把所有的待客用过的东西收好，待客处的卫生也全部搞好。今天、昨天高德昌家为母亲办葬礼花了5万多元，收到亲朋送来的慰问金2万多元，参加葬礼的人超过1000人。

生计活动：

今天除了去帮高德昌家忙的村民外，有很多村民去撕玉米，还有少数没有砍玉米的农户则去砍玉米。另外，村内还自发组织了几个人去帮人撕玉米。如果供伙食，工费为每人每天100元；不供伙食，每人120元。

2015年10月28日　晴

人生大事：

大糯黑村前几天病故的村民曾红明于今天晚上举办守灵仪式。在村组干部的带动下，本村四个组的组负责人今天全天都在帮忙做饭菜。等到晚上，外村的亲朋和本村的亲朋去参加闹灵仪式并守灵，因曾红明年龄不是特别大，所以人也不是特别多。

生计活动：

今天晚上是曾红明的守灵仪式，前去帮忙的村民特别多，所以只有少数一些村民去撕玉米，也有些村民去三七地打工。

2015年10月29日　晴

人员流动：

有200多个外村的村民来参加曾红明的葬礼。

人生大事：

今天是村民曾红明出殡的日子，一大早，就有村民去待客处帮忙做饭菜，等饭菜都熟了以后，就由村长在广播上通知前来参加葬礼的人尽快吃饭。饭后3点钟左右，毕摩要求村长在广播上通知参加葬礼的人到曾红明家旁边集中。在进曾红明家之前，按撒尼人的习俗，要由舅舅家先进入灵堂，也就是曾红明的舅舅。在撒尼地区有天大地大，没有舅舅大的说法。之后，为姑妈家做告别仪式，之后再是其他的亲朋做告别仪式。等告别仪式做完后，在毕摩的主持下，由事先安排好的村民将棺椁抬出去，然后在所有亲朋的陪同下抬到坟地下葬。

2015年10月30日　雨

人生大事：

曾红明的家人为曾红明举办上坟仪式，一大早曾红明的家人就在家里杀羊煮饭，并在广播上通知要去上坟的亲朋，自己拿鸡蛋和大米来到曾红明家凑祭品。之后，由曾红明的家人将鸡蛋和大米煮熟，并把曾红明生前穿过的衣服、用过的东西全部收齐后，就通知亲朋出发到坟地。到曾红明的坟地后，在毕摩的主持下举行上坟仪式，将曾红明生前用过的东西烧掉，并告知曾红明说："您的东西我们已经全部烧给您了。"等东西烧完之后，毕摩把祭品中的五谷给撒出来，之后吃过饭就回到村中。

生计活动：

因下雨不适宜外出做农活，所以大部分的村民都在家里，只有少部分村民去山上放羊。

2015年11月1日　雨

生计活动：

今天周日，所以有部分村民去海邑集市赶集。大部分村民都去砍玉米或是撕玉米，也有一些村民去三七地里挖别人挖剩在地里的三七。

人生大事：

大糯黑村的村民李文福家养的黄牛，现在岁数大了，没有多少力气干活了。一大早李文福就将牛赶到海邑集市去卖，但到下午2点多，卖牛的人也只给12600元，而李文福要价13600元，所以没有能卖掉。到2点半左右，李文福看到牛市上有一头新牛，长得比较好看，所以就要求用自家的牛跟这头牛调换。后经过与牛主协商，李文福同意用自家的牛调换该牛，并加了3160元给该牛的牛主。之后，李文福把差价拿给该牛主，就将牛牵回家中。

2015年11月2日　雨

人生大事：

村民王有才今年已有37岁，但一直没有结婚，经村里的杨光斌介绍，和村里的何丽琴确定了恋爱关系已经好长时间。经双方父母同意，今天晚上王有才请说媒人王文学和杨光斌两人帮忙前去提亲。因何丽琴之前结过婚，并育有一子一女，前些年因丈夫车祸去世，近些年都没有再婚。之后何丽琴的公公也因病去世，只剩下婆婆和孤儿寡母，所以王有才在去提亲的时候，征得何丽琴婆婆的同意。但何丽琴的婆婆同时要求王有才去何丽琴的娘家提亲。之后，王有才又和说媒人一起去了海邑中寨何丽琴娘家提亲，同时也征得了何丽琴娘家人的同意。

2015 年 11 月 3 日　雨

生计活动：

今天的雨比昨天和前天的大，且下的时间比较长，所以除少数村民外出砍玉米外，只有十来个人到三七地打工，其余大部分村民都在家里。

人生大事：

大糯黑村的村民李文春去年考了驾驶证后，今年种了 15 亩的烤烟，虽然其中的三亩在冰雹的袭击中受损，但剩余的 12 亩烤烟还是卖了 4 万多元，加上前几年的存款，他们家今天去石林县城买了一辆五菱宏光面包车，价格为 52800 元。

2015 年 11 月 4 日　晴

村务事宜：

近些年大糯黑村的民族文化生态旅游村的规划遇到了许多问题，管理比较混乱，村组干部很长时间以来就有去别的地方看看，向别人学习管理模式的愿望，前段时间去石林县民族宗教事务局请求由民宗局出面，带头到别的地方看看。今天白天，村委会和两个村小组的干部由民宗局人员带领，到石林板桥镇的赵公庄参观，学习赵公庄村的新农村建设模式和管理办法。回来后对比赵公庄村，查找本村不足和需要改正的地方。

生计活动：

天刚放晴，就有 80% 以上的村民去撕玉米，另外的村民则去砍玉米或是到三七地打工。

2015 年 11 月 5 日　晴

村务事宜：

村干部在广播上通知，这段时间买的拖拉机，没有喷字的，无论是后驱动的还是带车厢的微耕机，都要在后车厢上喷上"严禁载人"的字样，并同时统计发动机的编号和车型，最后照相。到下午4点钟，共有8辆新车喷字。另外，大糯黑村山神庙旁边的山路已经破败不堪，所以村小组在广播里通知，有意愿的村民到山神庙实地察看，并承包上山的路的修补工程。

2015年11月6日　晴

生计活动：

本村的村民都去各自家玉米地撕玉米，并将玉米拉回家中。另外有一部分村民去挖别人挖剩的三七，如本村的李红学夫妇今天去挖得三七20多公斤。按照这段时间的市场价，这些三七可以卖得400多元。也有一些村民则去帮别人撕玉米，这些人大多数为土地比较少的村民，近两天的工钱为每天每人120元。

人生大事：

大糯黑村的村民毕华和未婚妻已经认识一年多了，并举办了订婚仪式，同时决定在12月份的时候举办婚礼，但至今没有领取结婚证。今天毕华和未婚妻在石林民政局登记结婚。另外村民李有祥家四个月前买的猪，现在长到100多公斤了，今天遇上猪贩子，李有祥就把两头猪中的其中一头以1980元卖给了猪贩，以补贴家用。

2015年11月7日　晴

人生大事：

大糯黑村的村民王有才花24600元向尾乍黑村的村民买了一辆面包车。

村务事宜：

大糯黑村的村民杨天德去年审批建房，建房地点在大糯黑村老学校的门口，但经过县镇领导和村委会审查后，要求由村干部另外择地基给杨天德家。现有的宅基地要用于建设基础设施，经和杨天德家多次协商后,杨天德同意另外选址,并要求调换地点,改在密枝林上边的空地。经村委会和村小组研究决定,于今天早上9点钟先丈量杨天德家的老宅基地,然后又到密枝林边的空地上,丈量了同样大的地块给杨天德家。

2015年11月8日 晴

村务事宜:

今年7月31日的时候,大糯黑村下冰雹,大部分村民的玉米和烤烟受灾之后,保险公司和村小组委员到地里实地查看,并订好50%的保险理赔金,一亩500元。前些时候,理赔工作已基本完成,理赔公示也于9月份公示出来。这段时间保险公司已将客户的保险理赔金打到账上,但村民李志和、李树林、高友胜等6户村民打在卡上的保险理赔金和当时查看的受灾面积不等,特别是李志和家的保险理赔金差着3500元,所以这6户村民向村委会反映。村委会和烟站及保险公司协商,今天召集这6户村民核实情况并协商好,将差的理赔金补上。

2015年11月9日 晴

人生大事:

大糯黑村的村民毕正华和妻子结婚已有18年了,女儿也大了,但因感情不和,今天毕正华和妻子离婚。

生计活动:

大糯黑村的大部分村民都去撕玉米,也有一些村民去砍玉米。前几年糯黑村的村民大多数都养着牛,所以玉米秸秆要留着喂牛。但这些年农村大部分都用机械耕地,养牛的人也特别少,玉米秸秆就不要了,也用不着砍了。也有的村民去三七地打工或是挖三七。

2015年11月10日　晴

人生大事：

大糯黑村的村民杨光斌和李琳家的烤烟今年60%受灾，除掉成本，没有多少收入了。玉米又种得特别少，为补贴家用，增加点收入，自10月10日以后，两人就一直在买丑烟。他们买了近5吨的丑烟，均价在2.5元左右。今天叫村民何正祥，用农用车将丑烟拉到石林的收丑烟的烟贩子处卖，每人赚到360元的差价。

2015年11月11日　晴

人生大事：

大糯黑村村民曾玉芬的丈夫于2014年因病去世，女儿嫁人了，儿子在昆明教书，家里只有她一人在务农。先前买的拖拉机，曾玉芬因年纪偏大开不了。去年买了一辆三轮摩托车。而拖拉机因没有人开，整天摆在家里占地方，而且拖拉机不用会生锈坏掉，所以曾玉芬今天将自家的拖拉机以4260元，卖给本村的村民王绍林。

生计活动：

有部分村民去砍玉米，大部分的村民则去撕玉米。也有的村民去挖三七，一些玉米撕完的农户则去山上找烧柴。

2015年11月12日　晴

村务活动：

大糯黑村的村长李宝强在广播上通知，因明天县上和镇上的领导要来村里视察，所以要求村民明天早上9点钟之前把全村的卫生搞好。

2015年11月13日　晴

人生大事：

大糯黑村的村民李红明今年栽了2万多株烤烟，虽然大部分村民家的烟在 7 月 31 日的时候受灾，但他们家的没有受灾，今年的烤烟共卖了 9 万多元。前段时间他们家先后买了面包车和电视机，今天他们家又到石林县城的农机公司用 45900 元买了一辆后驱动的拖拉机。

村务事宜：

县里的领导来村里视察，所以早上 9 点钟，村民将各自的卫生搞好。卫生搞好后，村组干部和村委会领导陪同县领导视察。

人员流动：

今天周五学生放周末假，所以在石林县城和海邑读书的学生自己回来，或由父母亲接回家中。

2015 年 11 月 14 日　晴

生计活动：

大糯黑村的村民，白天大部分都去撕玉米，少部分村民则去砍玉米，有一些村民去挖三七，或是找烧柴。

休闲活动：

今天周六，村里有很多学生到糯黑小学校前篮球场上打篮球。

2015 年 11 月 15 日　晴

人员流动：

今天周日，有 60 多个本村的村民去海邑集市赶集。周五放学回家的学生，今天 5 点钟之前全部回到各自的学校。

人生大事：

大糯黑村的村民王云德家，全家人历年来都喜欢养斗牛，但之前养的牛没有买好，不是特别喜欢斗。长久以来每到周日海邑集市赶集，他都要去牛市转转，今天也不例外。上午 10 点半钟的时候，他就到牛市逛，看到村里专门做牛生意的普文林拉了四头牛，其中有一头长得比较好，所以王云德就跟普文林讲价钱，最后普文林以 16800 元将牛卖给了王云德。

2015年11月16日　晴

生计活动：

大部分村民都去撕玉米，其他的村民则去砍玉米，找烧柴，或是到三七地打工。

人生大事：

眼看着村里的很多村民都买了私家车，杨海龙2003年的时候就考了驾驶证。今年的烤烟又卖了一些钱，虽然不够买一台新车，但杨海龙家前不久看上了海邑村的一辆夏利车，车龄已有五年，要价11200元。杨海龙今天将这辆夏利车买回家中。

2015年11月17日　晴

人生大事：

大糯黑村的村民李学德家的住房在2014年的时候因电线老化起火烧掉了，要在老宅基地上建新房子，但占地面积太小。所以之前就从村民何家华手中买了一块约七分的自留地，并打算在这块地上新建住房。因这块地在一个斜坡上，要砌挡墙，并用土石将低处填平。李学德自己不会做，所以他就将砌墙的工程，以12800元承包给村里的卢家友等人做。

2015年11月18日　晴

生计活动：

有部分村民去砍玉米，大部分村民去撕玉米，也有已撕好玉米的农民去耕种大麦或是豌豆。

2015年11月19日　晴

村务事宜：

因明天下午市民委和县民委的领导，及一批外国人要来大糯黑村参观，所以村长在今天晚上的广播中通知所有的农户，明天早上9点钟之前把各家的卫生搞好。

2015年11月20日　晴

生计活动：

有部分村民去已撕好玉米的地里耕种大麦或是豌豆。也有的村民去找柴火，还有一些村民趁现在还不到防火期，把地里很多玉米秸秆用火烧掉。前些年的时候，大部分村民家里都养着牛，所以所需的草料比较多。现在科技发达，农机特别多，养牛的比较少，大多数以农机代替牲口，所以多余的草料必须尽快处理。

村务事宜：

因今天有市民族宗教事务局和县民宗局的领导带领外国人来糯黑村参观，所以一大早村长就通知村民搞卫生，9点钟左右卫生已经搞好。10点半，市民委和县民委以及镇上的领导，陪同外国人一起参观了大糯黑村的民族文化博物馆和村里的石头房子。

年节及休闲活动：

今天是"子枪奔"（大糯黑村山名，撒尼话汉语音译）山上杀羊祭祀的日子，所以一大早，今年的8个密枝头目就请了毕摩，赶着绵羊到山上去祭祀。

2015年11月21日　晴

生计活动：

大糯黑村的大部分村民都去撕玉米，也有一部分村民去本村周边三七已经收获的地里，挖别人挖剩的三七，等到周日的时候拿去海邑集市卖。

村务事宜：

村组干部到村委会写2015年下半年的工作总结和全年的工作总结。另外，因蝴蝶村委会的邀请，村组干部到蝴蝶村参加文艺会演。

人员流动：

村组干部到蝴蝶村参加文艺会演。

2015年11月22日　晴

生计活动：

大部分村民都去玉米地里撕玉米，然后把玉米拉回家中。也有的村民去找柴火，另一些村民去三七地里挖别人挖剩的三七拿到海邑集市上卖，三七的价格为1公斤20～25元不等。

人生大事：

大糯黑村村民曾文林、王云平、杨绍兴、高金跃等户村民因今年上报审批盖抗震房，所以今天这几家人要填写并上报工程预算表。

休闲活动：

今天周日，有很多村民到海邑集市赶集。另外，今天蝴蝶村举办斗牛比赛，有本村的一些村民去蝴蝶村看斗牛比赛。

2015年11月23日　晴

生计活动：

白天，本村有90%的村民去自家地里撕玉米，有的村民去山上找柴火。村民杨海龙家今天请人帮忙挖雪莲果到海邑去卖，现在的雪莲果价格为每公斤1元。今年杨海龙家共种了36亩左右的雪莲果。昨天和今天，杨海龙家共计挖了11.85吨的雪莲果，卖的钱共计11850元。除掉伙食费，杨海龙家这两天雪莲果共有1万元的纯收入。

村务事宜：

大后天就是农历十月十五日，是杀牛山两年一次的何氏祭祖的日子。

今天晚上，何氏家族今年轮值的头目，在广播上通知何氏家族的人，一户一人到村里的广播室开会分工，并决定从明天开始修路。

2015年11月24日　晴

村务事宜：

大糯黑村何氏家族的人，一户一人参加了从村子到杀牛山这段山路的修缮。另外，过几天村委会村总支要召开2015年下半年的党总支部生活会和党员会议，所以今天村组干部到村委会集中搞卫生。

人生大事：

大糯黑村的村民王小燕于今天结婚，因是招亲，她可以说是两边管家，所以王小燕的婚礼地点选在夫家海宜村举办。按民族习俗，如果是嫁女儿，婚礼的举办地点就选在本村，如果是招亲的话，婚礼的举办地点一般为夫家，因为是把新郎娶回来。所以今天本村前去参加王小燕婚礼的村民，除王小燕的舅姑等外，其他没有请客。

2015年11月25日　晴

年节及休闲活动：

明天就是何氏祭祖的日子，所以今天大糯黑村的何氏一族的族人去修路，是从村子到杀牛山何氏祭祖的地点，约四公里的山路，明天祭祖的时候村民上山更方便。

村务事宜：

这段时间，小糯黑村子里的部分路面修建排水沟，前几天工程队施工的时候，村民何建华家的住房不慎被施工队挖掘机撞坏。何建华家要求村组干部对这一事项进行调解，并以9000元顺利将这件事情调解清楚。另外，2015年建造的小水窖，在25立方米以下的补助名额还有一户，所以村组干部将已经修好小水窖的村民王进林家上报给圭山镇农林水综合服务中心。

2015年11月26日 雨

村务事宜：

早上，糯黑村委会的小糯黑村被选定为乡村清洁工程的一个亮点试点，市环保部门和县镇领导11人来小糯黑村视察参观。所以大糯黑村小组也在广播上通知全体村民，早上9点钟之前，必须把本村的环境卫生全部搞好。

年节及休闲活动：

今天是2015年11月26日，农历的十月十五日，是糯黑村两年一度的何氏祭祖的日子。虽然下着雨，大糯黑村除了何氏家族的人，也有其他姓氏的村民参加祭祖。一大早，村民就去海邑采购上山用的各种小菜和日用品。10点钟以后，何氏家族的人每户一名男性就到山上分工杀牛。杀牛的时候，由今年轮值的何氏家族的两个头目（今年轮值的头目，由何志林和何光祥担任），将所有的何氏家族每户一名男性集中在一起进行分工，然后在何氏一族的长者的带领下，先在祖灵前说祭词，然后杀牛。杀牛分为哪些人杀、哪些人剥皮、哪些人负责烧水煮牛肉等，其他的村民则在今天白天的时间，洗锅碗瓢盆等，把用水用车拉到山脚下，然后再背到山上自家的帐篷里。各家都有一块常年属于自己的地方，过夜和做饭吃饭的地皮，平均每户约十来平方米。把所有煮饭、过夜用的用具全部搬到山上后，时间也差不多到下午四五点钟了。这个时候，上山的各家各户也有几家合并在一起的，就开始做饭做菜。差不多6点左右，何氏家族的人就把牛肉煮熟了，在广播上通知所有前来祭祖的人，十户一组相约到祖灵前分牛肉。把牛肉分给所有农户后，农户们就在各自的"家"里吃饭喝酒。今晚的牛肉只是一小部分，明天等所有的人来齐后（今晚上大多为男性），再把所有的牛肉分给所有的村民。就这样，大家在山上一边吃牛肉一边喝酒，有的人要一直吃喝到天亮，有的则在10点钟以后就各自在山上睡了。

2015年11月27日　雨

年节及休闲活动：

今天是两年一度的何氏祭祖的日子，昨天晚上就有很多村民在杀牛山上过夜。所以今天早上天刚亮，上山的男人们就把大公鸡抱到何氏的祖灵前祭拜，然后把鸡杀了，把鸡尾、鸡翅和鸡头上的羽毛各拔一根贴到祖灵跟前，就把鸡抱到各家的地盘上，烫了拔毛，洗净了煮。而何氏一族的族人则在今年轮值族长的带领下煮牛肉切牛肉，并通知上山的所有人家，相约十户一组，等牛肉煮熟后来分牛肉。约11点钟左右，牛肉熟了，组长就通知所有的人前来分牛肉吃。这个时候，各家的女人和小孩们也相继上山。何氏一族的人，先把牛肉分成十份，然后由十个组的小组长，又将牛肉分给其他的村民。11点半左右，大部分的牛肉已经分好，各家的饭菜也做好了，各家各户就把做好的饭菜各拿一点到何氏祖灵前。祭拜时，所有的人都要参加，由各家的长者在何氏祖灵前说上一些话，祈求自己家人畜平安，五谷丰登。在四方各磕三个响头，拜三次，燃放鞭炮，之后就各自回到自家的地盘上吃饭。吃过饭后，何氏一族的人把祖灵前人们献上的钱全部收回来，然后再把何氏一族的人召集在一起，选举下一届的族长。之后何氏一族的人把杀牛祭祀用的大锅等物件全部搬运回家。下山的时候，因为早上下了一些小雨，路特别滑，很多人又喝了酒，滑倒的人特别多，直到天黑的时候才全部回到家中。

2015年11月28日　阴

年节及休闲活动：

因前天和昨天是何氏祭祖的日子，按照往年的惯例，到农历十月十七日的时候，何氏家族的人会相约凑钱，举办一个小规模的斗牛比赛，今年也不例外。在山上祭祖的时候，何氏家族的人就和斗牛爱好者们已经捐了一万多元的钱，所以今天中午12点半的时候，在大糯黑村的村子边上，有了何氏一族的人主持举办的斗牛比赛。前来比赛的斗牛，有本村和外村的牛，共40多头。斗牛比赛分为甲级组和乙级组。甲级的奖励为第一名1260元，第二名1060元，第三名806元，第四名606元，第五名506元，第六名406元。乙级组分八个名次。到下午5点半左右，精彩的斗牛比赛结束了，观看斗牛比赛的观众有本村和外村的，约2000多人。本村的何玉林家养的三头斗牛，各拿了甲级组的第一和第三名，以及乙级组的第二名，共赢得奖金4000多元。

2015年11月29日　晴

人生大事：

今天是村民王红光结婚的日子，王红光的新娘是海邑村人，两人在石林打工的时候认识并于今天在本村举办婚礼。一大早王红光家就请人帮忙杀牛宰羊杀猪，并请村里王建生等厨师帮忙做菜，同时又叫人到县城买菜。到12点左右，饭菜都熟了后，前来参加婚礼的亲朋800多人就来吃喜酒。以前的婚礼是男方家挑着各种各样的菜到新娘家，做饭做菜给新娘家的亲朋吃，名为说媳妇。但现在大部分的撒尼小伙姑娘结婚，也像汉族一样，穿西服和婚纱结婚办喜事，只有到晚饭的时候才穿民族服饰。到晚饭的时候，由新郎给亲朋倒酒，新娘子敬上两支香烟。王红光今天结婚，还请了本村的文艺队现场庆祝婚礼，王红光的婚礼共摆桌100席，婚礼用去的钱为6万元。

2015年11月30日　晴

村务事宜：

早上8点钟的时候，村长在广播里通知全体村民，今早9点钟之前，把村里的卫生全部搞好。9点左右，在全体村民的努力下，村里道路的卫生已全部搞好了。

人生大事：

昨天是村民王红光结婚的日子，按本村的习俗，婚礼的宴席要招待三餐，昨天的两餐为正餐，今天早上还要招待一餐，但这一餐的客人大多为本村的村民。12点左右，所有的菜做好后，就在广播上通知王红光家的亲朋前来吃饭。吃饭时，王红光家会请人通知客人，如果饭菜吃不完的话，各自抬回家中。饭后请亲朋们搞待客处的卫生，到下午4点左右，所有的人都吃饱饭，并帮忙把待客处的卫生全部搞好。

2015年12月1日　晴

村务事宜：

今天是2015年12月1日，接到石林县林业局防火部门的通知，今年的防火期提前了。去年的防火期从12月底开始，但今年的防火期从今天开始，并已安排防火人员到山上执勤。上午8点左右，村组干部在广播上通知所有的村民，自今日起不能再在野外放火烧杂草和秸秆等。另外，村小组通知今年有愿意把土地出租给三七老板的农户，今天前去修路时，只要农户将拦路的刺和树木砍掉，其他由三七老板负责找装载机和挖机修路。到晚上的时候，村长在广播上通知全村村民，明天市旅发委和县民宗局的领导，要来村里检查省级民族特色旅游村寨的建设，要求村民明天早上搞卫生，并通知本村8个组的组长明天去修路。

2015年12月2日　晴

村务事宜：

早上所有的农户在7点到9点清扫村内的道路。八个组的组长和村小组于今天白天去修山路。上午10点钟，省市旅发委和县民族宗教事务局的领导来到糯黑村，验收省级民族特色旅游村寨建设情况，并现场调研。

人生大事：

明天是村民王光辉儿子结婚的日子，今天他们家请了本村的厨师和亲朋帮忙做菜、洗菜，为儿子的婚礼做准备。

2015年12月3日 雨

村务事宜：

因昨天村组干部和八个小组的组长修路，没有修完，今天继续去山上修路。

人员流动：

大糯黑村的王光辉的儿子结婚，有400多个外村和外地的王光辉家的亲朋来参加婚礼。本村也有40多个村民，分别到外村小板田村、乍龙村和海邑等地做客。

人生大事：

今天是大糯黑村王光辉儿子结婚的日子，一大早王光辉家请来帮忙的亲朋就开始洗菜做菜，到上午10点半左右的时候，陆续有外村的亲朋前来做客。王光辉家的儿媳是阿细人，所以到11点半，王光辉的儿子就穿着阿细人的衣服，而新娘则穿着撒尼人的新娘服饰，在伴郎和伴娘的陪同下，在村子道路的两边迎接前来参加婚礼的亲朋。11：40左右的时候，人来得差不多了，就请人将菜用桶抬出来。今天午夜王光辉家杀了猪、羊和牛，用12道菜招待亲朋。饭后再由王光辉家请来的长湖镇民族民间艺术团，在本村的礼堂里表演节目，给参加婚礼的人看。表演节目期间，新娘和家人们还在舞台上撒喜糖，给亲朋吃。因新娘是阿细人，丢喜糖是阿细人的习俗。晚饭就在5点半开始，在晚饭吃到中途的时候，有本村的几个唱歌的爱好者和长湖镇民族民间艺术团的人一起，为所有的客人献上了十多首敬酒歌。晚上9点钟左右，所有前来参加婚礼的人，酒足饭饱之后，都回家去了。

2015年12月4日 晴

村务事宜：

前段时间大糯黑村实施100多万元的排污管道的安装，一直都没有完成，今天继续安装管道。安装管道时，因还有部分村民的玉米没有收完，所以安装管道的工人留一条路，让村民运输玉米。晚上8点半，村长在广播上通知本村的八个小组长到广播室开会，商讨明天修路事宜。决定修路的工作由村小组和八个组长完成，村民不再参与修路。

人生大事：

明天村里的何跃光要结婚，新娘是长湖镇的人。所以结婚的待客处定在长湖镇，今天一大早何跃光的兄弟叔叔等亲朋，就去长湖镇帮忙洗菜和做菜，以便明天更好地接待前来参加婚礼的亲朋。

2015年12月5日　晴

村务事宜：

前些时候修的山路，因今年雨水比较多，很多地方已经破败不堪。所以村小组昨天晚上召集了八个小组的组长，于今天早上各自开着拖拉机到采石场拉石头来修路。同时，还找了一辆挖机和装载机，用于修路。因需要修路的面积比较大，今天就到村东头的戈冲里海邑交界处修路。

人生大事：

今天是村民何跃光结婚的日子，结婚待客处的地方选在长湖镇待客处。一大早本村的村民就去长湖镇做客，而何跃光家的亲朋都到待客处帮忙。何跃光的婚礼，上午按照汉族的习俗举办，在婚礼上穿西服和婚纱。下午的时候换上撒尼服装。一般情况下为男女方各在自己的村子里待客。今天新郎新娘两家人合起来待客，所以人比较多，宴席共摆了230桌，近1900人参加婚礼。

2015年12月6日　晴

村务事宜：

昨天村子的水塘边到戈冲里和海邑老寨交界处的山路，已在村干部和八个组长的努力下全部修补完，今天村里修路的人又改修村子的山路。

人生大事：

大糯黑村的村民杨海龙的女儿已满月，他们家为女儿办满月酒，酒席设在海邑的羊城酒楼。杨海龙家请来参加吃满月酒的有60桌左右，每桌订餐价为285元，早晚两餐合计120桌，共花掉34200元，收到的礼金总共28000元。

年节及休闲活动：

今天是周日，有很多村民去海邑集市赶集，另外有其他的村民去找烧柴或是撕玉米。

2015年12月7日　晴

生计活动：

这段时间，有部分村民的玉米还没有撕完，所以有一些村民就去撕玉米。大部分已撕完玉米的村民中，有的去地里拉玉米秸秆，有的去山上找烧柴。

村务事宜：

因村寨到田地之间的山路没有修完，村里的八个小组的组长，今天依旧在村组干部的带领下继续修路，并在今天之内把所有的山路修补完成，修补用的石头价格为每吨10元钱。

2015年12月8日　雨

村务事宜：

早上8点左右，村长李宝强在广播上通知全体村民，要求在各自村小组的带领下到山上已经修好路的路边，将拦路的树枝和刺蓬棵用刀砍掉。各个组的村民就在组长的带领下，到之前分好的路段去修树枝和砍刺。

晚上，因接到镇上的通知，村长要在广播上通知全体村民交纳防火灾保险，交费时间为明天早上。另外，还通知村民每户交修路费，包括运输费，挖机使用费和土石购买费。

生计活动：

因今天下雨，除部分村民去山上收集土杂肥外，大部分的村民都在家里闲着。

2015年12月9日　晴

人生大事：

大糯黑村的何兰芳因病去世，享年83岁。何兰芳家人打电话给石林县火葬场的人，于今天早上11点将何兰芳的遗体拉到石林县城的狮子山火化。下午5点多钟火化完后就回到村里。于今天晚上举行入棺仪式，同时请亲朋来帮忙协商明天的讣告事宜。

人生大事：

明天糯黑村的村民毕华要结婚，婚礼举办地点选在海邑老寨的待客处。早上8点多钟，毕华的家人和亲朋就去老寨待客处，在所请厨师的指导下杀牛杀羊和杀猪，女人们则帮忙洗菜。帮忙的人午饭和晚饭都在待客处吃，直到晚饭后所有的准备工作做完才回到村里。

2015年12月10日　晴

人生大事：

昨天去世的村民何兰芳，定好在2015年12月12日举办葬礼。按撒尼人的习俗，下葬前要举行守灵仪式，而守灵仪式就定在12月11日的晚上。所以何兰芳的儿子高跃明将20多个亲朋叫到家里，于今天早饭之后，安排这些人今天之内到别的村子，将母亲下葬守灵仪式的时间，告知外村的亲朋，邀请所有的亲朋参加母亲的守灵仪式和葬礼。

今天，本村村民何跃华的母亲也去世了，何氏今年82岁。何氏去世后，儿子何跃华等四兄弟于今天早上8点钟打电话给火葬场的人，将何氏的遗体拉到火葬场火化，同时通知亲朋骨灰的入棺仪式于今天晚上12点钟之前完成。下午3点多钟，在火化的时候，何氏的家人就在石林县城买好菜，提前回家做菜，以招待晚上前来参加入棺仪式的亲朋。晚上10点左右吃过饭后，等大部分的亲朋来到家，就在毕摩的主持下举行何氏的入棺仪式。仪式由毕摩主持，何氏的子女将麻布和黑布白布先垫一层在棺底，然后再放上棉被，之后将何氏的骨灰按照头、躯干、四肢的顺序，依次放到棺中，然后盖上子女买好的衣物，用子女和亲朋送来的衣物和棉被将棺内填满。到盖完棺的时候，由子侄等人从外边抬到屋里，棺盖的木钉由何氏的大哥和弟弟钉上。钉好后，在棺材上盖上毛毯、棉被，再放上亲朋送的撒尼的衣服和包头等。特别是还要放一卷女儿送来的麻布做孝布。之后由毕摩拿一些五谷，放在棺樟前，插上香，要一直点着到下葬之前。插好香后，在毕摩的主持下，所有的子女和亲朋全部给死者跪拜，跪拜完后，亲朋就去记账。以前大多为送衣物布料，现在大多数以送钱为主。

今天是毕华结婚的日子。一大早，毕华和新娘子就去海邑化妆，虽然婚礼没有按少数民族的传统，但在婚礼上还是要穿撒尼人的新娘和新郎装。毕华的家人和亲朋去待客处摆放宴席用的桌子，每桌摆一瓶饮料，两瓶啤酒。午饭为正餐，到10点钟，毕华家找了五辆婚车，带着摄影师到新娘家雨胜村跪拜过新娘的父母和长辈，就将新娘接到毕华家。到11点，新郎和新娘由婚车拉到待客处迎接前来贺喜的亲朋。11点半，所有的亲朋来齐后，就开始吃喜酒。席间新郎和新娘分别给所有的亲朋，大多数为男性倒酒并敬上两支香烟。今天前来参加婚礼的亲朋共有1100人左右。午饭后，由毕华家请来的两支文艺队，在待客处表演民族舞蹈节目给所有的亲朋看，直到晚饭时间。今天毕华的婚礼，杀了一头牛、两头猪和四只羊，婚礼共用去7万元人民币，收得礼金6万多元。

2015年12月11日　晴

人生大事：

今天晚上村民高跃明要为母亲举办守灵仪式，并在昨天通知所有本村和外村的亲朋。一大早村干部就到广播上通知本村负责做菜、杀牛杀猪的四个小组，尽早到待客处，做好分工，同时将桌子摆好。为给母亲举办葬礼，高跃明家准备了两头牛和两头猪，在高跃明家请来的厨师的指导下杀好。5点半，村长在广播上通知本村前来帮忙做饭做菜和管事的人员到待客处吃饭。等本村的人吃过饭后，外村前来参加守灵仪式的人也陆续来到村里，外村的人到村里后不能先去吃饭，要在本村人员的带领下到死者的灵堂祭拜，祭拜前要先燃放鞭炮。如果带有鼓号队、狮舞队，要先跳狮舞。进灵堂前由女性带头，女性一般要哭着进灵堂，到灵堂后分别蹲在棺椁的两边哭。男子也要哭着进灵堂，等拜过死者，敬过酒后来到灵堂外边，将灵堂外跪拜的死者的儿子和女儿、子侄辈等人扶起来，敬上烟酒，劝慰死者的家属节哀顺变。如果是舅家人就一定要带着狮舞队，在鼓号声中跳狮子的人，先在灵堂外给死者拜三拜，然后跳着进灵堂，用狮子和老虎的舞蹈，来将灵堂里的邪气和鬼怪驱除。同时将灵堂供桌上的糖果叼出。如果是舅家的狮子，要把死者子女奉上的猪头叼出来（祭祀祭品猪头专为舅家准备）。等跳完狮舞后，由村里的人带到待客处吃饭。饭后约莫10点钟，村干部在广播上通知死者的子侄和兄弟等人到死者家里，披麻戴孝。11点钟左右，所有戴孝的人来到后，在毕摩的主持下，先由毕摩念毕摩词，然后毕摩把死者家属已准备好的麻布帽子和孝布放在竹筛里，由毕摩抬着筛子，拜过死者。毕摩叫死者的兄弟和表妹表姐等人来到棺椁旁边，给舅舅家姑妈家的人披上麻布做的孝布。等舅姑等人披上麻布后，再在毕摩的主持下，由舅姑等人给死者的子女等人戴上孝布。最后这些子女和舅姑家的人就在今天晚上守灵到天亮，其间毕摩也要在灵堂里念指路经到天亮。

2015年12月12日　晴

人生大事：

今天是糯黑村高跃明母亲何兰芳下葬的日子。按本地的习俗，老人下葬，要招待所有本村和外村的亲朋。因人数众多，所以要有本村的村民帮忙。早上8点左右，村长就在广播上通知本村四个组的组员，各负其责，做自己的事。其中有一组负责做菜，一组负责杀猪煮肉，一组负责做饭，抬棺材的一组早上就去修坟。到12点左右，所有的饭菜做好后，就由村长在广播上通知帮忙的人，前来参加葬礼的外村人一起到待客处吃饭。饭后休息一段时间，等东家把所有的准备工作做好后，就通知抬棺材的组员到东家集中。等所有的亲朋在灵前做完告别仪式后，就将棺材抬出灵堂，在院子里所有子女跪拜完就起棺出发。出发下葬的路线，一般都要绕着亲朋邻居家去。而之前去世的老人去过的路就不能再去，边走边放鞭炮边打鼓跳狮舞，走一段路休息一次。出殡时，死者的长子要站在棺椁前，边诉苦边用力往家的方向推棺椁，以示对长者的舍不得。等棺椁抬到村边上的空地，除死者子侄亲人以外的所有女性和亲朋，跟死者做最后的道别，跪拜过后，将棺椁的方向掉转过来，不能再停，一直抬到坟地。到坟地后，先由毕摩在坟地上用大米画一个人形图案，用烧着的草把地上的邪气烧干，再把东家事先准备好，用来祭祀的公鸡（公鸡之后要放生），放开在地上吃米，如果鸡吃的米多，则表示坟地的选址和选择的日子都好，能保子孙平安。之后，把事先准备好的麻布和黑布铺在地上，然后将棺椁放在麻布上。由毕摩主持，死者的大儿子将后衣摆卷起，放上一些土，从左至右绕棺椁一圈，在棺椁的四个角落抖落一些土在地上。在抖土的时候要说"母亲，请您缩一下脚，我要倒土"的话。这个仪式做完后，帮忙抬棺椁的人就将事先准备好的土抬来，将棺椁盖住。放棺椁的地要平整，在地上放一些草皮，等坟堆好后，来坟地的死者的子侄，给死者敬上酒，跪拜并燃放鞭炮后，就全部回到村里吃饭，等明天还要去上坟。今天的晚饭，东家的人要到待客处和亲朋们一起吃。之前因为要守灵，所以东家的人都在家里吃。吃过晚饭后，外村的亲朋，除了死者的子侄留下来参加明天早上的上坟仪式外，其他的都各自回家了。

2015 年 12 月 13 日

村务事宜：

街道党总支通知，所有的党员和村组干部，今天下午 2 点钟到村委会会议室，开 2015 年党员民主评议会议。

人生大事：

按照撒尼人的习俗，老人去世下葬的第二天要给新坟上坟。今天早上高跃明家就在家里准备上坟之前的事。上坟时要在坟地吃饭，因是和死者的告别饭，高跃明家一大早就请人帮忙杀了一只羊，并将亲朋送来的鸡蛋和大米煮熟。一户送一个鸡蛋和一小碗大米。之后将母亲去世前用过的东西全部收好，准备拿到坟地去烧。约 11 点钟，高跃明家的亲朋在毕摩的带领下，来到了母亲坟上。由毕摩念完上坟的词，然后将母亲生前用过的生活用具和物品，用火烧掉。如有子女还要留一些做纪念，只要将物品放到火上烘一下，并说你的东西全部给你的话，就可以把东西留下。之后，由毕摩插香，用盒子里的玉米和五谷杂粮等，从坟的后边撒到前来上坟的人身上，去的人则把后衣摆卷起来接玉米等五谷。如果接的多，就证明去世的人能保佑自己往后的庄稼收成都好。等玉米撒完，就可以给死者跪拜了，三跪三拜之后，在坟地周围把之前做好的羊肉米饭和鸡蛋吃完后，从毕摩事先用麻杆做好的出口走出来，直接回家。所有人全部出来后毕摩要喊魂，要求一个人都不能留在坟地，全部回家到待客处吃饭。饭后东家还要请人帮忙，把待客处的卫生全部搞好，葬礼才全部结束。

人生大事：

大糯黑村的村民李兴玉的母亲，今天早上 8∶40 左右因病去世。约 10 点，李兴玉和兄弟等人就将母亲的遗体送到石林火葬场火化。

2015年12月14日　晴

年节及休闲活动：

今天是糯黑村密枝节，作为密枝节的大头目，李玉明和何云德两人天刚亮就叫上其他6位密枝头目，准备好装酒、大米的器皿，来到密枝林边，收取全村各户送来的祭品。祭品为：每户两根香，一些酒，一个鸡蛋和一块腊肉。到9点钟左右，密枝头目们就在毕摩的带领下，和村中的成年男人一起来到密枝林，开始为期7天的密枝节祭祀活动。进密枝林之前，毕摩要念经文，大意为：今天是一年中的鼠月鼠日，是一年中最好的日子。全村的男人要来为密枝神献礼了，肥而洁净的绵羊买回来了，灰色的丝线也买回来了，拴女人用的金色丝线也买回来了，两种丝线要把村子里的男人女人都拴住，让每个人都能从黑发到白发。尊敬的密枝神，今天是最好的日子了，现在是最好的时候，全村的男人等了一年来给你献牺牲了。念完经文后毕摩还要说："这只绵羊啊，主人要多少钱，我们给了多少，今天的祭祀是诚心诚意的，希望密枝神保佑我们全村人平安吉祥。"在祭祀之前，要用村里砍下来的清香树叶和柏枝树叶烧水洗手，洗脚，洗脸，也要洗羊。毕摩也把自己洗干净才能动毕摩专用的法具。开始念经，要求密枝神保佑全村五谷丰登，六畜兴旺，人丁安康。祭祀时，把羊杀好后，要把绵羊的肩胛骨装进一个麻布口袋，麻布口袋象征女人的生殖器，肩胛骨象征男人的生殖器。这样人们的阴阳就能和谐，能繁衍更多的彝族人。在密枝神的保佑下，人丁兴旺，生生不息。之后，毕摩请密枝神，请他来接受人们的献祭，等献祭过后，密枝头目就把煮好的羊肉鸡蛋和米饭，混着煮好的饭菜分给各家各户。

2015年12月15日　雪

村务事宜：

今年圭山镇打算做6万亩的秸秆还田，以改善土地的质量。今天大糯黑村的村组干部到尾乍黑村参加秸秆还田的培训会。

年节及休闲活动：

昨天晚上下了一场雪，今天一早，地上积了约10厘米左右厚的雪。所以很多村民没有出门，就在家里看电视，串门，或是聊天玩扑克。另外，密枝节的第二天是所有男人到山上的日子，所以有2/3的成年男子今天白天都到山上打猎。外出狩猎时，十来个男人相约在一起，抬着没有削掉竹枝的竹竿，先把猎物赶到一小块林子里，然后用弹弓或是竹枝打鸟，或用树上的不知名的寄生植物敲碎后用来粘鸟。

2015年12月16日 雪

年节及休闲活动：

在密枝节期间，所有的村民都不能外出做农活。所以，大部分女性都在家里，大多数成年男性今天上山狩猎。

村务事宜：

前几个月办的土地确权手续还没有完工，今天早上土地管理员和村组干部通知村民，将自己的身份证和户口册拿到广播室，填写材料。另外，又通知今年想建房的村民写建房申请交到广播室。

2015年12月17日 阴

人生大事：

因密枝节的头三天不能做任何事情，所以李兴玉母亲的遗体已火化回来好几天，一直没有入棺。直到今天晚上李兴玉家才给母亲举办入棺仪式。另外，村民何氏的入棺仪式也办了好几天了，但下葬的日期定在几天后，按照撒尼人的习俗，在下葬前每天晚上都要有本村的许多村民前去守灵。所以这些天何氏的灵堂都陆续有本村的十来个亲朋帮忙守灵，何氏的子女则每天都要招呼亲朋。

生计活动：

今天天阴，雾也特别大，大部分村民都在家里。有少数村民外出收集土杂肥，只有养羊的农户去山上放羊。

2015年12月18日　阴

生计活动：

今天天阴，田地里和山路比较湿，所以大部分村民到山上收集土杂肥外，只有小部分养羊的农户外出去放羊。

年节及休闲活动：

今天天阴，外出干农活的人特别少。大部分村民都串门聊天，或在家里看电视。

人员流动：

今天周五，去外边读书的学生全部回到村里。

村务事宜：

今天早上村长李宝强在广播上通知，所有的农户今天上午9点钟之前搞卫生。另外，村里修排污管的工程，因工期紧张，工人缺乏，所以应排污管工程老板的要求，如有村民愿意打工就去报名，价格为每米18元，宽度约1米。

2015年12月19日　阴

生计活动：

今天天阴，下了一些小雨，所以除了一部分村民去收集土杂肥或外出放羊外，大部分村民都在家里闲着。

人员流动：

有40来个柬埔寨的人来大糯黑村游玩。

村务事宜：

晚上村长在广播上通知，应大多数村民的要求，今后做白事客的时候，葬礼不再搞上坟仪式，要东家自行搞，村里不再帮忙。另外通知村里四个组的组长，晚上9点钟到村民何建明家，分工处理何建明已故的奶奶的葬礼的相关工作。

2015年12月20日　阴

生计活动：

今天周日，海邑集市赶集日，很多村民去海邑逛街。也有的村民将撕好的玉米，或是这些天挖的三七拿到集市上去卖。一些村民去收集土杂肥，另外的村民则是找烧柴或拉玉米秸秆。还有一些村民去三七地打工。

人员流动：

今天周日，学生收假，有的学生在家长的陪同下回学校，也有自行去学校的。

村务事宜：

村长在广播上通知，自明天开始，以后老人去世、出殡的仪式中，将第三天上坟的仪式改在第二天，也就是下葬那天，以减轻村里和东家的负担。

2015年12月21日　晴

生计活动：

因明天何跃华母亲下葬，今天晚上要办守灵仪式，全村有120多户人要去帮忙，所以今天外出干活的人特别少，只有少数村民去耕地或是拉玉米秸秆。

人生大事：

今天晚上何跃华家为已故的母亲举办守灵仪式。一大早村长在广播上通知本村八个组中的四个组的成员，每户一人到待客处帮忙。这四个组分工是这样的，一个组负责今天3点钟之前将灵堂搭好，并在灵堂里铺好松毛。另外三个组，一个组做小菜，一个组负责杀牛，另外一个组负责杀猪和做饭。今天的午饭，前去帮忙的人就在自己家里吃，到下午5点钟饭菜都做好后，村长就在广播上通知前去帮忙的村民和何跃华家的亲朋到待客处吃饭。何跃华家因为要跪接前来闹灵、守灵的亲朋，所以在母亲的灵前吃饭。吃饭后不久，就有外村的人前来祭拜何跃华的母亲。这个时候，何跃华的兄弟和妻儿等人要在母亲的灵前跪接亲友，亲朋会带着鼓号队或狮舞队边打鼓边跳舞。祭拜时跳狮舞的人要在灵前边舞狮边跪拜三次，然后跳到灵前，将灵前供桌上的糖果或是猪头叼出。在狮舞队进入之前，女人带头边哭边进灵堂，而男人们则背着酒进到灵堂，在死者灵位前敬上烟酒。平辈的人拜一拜，而晚辈要拜三拜。拜过后，男人们到外边劝跪拜的死者的子女，叫他们节哀并敬上烟酒。然后由村子里的人们负责带到待客处吃饭。饭后，凌晨1点钟左右，召集好死者的子女和兄妹等，由毕摩主持先给死者的兄妹等人披麻，然后由兄妹等人给子女披麻，大部分的亲朋就在死者的灵堂前守灵。

2015年12月22日　晴

村务事宜：

今天是何跃华的母亲下葬的日子，早上8点钟，村长就在广播里通知，安排帮忙的人尽快到待客处做饭菜。村长还在广播上通知，自今日起，为减轻死者家里人和村里帮忙的人的负担，将第二天的上坟仪式改在下葬那一天。所以要求那些要去上坟的村民，于今天早上将上坟用的祭品，即一个鸡蛋、一碗米和一炷香带到死者家里，由死者家安排人员做熟。同时要求交份子钱，每户30元（以前交约为一餐4两的大米，现在为交钱）。到11点的时候，等前去帮忙的村民将饭菜煮好后，村长就通知前来送老人下葬的所有人，到待客处吃饭。饭后约2点钟，因自今日起，下葬和上坟的仪式都要在同一天搞完，所以村长又通知所有前来送葬的人尽快做好送老人下葬的准备。做好准备后，由毕摩主持，先由舅家的人进灵堂跟死者做告别仪式，舅家的人一般都要带着舞狮和吹号打鼓的人。之后为姑妈家的人，姑妈家也要带着舞狮队和鼓号队。再之后为女儿家，最后其他的亲朋则一起，一次性做告别仪式。在做告别仪式时，死者的子侄和儿媳等人一直要跪拜亲朋。等告别仪式结束，毕摩做一些祈祷，然后叫抬棺材的那一组村民将棺椁抬到外边搭好的灵堂（灵堂用亲朋送来的布料搭，一般为蓝布和黑布）。棺椁从房间抬到外边后，在房子里放鞭炮驱邪，这时候毕摩把东家事先准备好的鸡拿来拜过死者，将鸡拴到棺椁上。然后让所有的子女跪拜死者，就可以起棺出发了。出发时鼓号队在家，出口为死者的子侄辈，死者的长子则在棺椁前阻止送葬的人送葬，以示对死者的不舍。最后送葬的为女性，等到送葬的人到村子边上事先选好的空地时，女人们在棺椁前蹲下哭别死者，抬棺的人把棺椁的方向掉过来，就朝坟地不停地走，而死者的子侄等人也要去坟地。到坟地后，要将烟酒给帮忙抬棺的人，等死者的棺椁下葬后，女人们也把上坟仪式用的羊肉、鸡蛋、米饭全部抬到坟地，把老人用过的东西也拿来，之前的上坟仪式跟高跃明母亲的上坟仪式一样。等上过坟后，所有上坟的死者的子女和亲朋，回到村里的待客处，和帮忙的人一起吃饭，并同时给全部的亲朋约150桌，1000多人敬上烟酒，吃完饭，何跃华的母亲的葬礼就算结束。